Judicial Authentication of
Intellectual Property Rights

知识产权司法鉴定

主　编◎曾德国

副主编◎牟萍　康添雄

知识产权出版社
全国百佳图书出版单位
——北京——

图书在版编目（CIP）数据

知识产权司法鉴定／曾德国主编 . —北京：知识产权出版社，2019. 11
（西南政法大学法商融合丛书／黄胜忠总主编）
ISBN 978－7－5130－6504－7

Ⅰ. ①知… Ⅱ. ①曾… Ⅲ. ①知识产权法—司法鉴定—研究—中国 Ⅳ. ①D923. 404

中国版本图书馆 CIP 数据核字（2019）第 214331 号

责任编辑：雷春丽　　　　　　　　　　责任校对：潘凤越
封面设计：张新勇　　　　　　　　　　责任印制：刘译文

西南政法大学法商融合丛书

知识产权司法鉴定

曾德国　主编

牟　萍　康添雄　副主编

出版发行：知识产权出版社 有限责任公司　　网　　址：http：//www. ipph. cn
社　　址：北京市海淀区气象路 50 号院　　邮　　编：100081
责编电话：010－82000860 转 8004　　　　责编邮箱：leichunli@ cnipr. com
发行电话：010－82000860 转 8101/8102　发行传真：010－82000893/82005070/82000270
印　　刷：北京嘉恒彩色印刷有限责任公司　经　　销：各大网上书店、新华书店及相关专业书店
开　　本：720mm×1000mm　1/16　　　　印　　张：19. 25
版　　次：2019 年 11 月第 1 版　　　　　印　　次：2019 年 11 月第 1 次印刷
字　　数：293 千字　　　　　　　　　　定　　价：78. 00 元
ISBN 978－7－5130－6504－7

序 言

市场经济乃法治经济。诺贝尔经济学奖得主斯蒂格勒教授曾指出"法律如同其他社会制度，在经济学家的视野中，是社会生活组织的工具"。伴随经济全球化进程的深入，以及市场经济体制的日益完善，中国企业面临着更加广阔的市场机遇和严峻的竞争环境，不仅需要按照市场规律实施商业行为，而且亟须依据法律准则规范商业行为。在当下的市场经济社会，任何商业行为都必须在合法范围下展开；而法律本身也在深深地影响并保护着正当的商业行为。中兴通讯高额罚款、万科股权之争、安邦被接管、獐子岛扇贝"逃跑"、王老吉与加多宝包装纠纷等大量的商业事件说明：企业正面临着前所未有的挑战，需要从"法"与"商"融合的角度提升企业经营管理水平，有效规避市场和法律的双重风险乃需要认真解决的重大课题。

在过去四十多年改革进程中，按照社会主义市场经济体制的要求，我国基本建立起了规范和调整市场经济运行的法律体系。中国企业也接受和遵行了依法治企、合规经营的理念，并在预防、控制市场风险、妥当解决法律问题方面发挥了积极作用。法律与商业的融合，首先体现在思维上。专业的分工属于工业化时代的产物，为了提高效率，必须要适应规模效应，讲求分工，并且分工越细效率越高。但从实际商业运作的逻辑来讲，法离不开商、商也离不开法，两者其实天然地融在一起。因此，在实际的经营管理中越来越需要法律和商业进行深度融合。法商融合至少涉及以下领域：第一，在企业内部，法务、合规、风控、监察、审计等是与大风控、大监管息息相关的领域，都能反映出法商融合鲜明特色；第二，在企业外部，律师事务所、会计事务所、税务事务所等机构，越来越需要提供法商融合的服务，才能够使服务更加全面、更加深入；第三，个体层面，在网络时代、共享时代，个体逐步崛起，逐渐被激活。无论是创业，还是从事管理工作，个人不仅要懂得如何从事商业活动，还要懂得规则的运行，遵守法律的规定。既然融合是必然的，就特别需要法律和商业不同的知识体系、能力的架构以及应用方面进行深层次的结合。通过一系列的融合安排，无论是商业操作，还是应对外部环境的变化，都要找到更加均衡的点，才能使得企业行稳致远，让个体更加安全可靠。通过对法商融合环境的辨识、主体行为的观察以及制度安排和均衡的分析，可以发现法商融合深度的推进无论是对个体和还是企业以及服务机构都能够取得非常好的绩效。

作为指导管理实践的理论学科——管理学，其发展应当遵循问题导向，即应该适应社会经济生活对管理提出的新要求，因此，管理离不开特定的时空条件。通过不断推进和完善管理学理论，确保管理学与不同学科的交叉、引进和融合。虽然管理学与法学均有自己特定的轨迹发展，但纵观管理理论的发展历程，企业在管理实践中业已运用了法律的和管理的方法，"企业与法律被假定存在，而其本身并不是研究的主题。于是，人们几乎忽视了在决定由企业和市场进行各种活动时，法律所起的重要作用"。科斯曾在1937年提出企业契约理论，隶属于权威关系的法律规范乃配置企业资源的有效方式。从某种意义上讲，企业契约理论成为构建法商融合理论的出发点。法商融合理论的提出，正是从"法"与"商"的结合上提供了动态地、直接地认识现行法治与现实经济的新型关系的有效途径。法商融合理论作为一种客观存在，是对现实中法律与管理结合现象的概括、提炼与升华：其综合了管理学、法学相关知识对企业商业行为进行计划、组织、管理和控制的理论和方法，"商"泛指企业的商业行为，也可解读为商事活动，"法"主要指与商业行为、商事活动相关的法律法规的集合。法商融合强调从商业规则和法律规则两个方面，规避企业经营风险和法律风险，这是对传统管理理论与方法的拓展与创新。

法商融合的深入推进，无论是对法学教育，还是对商科教育都是大有裨益的。法商融合更有助于打造富有竞争力的学科专业。西南政法大学商学院，前身是1985年的司法行政管理系。作为在传统政法院校中发展起来的专门从事商科教育与研究的学院，商学院基于学校法学优势学科以及错位发展的考量，自2004年以来一直秉承"法商融合"的特色定位，在师资队伍、人才培养、科学研究、社会服务等领域采取了系列举措，例如，我院在工商管理、审计学本科专业分别设置"卓越法商人才实验班""监察审计实验班"，在工商管理一级学科硕士点下设立法务管理学二级学科，依托法学一级学科设立审计与法治博士点培育学科。组建西南政法大学中国法治企业研究院，搭建扎实的科研团队和研究平台，积极探索审计与法治、司法会计、合规管理、劳动关系管理、知识产权管理等商科与法学交叉领域，促使我院在科研项目申报、学术成果发表、学术交流等方面取得了长足的进步。为了更好地促进法商融合研究与交流，推动法商实践深入发展，我们将前期积累形成的成果逐步结集出版，以期能有更多的理论者与实务者关注该领域。当然，囿于思考的限制以及研究的初步，成果在深度和广度方面还有待进一步提升，期望大家给予真诚的批评指正。

黄胜忠

西南政法大学商学院院长

西南政法大学中国法治企业研究院院长

2019年10月于重庆

前 言
FOREWORD

一、缘起

2010 年 10 月，西南政法大学司法鉴定中心获得司法部批准，在法医病理鉴定、法医临床鉴定、法医物证鉴定、法医毒物鉴定、文书鉴定、痕迹鉴定、微量鉴定、声像资料鉴定、司法会计鉴定的基础上，增设知识产权鉴定业务。首批获得知识产权司法鉴定资格的鉴定人员共四名，分别是：张玉敏教授、张耕教授、李雨峰教授、曾德国教授。经过三年的精心筹备，2013 年 11 月正式对外开展检案工作。在各方面的支持下，后期又增加了十几名鉴定人员，主要来源于西南政法大学司法鉴定中心、刑事侦查学院、知识产权学院、管理学院和信息中心的专业技术人员、法学专家学者。至此，一个初具规模的知识产权司法鉴定团队开始建成。

二、规划

鉴于知识产权司法鉴定团队的专业背景，团队在继续做好教学工作的同时，努力拓展检案工作。在检案中发现：知识产权司法鉴定进入的门槛较高，但是鉴定工作量却严重不足，截至 2017 年年底，全国有知识产权鉴定机构 87 家，年均检案不足 10 件。西南政法大学司法鉴定中心作为国家级鉴定机构，2018 年接受咨询案件 108 件，但是实际接案只有 21 件。在调研中，我们发现从事知识产权司法鉴定的鉴定人员，专职的很少，绝大部分属于兼职。对于知识产权司法鉴定存在的问题，很少有人研究。为此，我们拟定了自己

1

的第一个五年规划：争取在五年的时间内，将知识产权司法鉴定团队打造为一流的专家团队。具体做好以下几项工作：（1）在研究生毕业论文撰写方面，连续五年围绕知识产权司法鉴定，从不同角度、不同层面进行研讨；（2）撰写一本知识产权司法鉴定方面的专业书籍，对知识产权司法鉴定的理论及实践中存在的问题进行探讨；（3）办好"知识产权司法鉴定"微信公众号，集聚专业"粉丝"；（4）继续做好知识产权司法鉴定教学和实践工作，提高教学水平，积累检案经验；（5）继续开展"知识产权司法鉴定"全国巡回讲座；（6）积极开展知识产权司法鉴定规范的专题研究，参与制定行业规范标准。

三、问题

在知识产权司法鉴定的研究中，我们发现还存在许多问题。知识产权司法鉴定与传统的"三大类鉴定"（即法医类、物证类、声像资料类)[①] 存在很大差异：一是知识产权司法鉴定的内容不明确，如作品的独创性能否鉴定、经营信息能否鉴定不明确；二是知识产权的无形性，使得"事实认定"与"法律适用"的边界模糊，知识产权司法鉴定面临的首要问题是要明确司法鉴定的边界，如商标鉴定中，商标近似与商标是否混淆。鉴定人员如果不具有专业知识和法律基础，是很难划分鉴定的边界的；三是知识产权司法鉴定种类多、范围广，对鉴定人员的要求较高。知识产权司法鉴定从大类来分，主要包括专利类、商标类、著作权类、商业秘密类等，每个类别中又包括不同的专业类别，如专利类包括机电产品、化工产品、电子产品。针对不同的案件，鉴定目的不同还有差异；四是缺乏统一的鉴定标准。目前，由于缺乏行业标准，加之从业人员的专业水平参差不齐，鉴定方法、流程没有一个统一的规范标准，导致鉴定意见存在诸多问题。从我们收集的鉴定文书来看，有70%的鉴定意见书，撰写格式存在问题；有50%的鉴定意见书，超出鉴定

[①] 现在所称的"四大类鉴定"，是在传统的"三大类鉴定"（即法医类、物证类、声像资料类）的基础上新增了"环境损害鉴定"。

范围；有10%的鉴定意见书，出现鉴定意见错误。这将直接影响到知识产权司法鉴定整个行业的形象，也影响到案件的公正判决。

2018年，根据《全国人民代表大会常务委员会关于司法鉴定管理问题的决定》《中共中央办公厅、国务院办公厅印发〈关于健全统一司法鉴定管理体制的实施意见〉的通知》，司法部除法医类、物证类、声像资料类以及新增的环境损害类之外的鉴定，如知识产权、产品质量、价格等鉴定，将实行行业管理。到2018年年底，有19个省市已经明确取消了知识产权司法鉴定，全国现从事知识产权鉴定的机构49家，鉴定人1000余人，到2019年年底将回归知识产权行业管理。为适应新的鉴定管理体制的需要，我们正在积极参与筹建中国知识产权研究会知识产权鉴定专业委员会，2019年，新的知识产权鉴定管理体系将重新建立，但是知识产权鉴定的工作不会停止，还会继续发展壮大。

目前，我们已经完成第一个五年规划：连续五届的研究生毕业论文，围绕知识产权司法鉴定进行研究；通过"知识产权司法鉴定"微信公众号及时将知识产权司法鉴定的研究成果进行宣传推广，在行业内已经产生一定的影响；受当地律师协会、公安机关、检察院、法院等邀请，分别在广东、浙江、江苏、江西、湖南、山东、河南、四川、重庆等地开展了"知识产权司法鉴定讲座"；与江苏省专利信息服务中心、四川省西部知识产权司法鉴定中心等单位合作，共同拟定了《知识产权司法鉴定规范（征求意见稿）》，内容包括"知识产权司法鉴定通用实施规范""发明专利、实用新型专利司法鉴定实施规范""技术信息非公知性司法鉴定实施规范""技术信息同一性司法鉴定实施规范"等，目前正在广泛征求意见（参见本书附录）。

新的司法鉴定体制改革，对我们而言，既是挑战，也是新的发展机遇。希望在第二个五年计划中，有您的支持，会有更佳的成果呈现。

四、希望

在检案工作中，我们始终感觉缺少一本知识产权司法鉴定方面的专业书籍，对于不熟悉知识产权司法鉴定的委托人和法律人需要反复解释，本书的出版可以为他们提供参考，作为科普读物，可以为我们节省一点解释的时间。为此，通过广泛的收集资料，结合自己多年的理论研究和检案经验，邀请了西南政法大学、江苏省专利信息服务中心长期从事知识产权研究的学者、近几届知识产权研究生共同努力，将本书呈现给大家。希望通过本书的编写，对我们知识产权团队从理论到实践有一个质的飞跃，同时也希望与从事知识产权工作的同行，搭建一个学习与交流的平台，对知识产权司法鉴定的理论与实际检案中的问题进行探讨。

曾德国

2019 年 3 月

目 录
CONTENTS

第一章

知识产权司法鉴定概论

第一节　知识产权司法鉴定

一、知识产权司法鉴定的概念

（一）知识产权司法鉴定释义

"司法鉴定"一词在我国的发展历史不长。20 世纪 50 年代中期，我国在学习苏联模式与经验的过程中才从俄语中引入"司法鉴定"的说法。直到 2005 年 10 月《全国人民代表大会常务委员会关于司法鉴定管理问题的决定》（以下简称《司法鉴定管理问题的决定》）的施行，"司法鉴定"才第一次以法律的形式被界定。而"知识产权司法鉴定"工作的开展，却是近二十年来的事情。

我国知识产权鉴定机构最先是由于最高人民法院在知识产权类案件审理中需要技术支持而于 1995 年指定各地省市级科协成立的咨询服务中心。1999 年，司法部建立了知识产权司法鉴定的行政审批制度。根据司法部 2000 年 11 月 29 日下发的《司法鉴定执业分类规定（试行）》中确定的十三类司法鉴定执业分类标准规定，知识产权司法鉴定被定义为："根据技术专家对本领域公知技术及相关专业技术的了解，并运用必要的检测、化验、分析手段，对被侵权的技术和相关技术的特征是否相同或者等同进行认定；对技术转让合同标的是否成熟、实用，是否符合合同约定标准进行认定；对技术开发合同履行失败是否属于风险责任进行认定；对技术咨询、技术服务以及其他各种技术合同履行结果是否符合合同约定，或者有关法定标准进行认定；对技术秘密是否构成法定技术条件进行认定；对其他知识产权诉讼中的技术争议进行鉴定。"此规定对知识产权司法鉴定的鉴定主体、方法、内容都进行了限制规定，比较明确的规定，知识产权司法鉴定对"知识产权诉讼中的技术争议进行鉴定"，但弊端在于此定义首先并没有指出知识产权司法鉴定的委托主体，其次以列举之法定义鉴定的技术争议的内容、范围也难免有以偏概全之嫌。随着社会经济与科技的发展，知识产权涉及的领域在不断丰富扩大，鉴定所涉及的内容不只是商业秘密、专利案件包括的技术争议，还包括著作权、商标及其他案件，其包含的内容更加烦琐而细致；在鉴定方法上不仅需要技术手段，还需要专门知识，如商标近似的认定，需要更多的是专门知识，即鉴定人丰富的实践经验。

根据北京市高级人民法院于 2005 年 7 月 27 日印发的《北京市高级人民法院关于知识产权司法鉴定若干问题的规定（试行）》第 2 条的相关规定，"本规定所称知识产权司法鉴定，是指在知识产权诉讼过程中，为查明案件事实，鉴定人运用科学技术或者专门知识对诉讼涉及的有关知识产权问题进行鉴别和判断并提供鉴定意见的活动"。此规定对于《司法鉴定执业分类规定（试行）》以列举进行定义的方法进行了修正，将知识产权司法鉴定的鉴定范围概括描述为"对诉讼涉及的有关知识产权问题"，并特别强调是"在知识产权诉讼过程中"产生的问题。但此释义仍然存在一些瑕疵，首先，仍然对委托主体的范围定义不明；其次此处的"有关知识产权问题"定义过于宽泛，根据上述定义揭示的知识产权司法鉴定的基本特征，其实是一个涵盖法律认定与技术认定又涉及不同技术领域的多元体，而其中能进行委托司法鉴定的事项只包括根据专业技术规范、职业规范以及相关法律规定进行技术认定，而不包括法律认定。对争议进行法律认定的主体是法官，这不仅涉及诉讼的程序问题，更会影响实体结果的公正，不能将争议问题的法律与事实认定都作为鉴定事项交给鉴定机构，更不能仅单纯依靠鉴定意见，而忽略了法律的认定和其他证据。

为此，首先，需要对委托主体进行明确；其次，需要对知识产权司法鉴定的鉴定范围进行限定。综上，知识产权司法鉴定或可定义为：在知识产权诉讼过程中，为查明案件事实，由依法取得有关知识产权司法鉴定资格的鉴定机构和鉴定人根据司法机关或当事人委托，运用科学技术或者专门知识对诉讼涉及的有关知识产权的专门问题进行鉴别和判断，并提供鉴定意见的活动。

（二）知识产权司法鉴定相关语义界定

对于知识产权司法鉴定存在一些相关或近似的词句或概念，通过对下述词语的语义界定，可以更好地理解知识产权司法鉴定的内涵。

1. 司法鉴定

对司法鉴定概念的定义以《司法鉴定管理问题的决定》颁布实施时间为分界点，前后有所不同。自该决定于2005年10月1日施行起，"司法鉴定"一词在中文的语境中已经从过去专业领域的习惯表达上升到了国家层面的正规法律用语。根据国家前后对于司法鉴定概念的不同侧重的不同表述可以将司法鉴定的概念归纳为广义的司法鉴定概念和狭义的司法鉴定概念。《司法鉴定管理问题的决定》中规定的是狭义的司法鉴定，"是指在诉讼活动中鉴定人运用科学技术或者专门知识对诉讼涉及的专门性问题进行鉴别和判断并提供鉴定意见的活动"，其核心在于"诉讼活动中涉及的专门性问题"，而广义的司法鉴定则将其核心表述为"解决争议过程中涉及的专门性问题"。从定义的侧重就可以看出，狭义与广义的最大区别在于对司法鉴定服务领域大小的不同。狭义的司法鉴定将范围仅限于诉讼活动中，广义的司法鉴定将范围设定在解决争议过程中，既包括诉讼过程，也包括仲裁、调解、和解等过程。

就《司法鉴定管理问题的决定》中狭义的司法鉴定而言，按照定义的基本要素，其含义主要包括主体、具体内容、服务领域、基本手段、表达形式几个方面。在主体方面，司法鉴定实施的主体是司法鉴定人，即对在诉讼活动中根据委托对诉讼涉及的专门性问题进行鉴别和判断并提供鉴定意见的人。鉴定人不属于司法工作人员，而是一种特殊的证人。在具体内容方面，司法鉴定主要是解决依据法律规定的，对于诉讼涉及的专门性问题。在服务领域方面，司法鉴定主要是为了诉讼活动而服务的，我国的诉讼活动包括民事诉讼、刑事诉讼以及行政诉讼三种，司法鉴定所涉及的服务领域即这三种诉讼活动中发生的专门性问题。在基本手段方面，司法鉴定是依据科学技术或者专门知识进行鉴别和判断。在表达形式方面，最终应该依据法律法规以及与委托人的约定提供由鉴定人本人签名的书面鉴定意见。

知识产权司法鉴定是《司法鉴定执业分类规定（试行）》中确定的十三类司法鉴定执业分类标准规定之一，它既不同于用经验进行的鉴定，也不同于采用检验进行的鉴定，它是将法律、技术、不同技术领域、市场、科学技术等因素综合考量的鉴定，涉及领域广且专业性强，与其他种类的司法鉴定既有异曲同工之妙，又有特别之处，是一门具有独特性、复杂性的专门司法鉴定的学科与艺术。

2. 知识产权鉴定

知识产权鉴定与知识产权司法鉴定无论是在名称还是实践、分类上都很容易被混淆，因此有必要将两者进行区别与比较。两者概念上的区别其实完全可以从字面上得到体现。加了"司法"二字后的知识产权司法鉴定，与知识产权鉴定在概念上就多了司法特征。知识产权司法鉴定是诉讼活动中的环节，其产生依赖于诉讼活动，也必须是诉讼活动中进行。而知识产权鉴定就没有诉讼的限制，在时间、空间上的应用范围都宽泛于知识产权司法鉴定，既可以在诉前进行，也可以在诉中进行。

知识产权鉴定已经不是传统意义上的技术鉴定，也不是狭义的知识产权司法鉴定。① 知识产权鉴定的客体主要针对具体的产品、技术或创新成果与相关专利、著作权或商业秘密等知识产权，由专门的鉴定专家基于知识产权领域内的公知技术、相关专业技术以及知识产权法律法规进行检索、分析和判断。知识产权鉴定不局限于解决知识产权争端，已被广泛运用于企业日常知识产权管理，在企业新产品立项、技术研发、产品设计、生产线设计、销售管理、售后管理、竞争预警等各环节都得到体现。

两者还可以从委托主体的不同来区分。知识产权司法鉴定的委托主体是公安机关、检察院和法院；而知识产权鉴定的委托主体是行政执法机关、律

---

① 董树涛. 知识产权鉴定与知识产权滥用［J］. 电子知识产权，2012（6）：23—25.

师事务所等机构。

2018 年年初，为贯彻落实《司法鉴定管理问题的决定》《关于健全统一司法鉴定管理体制的实施意见》，司法部要求各省市司法厅（局）对法医、物证、声像资料、环境损害等"四大类"外的司法鉴定包括知识产权司法鉴定进行清理整顿。截至 2018 年 12 月底，全国已有贵州、江苏、湖北、吉林等 19 个省市取消了包括知识产权司法鉴定在内的"四大类"之外的机构审核登记。从发展趋势来看，2019 年全国的知识产权鉴定机构将回归行业管理，目前中国知识产权研究会已经同意成立知识产权鉴定专业委员会，预计在 2019 年 12 月正式挂牌。

今后，知识产权鉴定将归属于行业管理。目前，各地公安机关、检察院、法院都在纷纷建立自己的鉴定机构及鉴定专家数据库，知识产权司法鉴定依然存在，只是形式上有所变化。过去，鉴定机构和鉴定人是由司法部门批准，今后，鉴定机构及鉴定人，是由相关单位推荐，由公检法自建数据库，委托数据库内的鉴定机构进行鉴定。至于相关单位，目前有的是当地的知识产权协会，我们正在筹建的中国知识产权研究会知识产权鉴定专业委员会将成为权威的推荐单位。值得注意的是，现有的知识产权司法鉴定机构的名称，是原司法部门行政许可批准成立的，这些机构的名称将不再使用，代之而来的将是"知识产权服务中心""知识产权证据科学研究中心""知识产权鉴定有限公司"等，估计大家还有一个适应的过程。特别是公安机关在委托鉴定时，往往已经习惯了委托"司法鉴定中心"，对新出现的"知识产权服务中心""知识产权证据科学研究中心""知识产权鉴定有限公司"还有一个选择的过程。原因是，法院在审理案件中，需要审查认定鉴定机构和鉴定人是否具有鉴定资质及是否在鉴定类别范围内。在短时间内，这一点对整个知识产权司法鉴定行业是有影响的。

基于以上原因，知识产权司法鉴定，主要是在知识产权诉讼过程中，运用科学技术或者专门知识对诉讼涉及的有关知识产权的专门问题进行鉴别和判断，并提供鉴定意见的活动。为此，我们的研究对象主要限于知识产权司法鉴定问题。

二、知识产权司法鉴定的评价属性

知识产权司法鉴定既不是行政行为，也不是司法行为或者一般的科学技术行为。尤其需要说明的是，其不具有司法性，仅作为一种手段来辅助法官查明事实，其形成的鉴定意见也仅作为我国诉讼法规定的证据种类之一存在。知识产权司法鉴定与一般司法鉴定相比具有特殊性，不仅涉及专业技术问题，往往还涉及法律问题，是一种运用专业知识、科学技术、职业技能、法律规定为诉讼活动，尤其为司法审判活动提供专门化服务的证明活动。作为一种科学性和法律性相统一的法定证据，知识产权司法鉴定除了具备证据的一般属性外，还有区别于其他证据的属性。笔者认为，有必要结合知识产权司法实践，对知识产权司法鉴定进行司法评价。

（一）法律性

知识产权司法鉴定的法律性包括鉴定活动的规范性与程序性。规范性指知识产权司法鉴定应当遵循《司法鉴定程序通则》中对于鉴定活动的基本规范的规定，对于启动条件、鉴定实施、出具鉴定意见、鉴定人出庭都有明确的法律规定。如在启动阶段，应由负有举证责任的一方提出申请，再经法院准许。当负有举证责任的当事人怠于提出鉴定申请，而法院认定确有必要的，应该向当事人释明，经释明的当事人仍不提出申请或有阻碍鉴定的行为，导致案件争议事实无法查明的，应当承担举证不能的法律后果。法院依职权启动知识产权司法鉴定的，只有在当事人不申请鉴定而法院认定必须进行鉴定的情形才可启动。在确定鉴定机构阶段，应当遵循约定优先，如果没有约定或者约定不明确的再由法院主持选定的规则：首先应由争议双方协商确定鉴定机构，法院应当保持中立并对当事人的选择予以尊重，同时在其中进行释明、解释与规范性引导。只有在当事人无法达成意思一致，或有其他阻碍事项时法院才在符合条件的鉴定机构中指定选择。在鉴定人员的组成阶段，亦遵循约定在先指定在后，同时法院应该告知当事人回避的权利。

程序性是指程序应当体现其独立性价值，知识产权司法鉴定作为诉讼环节应有纯粹的程序正义，即应符合中立、独立、公开的基本程序原理。在知识产权司法鉴定中，鉴定机构和司法鉴定人在诉讼活动中都应保持中立地位，依法独立执业是保证司法鉴定活动客观、公正的内在要求。只有这些第三方评价意见保持中立，才能保证其具有较高的证明力和权威性，进而被普遍接受和采用。

（二）客观性

知识产权司法鉴定的可靠性和可信力来自两方面，一方面，是依循合法正当的程序要求，以此来保证鉴定意见的合法性和权威性；另一方面，是鉴定的客观性，或者说是真实性。鉴定意见的客观性评价主要体现在三个方面：（1）鉴定人员的专业性。鉴定意见的可靠性很大程度上取决于它产生的方式和过程，而鉴定人员作为产生过程的操控者，其专业技术水平、职业化程度以及职业操守廉洁性，就是影响鉴定方式和过程的重要因素。（2）鉴定方法的统一性。知识产权司法鉴定的实践中主要有两种鉴定方法：一是客观性鉴定方法，如物理、化学分析，统计分析；二是鉴定方法的统一性，如理论分析、因果分析。① 统一性不是指鉴定必须一定固守执行每一步骤，而是指鉴定方法得出意见时所依循的科学原理、专业技术方法、自然规律具有统一标准，同时在此基础上再根据实际情况灵活掌握。（3）鉴定材料的真实性。辨别鉴定材料有无虚假的标准应建立在是否经过双方当事人确认，移交鉴定机构的材料必须经过当事人确认并登记在案，未经当事人确认的材料一般不能作为鉴定材料使用。

（三）关联性

知识产权司法鉴定的意见结果与解决争议的关联性大小直接影响着鉴定意见的证明力大小，而证明力的大小则将影响着鉴定意见作为证据的有效性和可靠性。在知识产权司法鉴定的实践中，不乏存在一些关联性不强、证明力较弱的鉴定意见。例如，在疑难复杂问题上，采取避难就易的态度，只对简单浅显问题进行分析，对有难度的事项一笔带过；在关键事项上，采取避重就轻的态度，模糊处理或避而不谈，逃避自身责任；在鉴定结论上模棱两

---

① 何敏. 知识产权基本理论［M］. 北京：法律出版社，2011：359—361.

可，表述模糊或回避不表态，或不给出鉴定过程。上述情形都会影响鉴定意见作为证据对于案件的判断。

为提高鉴定意见的关联性评价，可以从委托人、鉴定人、鉴定意见等三个层面来分析。（1）在委托主体层面，一方面，委托人在知识产权司法鉴定委托书中应尽量明确鉴定事项和鉴定目的；另一方面，委托人应提供相关的案件材料，有利于鉴定人对案件的争议点有一个直观的了解。① （2）在鉴定人层面，可以充分发挥鉴定人或专家辅助人出庭的积极推动作用，这不仅可以帮助法院对鉴定意见的关联性进行综合性评价，减少法院对于鉴定意见作为证据的证明力大小、取舍进行判断的随意性，还可以保证当事人对于鉴定人的询问权和反询问权，对鉴定意见充分质证，加强其被普遍接受和采用的基础。（3）在鉴定意见层面，当同一案件涉及的专门性问题出现多个不同的鉴定意见时，在实践中大致存在三种做法：一是采"重新鉴定说"，法院可以依职权委托具有合格资质的其他鉴定机构重新鉴定；二是采"自由心证说"②，即由法官发挥自由裁量权，根据各鉴定意见的鉴定过程、鉴定人职业素质，结合其他相关证据与案件实际情况作出判定；三是采"举证责任说"③，在被告的专家证人能提出符合逻辑和法律规定的意见证据而推翻原告提出的鉴定意见时，由于原告对于指控被告专业疏忽是负有举证责任而未尽到举证有效责任，法院应在鉴定意见方面判决原告承担不利的法律责任。

三、知识产权司法鉴定制度建构

鉴定意见作为特殊的证据，对知识产权案件事实的认定起着关键性作用。知识产权案件鉴定程序的公正与否很大程度上影响着鉴定意见和争议事实的认定。但我国目前尚未形成系统完整的司法鉴定制度，有关司法鉴定方面的法律法规只散见于各诉讼法中，虽然《司法鉴定管理问题的决定》对司法鉴定制度进行了改革和完善，但仍未出台有关知识产权司法鉴定的法律法规或

---

① 《民事诉讼法》第 77 条第 1 款规定：鉴定人有权了解进行鉴定所需的案件材料，必要时可以询问当事人、证人。
② 王云海. 日本司法鉴定的现状与改革 [J]. 法律科学：西北政法学院学报，2003（6）：54—57.
③ 董文涛. 知识产权诉讼中鉴定意见的司法评价 [J]. 中国司法鉴定，2012（3）：42—44.

明确规范。据不完全统计，因鉴定程序不合法引起诉讼争议的案件约占所有
知识产权纠纷案件的53%。① 在司法实践中也不乏存在司法鉴定人、专家证
人、专家咨询以及专家陪审的混同与错乱现象，② 构建合法、高效、科学、
公正的知识产权司法鉴定制度对于保障知识产权鉴定的质量颇为重要。构建
完善的知识产权司法鉴定制度，可以以知识产权司法鉴定机构的设立制度、
司法鉴定人与专家辅助人制度，以及知识产权司法鉴定的程序规范三个方面
为切入点。

（一）知识产权司法鉴定机构的设立制度

为了更好地规范鉴定机构的设立，避免重复设立，滥用鉴定权利，《司
法鉴定管理问题的决定》规定，国家对从事司法鉴定业务的鉴定人和鉴定机
构实行登记管理制度，由"国务院司法行政部门主管全国鉴定人和鉴定机构
的登记管理工作"，"申请从事司法鉴定业务的个人、法人或者其他组织，由
省级人民政府司法行政部门审核，对符合条件的予以登记，编入鉴定人和鉴
定机构名册并公告"，同时对可以申请登记从事司法鉴定业务的人员、法人
或组织列出了严格限定条件。知识产权司法鉴定机构应是一个独立的法人主
体，绝不依附于司法机关，保持较强专业性，兼顾相关行业规范，接受司法
行政机关统一管理的同时也要接受行业部门的业务指导，确保司法鉴定机构
的中立性和公正性。下一步，知识产权鉴定机构将回归行业管理，成立知识
产权鉴定行业协会，由协会制定鉴定机构设置条件，建立鉴定机构考核及退
出机制，建立奖惩制度，塑造行业品牌形象。也有学者建议设立三级专职司
法鉴定机构，实行两级终鉴制度③，即建立国家级、省级、地市级知识产权
司法鉴定机构，每一审级进行两级司法鉴定，以复核鉴定为终局鉴定意见，
方便组织鉴定、提高办案效率、降低鉴定成本、加强属地管理，也更加符合
我国现阶段实际国情。

---

① 郭泰和，徐康莉. 知识产权案件司法鉴定程序之探讨 [J]. 中国司法鉴定，2011 (6)：62—64.
② 2009 年 12 月 23 日 "最高人民法院答复网友 31 个意见与建议"中的 "（十七）关于知识产权审
　判中技术事实认定的问题"。
③ 陈洪明. 我国知识产权司法鉴定制度的建构 [J]. 科技与法律，2006 (3)：36—38.

（二）司法鉴定人与专家辅助人制度

在我国近几年知识产权司法鉴定实践中，知识产权司法鉴定的鉴定人员不仅有熟悉专利、商标等知识产权法律知识的专家，还有专业技术资质专家。① 虽然这样多样化的人才机制能确保鉴定意见的全面和客观，但也极易滋生混乱、造假的现象。

为规范知识产权司法鉴定制度的构建，有必要加强对知识产权司法鉴定人制度以及知识产权专家辅助人制度的管理。在成立中国知识产权研究会知识产权鉴定专业委员会的申报材料中，笔者重点阐述了该专业委员会将制定鉴定人准入条件，建立鉴定人的继续教育、水平考核及退出机制，形成行业自律。通过加强职业素质考评，建立知识产权司法鉴定人名册等手段加以规范。对于知识产权专家辅助人制度，包括诉讼当事人聘请的技术专家，也包括鉴定中鉴定机构外聘的技术专家。2016年3月2日司法部发布的《司法鉴定程序通则》第33条规定，"鉴定过程中，涉及复杂、疑难、特殊技术问题的，可以向本机构以外的相关专业领域的专家进行咨询，但最终的鉴定意见应当由本机构的司法鉴定人出具。专家提供咨询意见应当签名，并存入鉴定档案。"由于知识产权鉴定中涉及的专业太多，拥有专业法律知识的鉴定人员并不兼备各行各业的专业技术，因而有必要聘请技术专家予以辅助，以鉴定人为司法鉴定的组织者，两者相辅相成保证鉴定意见的公正性、准确性和权威性。

关于知识产权司法鉴定人、专家辅助人等具体内容，详见本章第五节的论述。

（三）知识产权司法鉴定的程序规范

1. 申请与启动

知识产权司法鉴定是司法鉴定的一种，适用一般的司法鉴定法律规制，有特别规定的遵照专门性规定，具体可分为民事诉讼中的申请与启动、刑事诉讼中的申请与启动，以及行政诉讼中的申请与启动。此处仅就知识产权司法鉴定申请启动事项中的注意事项加以说明。

---

① 杨林村. 知识产权案件技术鉴定实务与研究［M］. 北京：人民法院出版社，2003：233—235.

　　首先，关于司法鉴定的启动主体。我们倾向给予辩方当事人平等的启动权。2007 年 10 月 1 日起施行的《司法鉴定程序通则》以及 2016 年 5 月施行的该通则的修订版中都没有明确司法鉴定的启动者，只规定了"委托人"。[①]其次，关于启动时间。在知识产权司法鉴定实践中，法官为了兼顾公平与效率，将会适当放宽时限，例如，《北京市高级人民法院关于知识产权司法鉴定若干问题的规定（试行）》第 7 条也没有对当事人提出申请的时间作出限定。最后，关于启动的必要性和可行性问题。双方当事人均申请鉴定，或者一方当事人申请，另一方当事人同意的，法院应当启动鉴定程序。一方当事人提出鉴定，而另一方当事人反对的，是否启动鉴定程序由合议庭合议决定。双方当事人均不申请鉴定，但合议庭对技术问题有分歧或把握不准的，法院可以依职权启动鉴定程序。2015 年重庆市高级人民法院、重庆市人民检察院、重庆市公安局、重庆市国家安全局、重庆市司法局发布的《关于推进司法鉴定工作的若干意见》，2016 年最高人民法院、司法部发布的《关于建立司法鉴定管理与使用衔接机制的意见》，对司法鉴定的申请与启动的程序开始有所涉及。

　　2. 委托与受理

　　知识产权司法鉴定的委托与受理大致可分为确定知识产权司法鉴定机构与确定知识产权司法鉴定人。

　　在确定知识产权司法鉴定机构中，包括选择知识产权司法鉴定机构，并由相关机构向知识产权司法鉴定机构提交委托并出具人民法院准许知识产权司法鉴定的决定；知识产权司法鉴定材料的提交，委托人应根据案件类型的不同要求提供书面形式委托书，委托书应当载明委托事项、目的、要求，需要鉴定或评估的内容、范围以及必要的背景说明材料，并提供所需的全面、客观、真实的鉴定材料；知识产权司法鉴定委托的受理，鉴定机构应当在自收到委托之日起七个工作日内作出是否受理的决定，并应当对委托鉴定事项、鉴定材料等进行审查。

　　有的省（市）一直沿用的是直接委托科研院所进行知识产权鉴定，如浙

---

① 于立娜. 浅谈司法鉴定启动权的归属 [J]. 中国司法鉴定, 2008 (2)：46—48.

江省、江苏省，司法部门一直没有批准设置知识产权司法鉴定机构。通常采取的是委托单位直接委托科研院所，对知识产权专门性的技术问题进行鉴定。对于两者的法律效力问题，我们曾经专门咨询过行业内的权威专家，由司法部门批准设置的知识产权司法鉴定机构和直接委托科研院所进行鉴定，只要是法院委托，一般科研院所作出鉴定意见与司法鉴定机构的鉴定意见具有同等的法律效力。关键是看委托人的主体资格。当然，从目前的发展来看，司法部门不再管理知识产权司法鉴定，让知识产权司法鉴定回归行业管理，大家都在同一个起点上，这个问题也就成了过去时。随之而来的问题是，知识产权司法鉴定目前是否还需要行政许可？如果没有行政许可，法庭审理中，对鉴定机构和鉴定人的资质和鉴定类别范围如何审查，这又是一个新的问题。

最后，在确定知识产权司法鉴定人的过程中应遵循一般规则以及回避规则，回避规则中对民事诉讼、刑事诉讼以及行政诉讼有不同的法律规定。

3. 鉴定意见

知识产权司法鉴定机构以及司法鉴定人应当按照委托依法完成司法鉴定文书的撰写，形成知识产权司法鉴定意见，并交付委托人。在形成鉴定意见的过程中，包括确定知识产权司法鉴定的鉴定标准，坚持知识产权司法鉴定的事实判断原则，以及知识产权司法鉴定应当注意的补充鉴定、重新鉴定等程序问题。

4. 鉴定人出庭质证

知识产权司法鉴定人具有法定的出庭质证义务和法律责任，其出具的鉴定意见亦需经过法定的审查与质证。根据案情需要，经人民法院依法通知，司法鉴定人应当出庭作证，回答与鉴定事项有关的问题。

关于知识产权司法鉴定在三类诉讼中的申请和启动、委托和受理、鉴定意见以及鉴定人出庭质证的程序问题，本书第二章将进行详细论述，此处不再赘述。

四、我国知识产权司法鉴定的发展现状

（一）知识产权司法鉴定的发展历程

我国的知识产权司法鉴定工作起源于20世纪90年代中期，发展时间较

短，相关立法也较为欠缺，但近几年随着社会经济的发展，知识产权案件数量却在不断激增。

1995 年，最高人民法院和当时的国家科学技术委员会共同研究起草了《关于正确处理科技纠纷案件的若干问题的意见》，以解决司法机关和行政机关在办案过程中遇到一些分属各个领域的专业性技术问题，并确定了在科技纠纷案件中引入鉴定的一系列意见。1994 年，最高人民检察院和国家科学技术委员会联合发布了《关于办理科技活动中经济犯罪案件的意见》，其中指出："检察机关办理涉及科技人员的案件，要加强与各级科委的配合和联系，对于技术成果的性质、用途、归属等专业技术问题，应当委托省级以上科委推荐的专家进行鉴定。"根据上述文件的精神，国家科学技术委员会成立了国家科学技术委员会知识产权事务中心（现科学技术部知识产权事务中心），接受法院、检察院及有关单位委托，承办涉及科技纠纷案件的鉴定和评估工作。此后，全国各地也陆续成立了一些从事知识产权案件鉴定的工作的机构。

1998 年，最高人民法院根据各法院审判知识产权案件的实践经验，在《关于全国部分法院知识产权审判工作座谈会纪要》中明确指出："如果没有法定鉴定部门，可以由当事人协商选择鉴定部门进行鉴定；协商不成的，人民法院根据需要可以指定有一定权威的专业组织为鉴定部门，也可以委托国家科学技术部或各省（自治区、直辖市）主管部门组织专家进行鉴定。"

从 20 世纪末开始，各地的知识产权案件大量增加，案件类型涉及商业秘密、专利、技术合同、著作权、商标、外观设计等各个方面。涉及的技术领域包括软件、化学、机械、医药、农业、生物、冶金、材料、电子、电力、通信、环境工程、建筑等多个学科，社会上的知识产权鉴定机构也随之如雨后春笋般应运而生。由于各个机构的鉴定经验积累不同、专家资源不同、专家水平不同、管理制度不同，出现了重复鉴定、鉴定周期过长、鉴定范围超越权限、鉴定人不按照法院要求出庭质证等问题，导致案件当事人和鉴定委托机关投诉的情况不断出现，知识产权司法鉴定处于快速而相对无序的发展期。

2000 年 11 月 29 日，司法部下发《司法鉴定执业分类规定（试行）》通知，就此确定知识产权司法鉴定为十三类司法鉴定执业分类标准之一，并对知识产权司法鉴定的范围进行了界定，但知识产权司法鉴定却仍未被纳入国家登记管理制度。① 实践中，知识产权司法鉴定的登记管理是由地方性法规规定的，司法实践大多依据三大诉讼法中关于证据、司法鉴定的规定以及有关司法解释，鉴定文书的制作只能参照其他司法鉴定项目的文书格式。

随着知识产权的迅猛发展，争议日趋复杂化，我国对知识产权审判工作越来越重视，逐渐强调知识产权司法鉴定的运用。2007 年 1 月 11 日，最高人民法院印发了《最高人民法院关于全面加强知识产权审判工作为建设创新型国家提供司法保障的意见》，其中第 15 条规定："妥善处理专业技术事实认定。注重发挥人民陪审员、专家证人、专家咨询、技术鉴定在解决知识产权审判专业技术事实认定难题中的作用。"其中"技术鉴定"就是强调知识产权司法鉴定的运用。上述规范的出台为知识产权司法鉴定机构的扩大与规范化奠定了基础。目前，我国的知识产权司法鉴定机构绝大部分是在 2000 年以后由司法部及各省级司法行政机关审批设立的，并且直接受审批设立机构的监督与管理。截至 2017 年 12 月底，全国从事知识产权的鉴定机构有 87 家，从业人员超过 1000 人，但是知识产权鉴定的案件不多，鉴定案件在 800 件左右。

（二）知识产权司法鉴定机构的分类

我国知识产权司法鉴定机构的来源主要分为以下几类：一是从原行政管理机关剥离出来的人员，如原专利局下属从事专利申报的人员，原工商局下属从事商标申报的人员，版权局下属从事版权管理的人员；二是高等院校、科研机构，依托自身的科研人员，开展鉴定业务；三是各地科学技术协会，依托协会的专业技术人员；四是原有司法鉴定机构，对原有鉴定业务的拓展。目前，知识产权鉴定机构主要集中在北京、上海、广东、重庆等地。在司法

---

① 《全国人民代表大会常务委员会关于司法鉴定管理问题的决定》第 2 条规定："国家对从事下列司法鉴定业务的鉴定人和鉴定机构实行登记管理制度：（一）法医类鉴定；（二）物证类鉴定；（三）声像资料鉴定；（四）根据诉讼需要由国务院司法行政部门商最高人民法院、最高人民检察院确定的其他应当对鉴定人和鉴定机构实行登记管理的鉴定事项。法律对前款规定事项的鉴定人和鉴定机构的管理另有规定的，从其规定。"

部 2009 年及 2013 年评审的十家"国家级司法鉴定机构"① 中，目前只有西南政法大学司法鉴定中心开展了知识产权鉴定业务。

现有的绝大多数鉴定机构，只有"司法鉴定许可证"，没有工商登记。2017 年 12 月，司法部发文开始对鉴定机构开展清理整顿，不再对"四大类鉴定"之外的鉴定机构进行登记，这些带有"司法"两字的鉴定机构的名称都将不能使用，需要更名，或者重新设立法人组织。

（三）知识产权司法鉴定业务的分类

目前，各省市在对知识产权司法鉴定机构和人员的审批上存在很多差异（名义上是登记制，实际上采取的还是审批制），主要问题是对鉴定业务的分类难以把握。有些省市是按照鉴定机构的类别来审核的，如分为知识产权鉴定（限专利类）、知识产权鉴定（限商标类）、知识产权鉴定（限版权类）、知识产权鉴定（限商业秘密类）；有的省市按照专业来分，如知识产权鉴定（限机电类）、知识产权鉴定（限化工类）、知识产权鉴定（限软件类）、知识产权鉴定（限植物新品种类）；也有直接登记为知识产权鉴定的。这样，鉴定的范围就很广泛，导致一些省市的行政管理机关不敢审批，或者不愿审批，直到今天有些省市都一直没有批准设立知识产权司法鉴定机构。部分地区在省级司法鉴定管理委员会下设置知识产权司法鉴定专家组，开展司法鉴定业务。

目前，司法部对审核登记的司法鉴定机构及司法鉴定人都进行了公示。许多法院为了委托鉴定的需要，在此基础上，有选择性地建立了自己的司法鉴定机构备选数据库，尽管提高了效率，但是却人为地限定了当事人选择的权利，也影响到鉴定机构之间的公平竞争。2005 年，《司法鉴定管理问题的决定》实施后，按照建立统一司法鉴定体制的要求，各级人民法院逐步取消了法院系统的名册公告。但是 2017 年年底，司法部发文不再管理"四大类鉴定"之外的鉴定业务，包括知识产权鉴定都将回归行业管理。2018 年 8 月，

① 2013 年，司法部发文继续授予最高人民检察院司法鉴定中心、公安部物证鉴定中心、北京市公安司法鉴定中心、上海市公安司法鉴定中心、广东省公安司法鉴定中心、北京市国家安全局司法鉴定中心、司法鉴定科学技术研究所司法鉴定中心、中国政法大学法庭科学技术鉴定研究所、中山大学法医鉴定中心和西南政法大学司法鉴定中心十家机构"国家级司法鉴定机构"的称号。

各省级人民法院开始恢复建立法院系统鉴定机构及鉴定人名册。原来在各个省市司法鉴定协会设立的知识产权鉴定专业委员会，自然就应该剥离，但是知识产权鉴定没有全国性的协会组织。为此，2018 年 11 月，我们发起成立知识产权鉴定专业委员会，2019 年 6 月经中国知识产权研究会同意筹办，预计 2019 年 12 月中国知识产权研究会知识产权鉴定专业委员会将正式挂牌。专业委员会成立的主要目的就是解决知识产权鉴定机构和鉴定人的管理机制，包括准入条件、考评机制、鉴定规范等。目前，公安机关、检察院、法院也在根据需要建立自己的知识产权鉴定机构及鉴定人数据库，这将形成一种新的知识产权鉴定管理格局。但是，知识产权鉴定行业协会与公安机关、检察院、法院的沟通协调还需要进一步落实。

此外，鉴定收费还有待于进一步规范。2016 年 3 月 29 日，国家发展和改革委员会发布通知自 2016 年 5 月 1 日起废止《国家发改委、司法部关于〈印发司法鉴定收费管理办法〉的通知》，由各省、自治区、直辖市人民政府价格主管部门会同同级司法行政部门于 5 月 1 日前制定出台本地区司法鉴定收费标准。但是，各省市制定的司法鉴定收费标准中，知识产权司法鉴定收费还没有纳入管理范围。因此，各鉴定机构的知识产权收费标准不一致，并且各地收费差异还比较大。

（四）知识产权司法鉴定的行业管理

由于司法部不再管理"四大类鉴定"之外的鉴定业务，知识产权鉴定将回归行业管理。时至今日，知识产权司法鉴定与其他鉴定，如产品质量鉴定、建筑工程质量鉴定、司法会计鉴定、价格鉴定等不同，对产品质量仲裁检验和产品质量鉴定工作的管理，属于原质量技术监督部门（现国家市场监督管理总局）；对建筑工程司法鉴定的管理，属于原建设部（现住房和城乡建设部）；对司法会计鉴定的管理属于中国注册会计师协会，主管单位财政部；对价格鉴定的管理，属于国家发展和改革委员会。而知识产权司法鉴定由于开展工作的时间不长，一直都没有全国性的行业组织，因此回归行业管理，最好的办法是成立知识产权鉴定行业协会——中国知识产权研究会知识产权鉴定专业委员会。在笔者草拟的成立行业协会申请中，明确提出了专业委员会的主要工作职责：（1）加强知识产权鉴定机构和鉴定人的管理。制定知识产权司法鉴定机构和鉴定人的准入条件，完善鉴定人继续教育培训机制，建立鉴定机构和鉴定人的考评和奖惩以及退出机制。（2）推荐知识产权鉴定机构和鉴定人。目前，各地公安机关、检察院、法院根据自身发展，需要建设知识产权鉴定机构及鉴定人数据库，需要对入库名单进行资格审核，但往往缺乏审核标准和依据。司法部取消了知识产权司法鉴定行政许可，但是对鉴定机构和鉴定人的管理应该交给行业协会。行业协会应该建立"全国知识产权鉴定机构及鉴定人数据库"，供相关部门参考。需要补充一点的是，行业协会建立的"全国知识产权鉴定机构及鉴定人数据库"不仅为公安机关、检察院、法院服务，还可以为国家行政执法机关以及仲裁、调解等知识产权纠纷的解决提供参考和选择。（3）建立知识产权司法鉴定行业标准。现在的知识产权司法鉴定没有标准，各个鉴定机构及鉴定人根据自己的工作经验，自己选择鉴定方法，导致鉴定质量不高，鉴定意见的客观性、公正性受到质疑。

第二节　知识产权司法鉴定的鉴定事项

一、知识产权司法鉴定的范围

在确定知识产权司法鉴定的范围时，应当综合考虑知识产权的概念范围以及司法鉴定的可行范围，即在知识产权概念范围内可以委托司法鉴定的争议事项。

知识产权又称"无形产权"，知识产权法律制度最早起源于西欧，关于知识产权的概念，学术界历来说法不一、争议颇多，学者李琛曾指出，"知识产权法学作为一门显学，面临着一种无法掩饰的尴尬：学界对知识产权这个基本概念远未达成共识"。[①] 为了规避对于知识产权定义的尴尬处境，在知识产权理论界存在用"列举法"来界定知识产权范围的做法。

---

① 李琛. 对智力成果权范式的一种历史分析［J］. 知识产权，2004（2）：42—46.

1992 年，国际保护工业产权协会（Association Internationale pourla Protection de la Propriete Industrielle，AIPPI）在东京大会中将知识产权分为"创造性成果权利"和"识别性标记权利"两大类。其中，前一类包括发明专利权、集成电路权、植物新品种权、KNOW-HOW 权（也称"技术秘密权"）、工业品外观设计权、著作权、软件权七项；后一类包括商标权、商号权、其他与阻止不正当竞争有关的识别性标记权三项。① 此处采用的便是列举权利的方式将权利进行归总。

1967 年发布的《建立世界知识产权组织公约》第 2 条将知识产权的范围规定为：（1）与文学、艺术及科学作品有关的权利。主要指作者权，或一般所称的版权（著作权）；（2）与表演艺术家的表演活动、与录音制品及广播有关的权利。主要指一般所称的邻接权；（3）与人类创造性活动的一切领域内的发明有关的权利。主要指就专利发明、实用新型及非专利发明享有的权利；（4）与科学发现有关的权利；（5）与工业品外观设计有关的权利；（6）与商品商标、服务商标、商号及其他商业标记有关的权利；（7）与防止不正当竞争有关的权利；（8）一切其他来自工业、科学及文学领域的智力创作活动所产生的权利。

1994 年通过的《与贸易有关的知识产权协议》中，第一部分第 1 条规定了知识产权的范围：（1）版权与邻接权；（2）商标权；（3）地理标志权；（4）工业品外观设计权；（5）专利权；（6）集成电路布图设计权；（7）未披露过的信息专有权。

采用上述列举法对于权利类型或保护对象的种类表述清楚、明确，但同时存在随着社会不断发展，知识产权作为动态概念其范围不断扩大而无法囊括的弊端，如有部分学者建议，将列举法与概括法相结合，② 做一个相对概括而全面的范围定义更为妥当。

对于司法鉴定可委托鉴定的范围，应当确定为在诉讼过程中，当事人确有争议且对案件裁判有影响的涉及知识产权的专门性事实问题或技术认定问

---

① 郑成思.知识产权法：第一版［M］.北京：法律出版社，2003：5—6.
② 刘春田.知识产权法［M］.北京：高等教育出版社，2000：3.

题，而不包括专门性法律问题。对争议进行法律认定的主体是法官，不能交由法官以外的人来判断，这已经是法学理论界和司法实务界的共识。确定鉴定范围时的难题在于如何划定事实（技术）问题与法律问题的区分界限，这是法学理论与司法实践都面临的难题，目前学界主要有两种方法可供借鉴。

第一种方法是根据待定事实的结论是否随法律规定而变化来区分。即不论法律作何规定，一个待定事实的结论均不会发生变化的，即为事实问题；如对事实的认定涉及法律适用或必须通过适用法律的规定方能作出的，即属于法律问题。①

第二种方法是根据争议问题是否属于法官的权利范围来区分。即如果该待定事实可以由鉴定机构或者法官以外的人来认定，则属于事实问题；若该待定事实只能由法官来认定则属于法律问题。②

根据 2011 年 2 月 18 日《最高人民法院关于修改〈民事案件案由规定〉的决定》，对《民事案件案由规定》做的最新修正，关于知识产权案件的案由包括知识产权合同纠纷、知识产权权属侵权纠纷、不正当竞争、垄断纠纷等四大类，具体涵盖了专利权、著作权、商业秘密、商标权、植物新品种权、地理标志权、集成电路布图设计、计算机软件、知名商品、商号等。该解释已较为全面地列举了知识产权司法鉴定实践中出现的主要鉴定范围与事项，但值得注意的是，知识产权司法鉴定的范围仍宜根据法律和实际情况进行延伸解释。

我们结合知识产权的概念范围与司法鉴定的可委托范围，可以更好地理解知识产权司法鉴定的范围。

二、专利类案件的鉴定事项

专利权，是指专利主管机关依法授予专利申请人对其发明创造在法定期限内享有的专有权利。我国专利法规定专利权的保护对象为发明创造，包括发明、实用新型和外观设计。其中，发明和实用新型均指新的技术方案，要

---

① 孙海龙，姚建军. 知识产权民事审判中事实问题与法律问题辨析 [J]. 电子知识产权，2007 (11)：56—58.
② 陈杭平. 论"事实问题"与"法律问题"的区分 [J]. 中外法学，2011 (2)：32—36.

求具备新颖性、实用性和创造性；外观设计要求具备新颖性、实用性和富有美感。

在司法实践中，认定是否侵犯专利权，一般涉及以下几个认定步骤：第一，确定原告专利权的保护范围；第二，认定被控侵权产品或方法的技术方案；第三，判断被控侵权的技术方案是否落入专利权的保护范围；第四，被告的抗辩是否成立。① 只有对上述四个步骤同时进行分析才能认定成立侵权，其中只有事实问题或技术问题才能进行委托司法鉴定，现阶段法院也已经不再将是否侵权整体上委托于鉴定机构认定。对于专利权纠纷中鉴定事项的认定，主要争议表现为：专利权保护范围的认定，被诉侵权技术方案是否落入保护范围，以及争议事项是否可以委托鉴定。

（一）专利权的保护范围

专利权的保护范围，是认定被诉侵权技术方案是否侵权的前提，是专利法上重要的基础性概念。《中华人民共和国专利法》（以下简称《专利法》）第 59 条第 1 款规定"专利权的保护范围以权利要求的内容为准"，权利要求的解释过程就是专利权保护范围的确定过程。2009 年 12 月 21 日公布的《最高人民法院关于审理侵犯专利权纠纷案件应用法律若干问题的解释》第 1 条，对专利权保护范围的确定依据作了规定："人民法院应当根据权利人主张的权利要求，依据专利法第五十九条第一款的规定确定专利权的保护范围。权利人在一审法庭辩论终结前变更其主张的权利要求的，人民法院应当准许。权利人主张以从属权利要求确定专利权保护范围的，人民法院应当以该从属权利要求记载的附加技术特征及其引用的权利要求记载的技术特征，确定专利权的保护范围。"由此可知，权利人在一审法庭辩论终结前，有权选择具体的一项或者多项权利作为被诉侵权技术方案所落入的专利权保护范围，以权利人对自己的权利的处分作为其主张的专利权保护范围。换言之，专利权的保护范围以专利客体为基础，而权利人提出的权利要求书中的要求是进行侵权判断的前提，权利要求清楚以能被本领域普通技术人员准确、合理的确定保护范围边界为准。

---

① 石必胜.知识产权诉讼中的鉴定［J］.中国司法，2013（11）：40—43.

（二）被诉侵权技术方案是否落入保护范围

判断被诉侵权技术方案是否落入保护范围，在理论上有两种比较极端的学说。一种是中心限定主义，该学说主张专利权保护的是整体构思，权利要求书只是构思的一种书面展示手段，在判断被诉侵权方案是否落入保护范围时，不应该拘泥于权利要求书上的字面概述，而是应该结合权利要求书记载的技术方案，通过内容全面理解分析专利的整体构思，从而判断两者是否存在重合部分，这种主张下的保护范围边界要大于权利要求书记载的字面内容。另一种即周边限定主义，该学说认为，判断被诉侵权方案是否落入保护范围应严格按照权利人提出的权利要求书记载为准，判断的范围边界即书面记载的字面含义，不可做任何扩张解释，只有当诉讼侵权方案与权利要求书一一对应且相同时，方构成侵权。我国在判断被诉侵权方案是否落入保护范围时对上述两种学说进行了折中解释，《最高人民法院关于审理侵犯专利权纠纷案件应用法律若干问题的解释》第 2 条规定："人民法院应当根据权利要求的记载，结合本领域普通技术人员阅读说明书及附图后对权利要求的理解，确定专利法第五十九条第一款规定的权利要求的内容。"

（三）争议事项是否可以委托鉴定

在认定专利权保护范围的过程中，包含了对技术方案的认定，其中涉及技术问题属于专门性的事实认定，可以进行委托鉴定。此外，在认定保护范围过程中还将涉及法律规则的使用，如《最高人民法院关于审理侵犯专利权纠纷案件应用法律若干问题的解释》第 2—7 条就规定了认定专利权保护范围的具体法律规则，这些规则很大程度上影响着最终专利权保护范围以及最终是否侵权结果的认定。若以待定事实的结论是否随法律规定而变化来区分，保护范围的认定不可以全部进行委托鉴定；若以是否属于法官的权利范围来区分，在具体法律规则的理解和适用层面上则属于法官的权利，不可提交鉴定。

在认定被诉侵权技术方案是否落入保护范围时，需要进行复杂的利益平衡和价值选择，一方面要考虑为专利人提供切实有效的保护机制，另一方面要确保他人对侵犯专利权行为的判断有足够的法律确定性。[①] 无论是以待定

---

① 尹新天．专利权的保护 [M]．北京：知识产权出版社，2005：375.

事实的结论是否随法律规定而变化来区分，还是以是否属于法官的权利范围来区分，都不应成为可鉴定的范围。

（四）专利类案件的司法鉴定范围

在诉讼中不同的诉讼主体的鉴定目的不同，实践中主要鉴定下列事项。

（1）被控侵权产品或方法的技术特征与专利的技术特征是否相同或等同。

（2）根据被告提供的证据材料，判定被控侵权技术是否属于原告专利申请日之前已经公开的公知公用技术。

（3）被控侵权产品的外观设计是否与原告的外观设计专利相同或者相近似。

（4）被授予专利权的发明或者实用新型是否具备新颖性、创造性。

（5）发明、实用新型专利说明书是否充分公开技术方案。

其中，对于"被控侵权产品的外观设计是否与原告的外观设计专利相同或者相近似"的鉴定，因为法律规定是"从一般消费者的知识水平和认知能力"来进行判断，为此，是否需要从专业的角度来评判外观设计是不是相同/近似，还存在争议。

三、商标类案件的鉴定事项

商标权是商标所有人对其商标所享有的独占使用和充分支配的权利，对商标权的保护应当以禁止权为基础，以防止他人使用的商标与注册商标相混淆，实现商标的标示和识别功能。2013 年 8 月修正的《中华人民共和国商标法》（以下简称《商标法》）第 57 条第 1—2 项对侵犯商标权的行为作了明确规定："有下列行为之一的，均属侵犯注册商标专用权：（一）未经商标注册人的许可，在同一种商品上使用与其注册商标相同的商标的；（二）未经商标注册人的许可，在同一种商品上使用与其注册商标近似的商标，或者在类似商品上使用与其注册商标相同或者近似的商标，容易导致混淆的。"

商标的司法鉴定，大多数的法官难以接受。判断商标是否侵权可以分解为三个阶段："是否近似"（商品相同或者类似，商标相同或者近似）—"是否混淆"——"是否侵权"。首先面临的问题就是鉴定的范围。目前，行业内比较公认的一种观点："是否近似"属于事实认定，而"是否混淆""是否侵权"属于法律适用问题。在认定侵犯商标权的标准是"是否会导致相关公众产生混淆的可能"，这其中包括：（1）对"是否产生混淆的可能"的认定更多的是主观认定；（2）对"相关公众"的理解，一般是指行业内从事生产的经销者、消费者。对于商标类的绝大多数案件，法官基于自身的生活常识及专业水平，完全可以作出正确的认定。但是对于较为复杂或者影响力比较大的案件，对"是否产生混淆的可能"的判断，就容易产生争议，究其原因就在于对"是否产生混淆的可能"的主体："相关公众"。法官不能代表相关公众，鉴定人同样也不能代表相关公众。

在实际工作中，主要针对以下两类商标争议比较大的案件进行鉴定。

（一）商品或者服务是否相同或者类似

商品类别鉴定一般根据商标注册时对商品的分类进行判定，司法鉴定人员根据商标标识和使用的商品在我国商标注册采用的《商标注册用商品和服务国际分类表》《类似商品和服务区分表》来判定两者是否相同或类似。在判定商品或者服务类似时，《类似商品和服务区分表》具有参考价值，但其不是唯一的判断标准。类似商品，是指商品在功能、用途、主要原料、生产部门、销售渠道、销售场所、消费对象等方面相同或者相近。类似服务，是指在服务的目的、内容、方式、对象等方面相同，或者相关公众一般认为存在特定联系、容易造成混淆的服务。

（二）商标是否相同或者近似

对于商标是否构成"近似"，是否导致"混淆"的甄别和判定，对同一个案件不同法院之间却有可能会产生截然不同的结论。究其原因，就是无论是对注册商标行使管理权的行政机关还是对侵犯商标权诉讼中的审判机关，现行的法律法规和司法解释都未将该行为的判断纳入知识产权司法鉴定的范畴，不同法院对商标是否相同或近似、是否导致混淆的认定，没有统一标准。我们认为：对较为复杂的商标"是否相同或近似"的认定，应该属于"事实认定"，可以委托司法鉴定。但是对"是否导致混淆""是否构成侵权"的

"法律适用"应该由法官判断。

商标的鉴定一般是将被控侵权的商标与原告的注册商标进行比较，综合分析商标中包含的文字字形、读音、含义或者图形的构图、颜色，以及各要素组合后的整体结构，或者其立体形状、颜色组合。而在具体的司法实践中，商标司法鉴定意见（即事实认定）与商标审判案件中的司法认定结果（即法律适用）往往会出现不一致的现象。原因在于鉴定人员运用自己的专业知识对商品是否相同或者类似，商标是否相同或近似作出的鉴定意见，属于专家意见，不能代表"相关公众"。由于鉴定范围的不确定性和鉴定人员素质的差异，在商标案件的审理过程中，到目前为止，法院委托鉴定机构对商标进行司法鉴定的案件不多，即使委托鉴定，对于鉴定意见，也很难得到当事人的认可。

（三）商标类案件的司法鉴定范围

（1）涉嫌侵权商品（或者服务）与权利人的注册商标所注册的商品（或者服务）是否相同或者类似。

（2）涉嫌侵权商标标识是否与权利人的注册商标相同或相近似。

（3）涉嫌侵权商标标识是否属于复制、模仿、翻译权利人注册的驰名商标或其主要组成部分。

（4）涉嫌侵权商标标识是否属于复制、模仿、翻译权利人未在中国注册的驰名商标或其主要部分。

（5）涉嫌侵权企业字号是否属于与权利人注册商标相同或相近似的文字。

（6）涉嫌侵权域名是否属于将权利人注册的商标相同或相近似的文字注册而成的。

商标的保护范围取决于注册商标标识的显著性的强弱，显著性强的给予宽保护，商标的显著性源自先天具有和后天获得，显著性是商标注册成功的基础。但是目前在鉴定中只是单纯地去比较两个标识是否近似，实则意义不大。似乎现有的鉴定范围比较窄，存在弊端，应该考虑有所突破和发展。能否引入市场调查法为判定混淆提供一些数据支撑？针对这个问题，我们在第四章中将会有专门的论述。

四、著作权案件的鉴定事项

著作权是指基于文学、艺术和科学领域的作品所依法产生的权利。在司法实践中，就著作权纠纷案件而言，具体可分为文字作品的司法鉴定、美术作品的司法鉴定、软件作品的司法鉴定以及网络游戏的司法鉴定，其中主要涉及两大争议事项：关于独创性的认定；关于抄袭或剽窃的认定。

（一）作品的独创性认定

独创性是作品最核心的构成要件，是作品受到著作权保护的前提。因此，作品是否具备独创性是著作权案件中最为基础和最为常见的争议焦点。例如，在最高人民法院〔2010〕民三终字第 6 号方正诉暴雪侵害著作权纠纷案中，计算机字库中单字字形是否具备独创性形成作品，成为该案件的主要争议焦点之一。独创性是否可以进行司法鉴定，取决于独创性的认定属于事实认定或法律认定。鉴于不同法律规定下对于是否具备独创性的认定标准完全不同，结论也随之变化，因此，作品的独创性是否属于鉴定范围，目前还存在议。

我们认为：对于文字作品、美术作品等是否具有独创性，主观性认定比较强，一般不涉及专业知识，不应该纳入鉴定范围。但是对于软件著作权的独创性的认定，情况有所不同。软件是人们为了借助计算机实现某一目的或者任务而编写的，计算机能够理解的一串指令，有时也叫代码、程序，是与计算机系统操作有关的计算机程序、规程、规则，以及可能有的文件、文档及数据。我们认为：软件的技术性比较强，有较为通用的表达方式，且表现手段有限。因此，对于软件的独创性，可以纳入司法鉴定的范围。

（二）作品抄袭或剽窃的认定

《中华人民共和国著作权法》（以下简称《著作权法》）第 47 条第 5 项对剽窃为侵犯著作权的行为类型作了明确规定，剽窃他人作品的，应当根据情况，承担停止侵害、消除影响、赔礼道歉、赔偿损失等民事责任。在认定是否抄袭或剽窃的过程中，涉及认定抄袭或剽窃的判断标准。衡量侵犯复制权与否的一条基本原则，就是看被诉侵权人的作品中，是否以独创的方式包含了著作权人原作品中的独创性成果。[①] 此项原则表明，只有作品的独创性部分被侵权才能认定为抄袭，所以公知领域或非独创性部分的相同表达不构成侵权。司法实践一般先将被诉侵权作品与著作权人作品进行比对，确定两者相同部分以及公知部分，最后判断除却确定部分剩下部分的思想表达是否构成实质相同。认定过程既涉及事实认定又涉及法律认定，只有事实认定部分，即被诉侵权作品与著作权人作品中相同内容部分的认定，而不考虑社会、司法效果与法律规定的变化，可以交由司法鉴定。抄袭或剽窃，应该属于综合性的主观判断，司法鉴定不能认定是否抄袭或者剽窃，只是对被诉侵权作品与著作权人作品进行直接比对，并对每个部分的比对结果进行客观表述。

（三）著作权案件的鉴定范围

（1）对被控侵权作品与权利人的作品是否相同或实质性相似进行鉴定（也称"同一性"鉴定）。

（2）对涉嫌侵权的计算机软件是否与他人取得合法权利的软件构成相同或实质性相似进行鉴定（也称"同一性"鉴定）。

五、商业秘密案件的鉴定事项

2019 年修正的《反不正当竞争法》第 9 条第 4 款将商业秘密定义为："本法所称的商业秘密，是指不为公众所知悉、具有商业价值并经权利人采取相应保密措施的技术信息、经营信息等商业信息。"由此表明，商业秘密的构成要件包括秘密性、价值性和保密性，《最高人民法院关于审理不正当竞争民事案件应用法律若干问题的解释》第 9 条、第 10 条、第 11 条分别对"不为公众所知悉""能为权利人带来经济利益、具有实用性""保密措施"做了具体规定。2019 年修正的《反不正当竞争法》取消了"具有实用性"，保留了"具有商业价值"，并将"技术信息和经营信息"扩大到"商业信息"。

要判断有关信息是否为商业秘密，就是要看该信息是否"不为公众所知悉"、是否"具有商业价值"、是否"采取保密措施"。其中，是否"具有商业

---

① 郑成思. 版权法 ［M］. 北京：中国人民大学出版社，1997：203.

价值"一般需要由评估公司进行价值损害评估，是否"采取保密措施"的认定属于法律适用问题。司法鉴定只是对是否"不为公众所知悉"进行认定。当然，也有的将知识产权损害价值评估纳入知识产权鉴定的范畴，毕竟知识产权损害价值的评估与传统的有形资产的价值评估还是有很大的不同，主要是因为知识产权是无形资产，具有其特殊性。知识产权损害价值评估属于会计学与知识产权法学交叉学科，需要跨学科的专业知识。对于是划分为资产评估公司（倾向会计学）进行损害评估，还是划归知识产权鉴定（倾向知识产权）范围，学界是存在争议的。笔者的观点是，划归资产评估公司进行损害评估更好，"专业的人做专业的事"，估计效果会更好，当然也需要评估人员必须具备一定的知识产权专业基础，否则，评估的指标参数可能会很难把握。据此，笔者认为知识产权司法鉴定只是对技术信息的"秘密性"进行鉴定。

此外，商业秘密包括技术信息、经营信息，我们一直主张：司法鉴定只能对技术信息进行鉴定；经营信息更多的属于主观认定，多数都是行业一般常识或者行业惯例，不应该纳入鉴定范围。

为此，商业秘密案件的司法鉴定包括以下三个部分。

（一）技术信息是否不为公众所知悉

秘密性中的技术信息属于可鉴定事项。在司法实践中，商业秘密的价值性可以委托专门的评估公司进行损害价值评估。而保密性，即是否采取了相应的保密措施，一般不涉及法官难以理解的技术认定，只要证据充分，法官就可以通过逻辑判断和证据审核形成内心确信，即无须委托司法鉴定。因此，商业秘密司法鉴定的鉴定事项主要是"秘密性"，即"不为公众所知悉"。《最高人民法院关于审理不正当竞争民事案件应用法律若干问题的解释》中对"不为公众所知悉"进行了列举式的类型化规定，所列举的六项情形是否都属于事实认定而非法律认定，可以交由司法鉴定。如该解释第9条第2款第1项规定"该信息为其所属技术或者经济领域的人的一般常识或者行业惯例"，对这一事实如何判定，法律没有作出具体规定，可以成为委托鉴定的事实问题。①

---

① 孙海龙，姚建军. 知识产权民事审判中事实问题和法律问题辨析 [J]. 电子知识产权，2007 (11)：56—58.

（二）双方的技术信息是否具有同一性

《反不正当竞争法》第9条规定，经营者不得实施下列侵犯商业秘密的行为：（1）以盗窃、贿赂、欺诈、胁迫、电子侵入或者其他不正当手段获取权利人的商业秘密；（2）披露、使用或者允许他人使用以前项手段获取的权利人的商业秘密；（3）违反保密义务或者违反权利人有关保守商业秘密的要求，披露、使用或者允许他人使用其所掌握的商业秘密；（4）教唆、引诱、帮助他人违反保密义务或者违反权利人有关保守商业秘密的要求，获取、披露、使用或者允许他人使用权利人的商业秘密。经营者以外的其他自然人、法人或非法人组织实施前款所列违法行为的，视为侵犯商业秘密。第三人明知或者应知商业秘密权利人的员工、前员工或者其他单位、个人实施前款所列违法行为，仍获取、披露、使用或者允许他人使用该商业秘密的，视为侵犯商业秘密。但是，经营者是否实施侵犯商业秘密的行为，从司法鉴定的角度来看，需要对涉嫌侵权的技术信息与他人不为公众所知悉的技术信息是否相同或者实质性相同进行鉴定。

（三）商业秘密案件的鉴定范围

（1）权利人所有的技术信息是否不为公众所知悉（也称"非公知性鉴定"）；（2）涉嫌侵权的技术信息与权利人不为公众所知悉的技术信息是否相同或者实质相同（也称"同一性鉴定"）。

第三节　知识产权司法鉴定人的法律责任

一、知识产权司法鉴定人概述

（一）定义

对知识产权案件而言，由于涉及的专业性较强，"对于一些较复杂的实用新型专利案件和大多数的发明专利，尤其是方法发明专利案件和商业秘密（技术秘密）案件，对于以法律知识见长的法官，往往需要借助司法鉴定的手段来解决专门的技术问题"①。知识产权司法鉴定人是指在知识产权诉讼过程中，为涉及知识产权的专门性问题进行鉴别和判断并提供鉴定意见的活动的自然人。在司法实践中，知识产权司法鉴定人一般隶属于知识产权司法鉴定机构，由司法机关或当事人将鉴定事项委托给依法取得有关知识产权司法鉴定资格的知识产权鉴定机构，再由鉴定机构内部指定司法鉴定人员，最后由该知识产权司法鉴定人员对委托的鉴定事项，通过事实认定鉴别，给出最后鉴定意见。

有人认为，知识产权司法鉴定人应当是"技术专家"，在本领域具有较高的技术造诣。这个观点，使鉴定人出庭质证时，往往成为争议的焦点之一，对鉴定人影响很大。我们认为，知识产权司法鉴定人相当于"翻译"，主要职责就是将高深的技术问题，"翻译"成法律术语。真正的"技术专家"，应该是当事人双方。一是权利人经过多年的研发形成了自己的技术方案；二是侵权人通过对权利人方案的"借鉴"，生产出了新的产品。而鉴定人只是在接受案件委托后，短短一个月的时间，很难成为该领域的"技术专家"，当然不排除，我们的鉴定人正好对该领域有所研究。在现有的鉴定管理体制下，这样的"技术专家"很难成为鉴定人。因此，将知识产权司法鉴定人称为"翻译"更为恰当。

（二）法律地位

知识产权司法鉴定人的法律地位决定了知识产权司法鉴定人在诉讼过程中应承担的法律责任问题。"在大陆法系国家，鉴定人常常作为法官的助手，而在英美法国家则属于专家证人的范畴"②。由上述对司法鉴定人制度规定可知，我国将鉴定意见作为一种独立的证据种类，鉴定人以诉讼参与人身份存在，是偏向于大陆法系的传统。也有学者提出知识产权司法鉴定人定位的立法趋势由严格的法官辅助人定位向一定程度的专家证人（或者当事人辅助人）定位转变，我国当前规定的鉴定人制度是一种混合型的鉴定人模式，以

---

① 刘红. 浅析知识产权技术鉴定程序 [J]. 电子知识产权，2004 (11)：44—48.
② 毕玉谦. 民事证据原理与实务研究 [M]. 北京：人民法院出版社，2003：549.

大陆法系国家法官辅助人定位为主，以英美法系国家当事人辅助人定位为辅。① 笔者认为，知识产权司法鉴定人从本质上应肯定为法官辅助人，通过对专门性技术的事实认定来辅助法官认定审判过程中的争议事实，不宜单纯定位为专家证人，而是可以结合两大法系对于鉴定人定位的优点，将知识产权司法鉴定人定位为类似于专家证人的法官辅助人。

二、知识产权司法鉴定人的法律责任制度

知识产权司法鉴定人制度本身是一个完整的系统，包括司法鉴定人的资格与选任、权利与义务以及法律责任等一系列的制度构成。知识产权司法鉴定人的法律责任是指鉴定人在执业活动中，因为故意或过失，违反有关法律法规，损害了当事人的合法权益，而应当承担的刑事、民事、行政责任的后果。② 现在学术界对于司法鉴定人的主体资格选任、权利与义务方面都开展了较为广泛的讨论，但现有制度中对于司法鉴定人责任制度的规定却较为匮乏，其中对于更为细分的知识产权司法鉴定人的责任规定就更是凤毛麟角。

（一）知识产权司法鉴定人的法律责任规定

《司法鉴定管理问题的决定》第13条和第14条分别规定了鉴定机构、鉴定人的行政责任，以及司法行政部门在鉴定人和鉴定机构的登记管理工作中的责任。《司法鉴定程序通则》第9条规定了司法鉴定机构和司法鉴定人进行司法鉴定活动应当依法接受监督。但是，现行法律法规中欠缺以下规定：（1）有关知识产权司法鉴定人相关法律责任的详细规定；（2）有关司法鉴定人在诉讼中应该承担何种诉讼义务和违反该义务应承担何种责任的规定；（3）有关故意出具虚假、提供错误报告给相关人造成经济损失应承担的刑事或民事责任的规定。可以说，我国目前对于知识产权司法鉴定人的相关法律责任的规定相对匮乏，知识产权司法鉴定人的相关理论体系也不是十分完善，实际操作的时候也比较难以实行。

---

① 北京市高级人民法院知识产权庭. 知识产权诉讼实务研究 [M]. 北京：知识产权出版社，2008：345.

② 叶峰，叶自强. 反复鉴定问题研究 [A] //何家弘. 证据学论坛：第一卷 [M]. 北京：中国检察出版社，2004：63.

（二）知识产权司法鉴定人法律责任的重要性

司法鉴定人所从事的鉴定活动虽然是科学技术在司法实践中的活动，但其本身是一种受主观性支配的有意识的取证活动。相关法律法规规定的缺失，导致相当数量的鉴定机构及鉴定人为了短期或不正当利益违反公正立场故意出具虚假、错误意见的现象，以及司法鉴定人经法庭传召拒不到庭参加诉讼，或者在接受鉴定委托后久拖不办，怠慢疏忽职责、丢失检材的现象。因此，规范知识产权司法鉴定人的法律责任对鉴定人权利义务的平衡、公平正义的实现以及诉讼当事人利益的维护具有十分重要的意义。

三、知识产权司法鉴定人的法律责任主体

任何法律制度的建构都必须确立相应主体的法律责任，通过法律责任的规范来保证法律制度的公正施行。鉴于现行法律法规没有对知识产权司法鉴定人的责任进行规范，仅能从对司法鉴定人的相关规定中得以借鉴。

《司法鉴定管理问题的决定》第 10 条规定："司法鉴定实行鉴定人负责制度。鉴定人应当独立进行鉴定，对鉴定意见负责并在鉴定书上签名或者盖章。多人参加的鉴定，对鉴定意见有不同意见的，应当注明。"《司法鉴定程序通则》第 5 条规定："司法鉴定实行鉴定人负责制度。司法鉴定人应当依法独立、客观、公正地进行鉴定，并对自己作出的鉴定意见负责。司法鉴定人不得违反规定会见诉讼当事人及其委托的人。"依据上述规定可知，我国遵循责任自负原则，实行鉴定人负责制，由鉴定人对自己的鉴定意见负责，因鉴定意见真伪、错误鉴定或者过失鉴定，造成当事人损失的，由鉴定人承担责任。

结合我国知识产权司法鉴定尚处于起步阶段的具体国情，鉴定人负责制在现实中实现起来有失公平、实效不高，不利于我国知识产权司法鉴定制度的发展、完善。首先，鉴定人负责制有失公平。在司法实践中，知识产权司法鉴定人一般隶属于知识产权司法鉴定机构，司法机关或当事人与知识产权司法鉴定机构是委托关系，而与知识产权司法鉴定人没有直接的法律关系，知识产权司法鉴定人的鉴定工作一般隶属于知识产权司法鉴定机构。此外，

《司法鉴定程序通则》第 38 条规定："司法鉴定意见书应当加盖司法鉴定机构的司法鉴定专用章。"知识产权司法鉴定人出具司法鉴定意见的行为更倾向于职务行为，若此，只由司法鉴定人承担责任就有失公平。其次，鉴定人负责制无法得到有效实行。在责任实现过程中，知识产权案件标的额一般很大，涉及损失也牵扯巨大，实行鉴定人负责制难免出现当事人损失无法得到有效赔偿、诉讼目的无法实现的情况。

四、知识产权司法鉴定人的法律责任追究范围

司法鉴定人法律责任的追究，是指特定机关根据法律规定的司法鉴定人承担法律责任的要件，确认其某种行为应否承担法律责任以及应当承担何种法律责任，并以国家强制力保证此种法律责任实现的活动。[1] 根据依法追究与程序公正的原则，在追究司法鉴定人法律责任之前，应当先明确司法鉴定人法律责任的追究范围。

从国外立法情况来看，司法鉴定人具有以下行为的应当承担相应法律责任：（1）拒绝鉴定。《德国刑事诉讼法典》第 77 条规定："负有鉴定义务的鉴定人如果应传不到或者拒绝做鉴定者，要承担因此产生的费用，对他同时要课处秩序罚款。如果再次不服从命令的，除了要承担费用外，还可以再次对他课处秩序罚款。"[2]（2）超期鉴定。《法国刑事诉讼法典》第 161 条规定："未在规定的期限内提出鉴定报告的鉴定人，可以立即予以替换，此外，他还可能被取消继续作鉴定人的资格。"[3]（3）错误鉴定。《意大利刑事诉讼法典》第 231 条规定："如果鉴定人在工作中出现错误可以进行更换，对于被更换的鉴定人，在传唤其出庭为自己辩解后，法官可以判处他向罚款基金会缴纳 30 万至 300 万里拉的罚款。"[4]（4）拒绝出庭作证。《德国刑事诉讼法典》第 77 条规定："鉴定人应传不到应承担由此产生的费用，对他同时要课

---

① 黄松有，梁玉霞．司法相关职务责任研究 [M]．北京：法律出版社，2001：288.

② 李昌河．德国刑事诉讼法典 [M]．北京：中国政法大学出版社，1995：22.

③ 余叔通，谢朝华，译．法国刑事诉讼法典 [M]．北京：中国政法大学出版社，1997：79.

④ 董风，译．意大利刑事诉讼法典 [M]．北京：中国政法大学出版，1995：80.

处秩序罚款。"①

　　结合我国司法实践与相关法律法规,知识产权司法鉴定人法律责任的追究范围主要包括故意与过失两类。(1)由故意导致的知识产权司法鉴定人法律责任的情况主要有:故意作虚假结论的;故意不履行回避义务的;故意拖延鉴定时间给诉讼活动造成影响的;违反出庭作证义务的;故意毁坏、更换鉴定材料的;擅自变更、拖延、终止鉴定事项的;故意泄露案内秘密的;无正当理由拒绝鉴定的;非法收受委托人财物的,等等。(2)由过失导致的知识产权司法鉴定人法律责任的情况主要有:由于工作严重不负责造成鉴定材料遗失、变质、失去鉴定条件的;违反司法鉴定程序和操作规程导致错误鉴定,工作不负责导致错误鉴定的;明知自己不具备相关知识和经验轻信自己能够作出正确结论的;文书和语言表达不准确造成异议的,等等。② 知识产权涉案范围在不断扩大,知识产权司法鉴定人的职业范围也在日益扩展,以列举的方式是难以穷尽实践中知识产权司法鉴定人员应当承担法律责任的行为范围的。准确地说,不论是主观上的错误还是客观上的错误,只要是知识产权司法鉴定人在相关职业活动中违背了现行的法律法规,对当事人的合法权益造成了一定程度上的损害的,都需要承担相应的司法鉴定的法律责任。

五、知识产权司法鉴定人的法律责任运行现状

　　知识产权司法鉴定人的法律责任,包括知识产权司法鉴定人的刑事责任、民事责任、行政责任。但是,我国知识产权司法鉴定人法律责任的规定缺乏科学性、系统性和可操作性,司法鉴定的组织规则与活动还有待规范,运行现状存在一些问题。

　　(一)刑事责任

　　我国法律法规对于知识产权司法鉴定人的刑事责任并没有直接的规定,只散见于刑法对于伪证罪的规定中。如《中华人民共和国刑法》(以下简称《刑法》)第 305 条规定:"在刑事诉讼中,证人、鉴定人、记录人、翻译人

① 何家弘. 司法鉴定导论 [M]. 北京:法律出版社,2000:194.
② 姜志刚. 论司法鉴定人的民事责任 [J]. 中国司法鉴定,2003 (3):22—27.

知识产权司法鉴定

对与案件有重要关系的情节，故意作虚假证明、鉴定、记录、翻译，意图陷害他人或者隐匿罪证的，处三年以下有期徒刑或者拘役；情节严重的，处三年以上七年以下有期徒刑。"《中华人民共和国刑事诉讼法》（以下简称《刑事诉讼法》）第147条第2款规定："鉴定人故意作虚假鉴定的，应当承担法律责任。"《司法鉴定管理问题的决定》第13条第3款规定："鉴定人故意作虚假鉴定，构成犯罪的，依法追究刑事责任……"

上述规定只对鉴定人"故意作虚假鉴定"的行为进行了规定，大大限制了知识产权司法鉴定人法律责任的追究范围；规定中提到"与案件有重要关系的情节"在知识产权案件中缺乏认定标准，很难把握；此外，"处三年以下有期徒刑或者拘役；情节严重的，处三年以上七年以下有期徒刑"的量刑标准对于知识产权案件或存在刑事责任过于严格，使得实际操作难度增加。

（二）民事责任

知识产权司法鉴定人的民事责任是指，知识产权司法鉴定人在执业过程中因严重过失或故意导致当事人合法权益遭受损失，而应承担的民事赔偿责任。我国立法目前没有知识产权司法鉴定人民事责任的相关规定，从而导致在实践中产生了鉴定人不明，责任追究无法实现的结果。对于民事责任的承担依据，学界主要有侵权责任、违约责任、侵权与违约竞合等三种说法。

（1）侵权责任。有学者认为，知识产权司法鉴定的委托关系发生在法院与知识产权司法鉴定机构之间，当事人与司法鉴定人之间没有直接的法律关系，所以司法鉴定人就自己的过失自己承担侵权责任。（2）违约责任。还有学者认为，尽管委托合同的双方是法院与司法鉴定机构，但实质上的利害关系方是当事人与司法鉴定人，双方存在隐性的法律关系，所以司法鉴定人应承担违约责任。（3）侵权与违约竞合。另有学者持其他意见，认为司法鉴定人与当事人之间有契约关系，鉴定人因为鉴定过失给当事人造成损失的，当事人既可以依据委托合同要求其承担违约责任，也可以按照侵权责任的构成要件要求其承担侵权责任，具体由当事人意思自治决定。

（三）行政责任

我国关于知识产权司法鉴定人行政责任的规定相对全面。司法鉴定人承担行政责任的情况主要包括：提供虚假证明文件或者采取其他欺诈手段，骗取登记的；经人民法院依法通知，拒绝出庭作证的；未经登记的人员，从事已纳入《司法鉴定人登记管理办法》调整范围司法鉴定业务的；私自接受司法鉴定委托的；违反保密和回避规定的；拒绝接受司法行政机关监督、检查或者向其提供虚假材料的；司法鉴定人同时在两个以上司法鉴定机构执业的；因严重不负责任给当事人合法权益造成重大损失的；故意做虚假鉴定的。司法鉴定人承担责任的形式主要有：予以训诫、责令具结悔过、警告、罚款、15 日以下的拘留、停止从事司法鉴定业务；情节严重的，撤销登记。① 此外，行政责任的处罚主体为省级司法行政机关，由其对司法鉴定人进行统一的管理。② 但是，如果知识产权鉴定回归行业管理，缺乏相应的行业管理规章制度，能否按照司法部原有的与司法鉴定相关的规章制度执行？如果不行，是否需要制定相应的规章制度？值得学界思考。

第四节　知识产权司法鉴定证据的审查和运用

一、知识产权司法鉴定意见

证据是诉讼的第一要义，诉讼从某种层面上来讲就是利用证据来发掘案件事实的真相，并按照这种已纳入认识范围的事实，适用法律作出裁判。虽然鉴定活动是科学技术在司法实践中的活动，但其本身是一种受主观性支配的有意识的取证活动。因此，鉴定意见并不应当然地具有证据能力，必须被提交法庭经过事实裁判后才能最终确定其是否具有证据能力，才能决定其是否能够作为证据证明案件事实。与其他证据形式相比，司法鉴定意见也并不具有高于其他证据形式的证明力和证据能力。知识产权司法鉴定意见的基本概念、证据属性、诉讼功能，以及各种司法鉴定意见之间不可避免的矛盾与

---

① 具体违法行为参见《最高人民法院关于行政诉讼证据若干问题的规定》第 76 条，《司法鉴定管理问题的决定》第 13 条，《司法鉴定人登记管理办法》第 28—30 条。

② 具体参见《司法鉴定管理问题的决定》。

冲突，均决定知识产权司法鉴定意见作为诉讼证据之审查与判断的必要性；同时，在知识产权案件的审判实践中，知识产权司法鉴定意见对于准确认定案件事实具有重要意义。

（一）司法鉴定意见的内涵

关于司法鉴定意见的内涵，学术界对此存在不同的表述。有的学者认为，"司法鉴定意见是指由具有科学、技术、工艺等专门知识的人，根据司法机关的指派或聘请，对诉讼案件中需要解决的某些专门性问题进行分析、鉴别后所提供的结论性意见"①，属于诉讼内鉴定②。也有学者认为，"鉴定意见是指鉴定人运用自己的专门知识，根据所提供的案件材料，对案件中专门性问题进行鉴别、分析后作出的结论"③，既包括诉讼内鉴定，也包括自行鉴定、侦查鉴定和行政鉴定等诉讼外鉴定。而《司法鉴定管理问题的决定》第 1 条规定："司法鉴定是指在诉讼活动中鉴定人运用科学技术或者专门知识对诉讼涉及的专门性问题进行鉴别和判断并提供鉴定意见的活动。"可见，司法鉴定意见是鉴定人根据鉴定材料，检验、分析作出的事实性、科学性判断。

为此，可以将知识产权司法鉴定意见定义为：在知识产权诉讼过程中，根据司法机关或当事人委托，由依法取得有关知识产权司法鉴定资格的鉴定机构和鉴定人运用科学技术方法，对诉讼涉及的有关知识产权的专门性问题作出的科学判断意见，是法定证据的一种形式。

（二）证据效力

2017 年修正的《中华人民共和国民事诉讼法》（以下简称《民事诉讼法》）第 63 条规定，证据包括：（1）当事人的陈述；（2）书证；（3）物证；（4）视听资料；（5）电子数据；（6）证人证言；（7）鉴定意见；（8）勘验笔录。证据必须查证属实，才能作为认定事实的根据。

---

① 王利明，江伟，黄松有. 中国民事证据的立法研究与应用［M］. 北京：人民法院出版社，2000：307.

② 张卫平. 鉴定意见及其运用［R］. 法律服务时报，2003－06－06.

③ 江伟. 民事诉讼法学原理［M］. 北京：中国人民大学出版社1999：156.

2018 年修正的《刑事诉讼法》第 50 条规定，可以用于证明案件事实的材料，都是证据。证据包括：（1）物证；（2）书证；（3）证人证言；（4）被害人陈述；（5）犯罪嫌疑人、被告人供述和辩解；（6）鉴定意见；（7）勘验、检查、辨认、侦查实验等笔录；（8）视听资料、电子数据。证据必须经过查证属实，才能作为定案的根据。

2017 年修正的《中华人民共和国行政诉讼法》（以下简称《行政诉讼法》）第 33 条规定，证据包括：（1）书证；（2）物证；（3）视听资料；（4）电子数据；（5）证人证言；（6）当事人的陈述；（7）鉴定意见；（8）勘验笔录、现场笔录。以上证据经法庭审查属实，才能作为认定案件事实的根据。

可见，鉴定意见是作为一种法定的证据表现形式而存在的。

与其他证据形式相比，知识产权司法鉴定意见有其特殊性。一方面，知识产权司法鉴定意见以其特殊判断，使那些初步具有证明作用的证据材料发挥其证明力，证实其与案件事实之间存在法律上的关联性，从而赋予这些实物证据在认定案件事实上产生最终的证据效力；另一方面，它是在诉讼中鉴别、认定其他有关证据的真伪及其证明力强弱的特殊手段，有助于进一步认定有关案件证据材料的真实性、可靠性。

知识产权司法鉴定意见作为一种证据，应当具有证据的两大特性，即证据能力和证明力。法官必须遵循证据规则，判断鉴定意见的证据能力和证明力，且要与案件中的其他证据相互印证，综合评断。一般情况下，证据规则主要是对证据能力作出限制，即对知识产权司法鉴定意见能够在审判过程中成为证据使用而应具备的条件作出规定。证明力则是其对于证明对象所具有的证明作用，一般交由法官加以自由心证。知识产权司法鉴定意见的证据能力是指知识产权司法鉴定意见在法庭上允许作为证据的资格。在审判实践中采信与否应该由法官根据证据规则来决定，鉴定意见必须经过当庭出示、辨认、质证等法庭调查程序查证属实后才能作为定案的根据。

（三）审查内容

鉴定意见不是"科学判决"，也不是"证据之王"，鉴定意见具有特殊的客观真实性，也包含着失真的可能性。"经合法程序形成的鉴定意见与其他形式的证据一样具有同等的法律效力，都必须经过查证属实才能作为定案的根据，并不具有优先采信或必须采信的证据地位"①。知识产权司法鉴定意见的证据能力和证明力可以通过对其真实性、关联性和合法性的审查加以确定。

1. 真实性

知识产权司法鉴定意见必须是客观的、真实的，而不是想象的、虚构的、捏造的。它是在争议的民事法律关系发生、变更和消灭的过程中，在双方当事人发生纠纷的过程中形成的。其表现形式是主观的，但具体内容是客观的。知识产权司法鉴定意见的客观性审查包括以下几个方面。

（1）审查检材、样本或与鉴定对象有关的其他鉴定资料是否真实、是否符合鉴定条件。送检材料本身的真实性及其与案件事实联系的客观性是鉴定意见客观的前提。要求对送检材料的收集、保管、提供等环节予以严格审查。

（2）审查鉴定人所使用的仪器设备是否经过国家有关部门的计量认证、是否完善可靠，审查采取的方法和操作程序是否科学、规范、正确，其技术手段是否有效和可靠，所使用的仪器设备的灵敏度是否达到要求或标准以及其所获结果的稳定性和准确性是否达到要求或标准。

（3）审查鉴定人在鉴定过程中在检验、试验的程序规范或者在检验方法上是否符合国家有关法定标准或行业标准的要求。

（4）审查司法鉴定意见是否有科学根据，论据是否充分，推论是否合理，论据与结论之间是否有矛盾。

2. 关联性

所谓知识产权司法鉴定意见的关联性，是指鉴定事项必须与需要证明的案件事实或其他争议事实具有一定的联系，鉴定意见与案件事实之间要存在客观联系。审查知识产权司法鉴定意见的关联性，即鉴定意见的证明价值——审查鉴定意见是否充分地证明其所要证明的案件事实，要具体考查司法鉴定意见针对的专门性问题与待证事实之间的关联形式、关联性质，要审

---

① 江一山. 司法鉴定的证据属性与效能［A］//何家弘. 证据学论坛：第一卷［M］. 北京：中国检察出版社，2000：31.

查司法鉴定意见与其他证据能否形成统一的价值链，是否协调一致。"证据的证明价值是由证据下待证事实之间的关联性和性质所决定的。"[1] 此时，相关领域的专业人士或鉴定人可以参与到鉴定意见的审查判断程序中，作为事实裁判者的助手，协助其正确地解读鉴定意见，联系鉴定意见与案件中其他证据，分析证据与案件的具体联系、此证据与彼证据间或矛盾或一致的具体关系，进行综合考量。

3. 合法性

知识产权司法鉴定意见的合法性，是指提供鉴定意见的主体、鉴定意见的形式和鉴定的收集程序或提取方法必须符合法律的有关规定。知识产权司法鉴定意见合法性审查主要表现在以下几个方面。

（1）提供鉴定意见的主体是否具有鉴定资格。是否具有鉴定资格主要包括两个方面：一是鉴定机构是否具有鉴定资质；二是鉴定人是否具备鉴定所需的专门知识和技能，是否拥有鉴定人的资格。

（2）鉴定意见的形式是否符合法律规定。例如，在某些特定鉴定事项中，法律法规明文规定，鉴定人必须达到一定人数，如鉴定人未达到法定人数，其所作出的鉴定意见不具有证据能力。还包括委托鉴定事项中，是否需要鉴定人回避等问题。

（3）鉴定的收集程序或提取方法是否符合法律规定。鉴定程序主要包括鉴定的提请、鉴定的决定与委托、鉴定的受理、鉴定材料的提供收集和保全、鉴定的实施、补充鉴定、重新鉴定、共同鉴定、复核鉴定、鉴定人出庭作证等。

二、我国现行知识产权司法鉴定意见审查制度

（一）运行现状

现阶段，知识产权司法鉴定意见常常面临一种尴尬的局面，因鉴定意见涉及专门性科学技术认定，当事人和事实裁判者通常又缺乏相关的科学知识

---

[1] 何家弘. 关于质证中几个基本问题之我见［A］//何家弘. 证据学论坛：第五卷［M］. 北京：中国检察出版社，2002：261.

和技能，有权确定鉴定意见证据能力的人却不能正确、客观、全面地认识和解读鉴定意见的内容。知识产权司法鉴定意见因其具有特殊的客观真实性，又包含失真的可能性，其证据能力经常受到当事人的质疑。

我国现行法律中有关知识产权司法鉴定的直接规定十分匮乏，对于知识产权司法鉴定意见的审查、判断与采信并无明确的规定，在立法上存在一定程度的缺失。我国法律对知识产权司法鉴定意见的质疑与采信之规定散见于民事诉讼法及其司法解释中。如《最高人民法院关于民事诉讼证据的若干规定》第 29 条规定："审判人员对鉴定人出具的鉴定书，应当审查是否具有下列内容：……（三）鉴定的依据及使用的科学技术手段；（四）对鉴定过程的说明……"但是，该司法解释对于如何去审查、判断和采纳却没有具体规定，也没有规定排除或采信知识产权司法鉴定意见的标准。如《最高人民法院关于适用〈中华人民共和国民事诉讼法〉若干问题的意见》第 72 条规定："证据应当在法庭上出示，并经过庭审辩论、质证……"《最高人民法院关于民事经济审判方式改革问题的若干规定》第 12 条规定："经过庭审质证的证据，能够当即认定的，应当当即认定；当即不能认定的，可以休庭合议后再予以认定。合议之后认为需要继续举证或者进行鉴定、勘验等工作的，可以在下次开庭质证后认定。未经庭审质证的证据，不能作为定案的根据。"上述规定零散不成体系，多为原则性规定且多限于形式上的程序规定，实际操作性不强，涉及对于鉴定意见的审查判断方法、标准，以及鉴定人出庭作证方面的规定也相当匮乏。

司法实践中，知识产权司法鉴定意见的运用长期处于一种无序状态，存在司法鉴定意见被质疑、不被采信的情形，严重影响了司法活动的严肃性。由于审判人员大多不具备相关科学知识、专业技能，对知识产权司法鉴定意见的审查与采信多流于形式审查，缺乏透明度与科学性，法官往往依靠直觉和经验对其进行判断与认定，主观任意性过强。同时还存在因多头鉴定而无法准确适用的情况；重复鉴定次数多，鉴定方法不统一或鉴定人主观判断不同，导致案件中的某一问题出现多种鉴定意见的情况；因审查判断鉴定意见证明力的标准不明确，法官在审查采信中不知如何适用，在运用鉴定意见方面亦没有具体的约束的情况。

（二）存在的问题

1. 法官盲目信赖或过于"自由"判断鉴定意见

在知识产权案件中，法官没有途径也没有能力真正了解和理解知识产权的司法鉴定中运用的科学技术手段，只能盲目听从鉴定意见的判断，而无法从实质上对鉴定意见形成科学判断。法官在事实认定过程中，凭借"理性"来审查判断证据的适用，有可能受到经验法则、逻辑法则、自然规律等理性因素的制约，但不能根据个人喜好来判定。

2. 过于重视鉴定意见形式要件而缺乏相应的排除、采信标准

我国现行法律尚未对知识产权司法鉴定意见的采信规定科学、统一和公开的标准，鉴定意见是否采信一定程度上完全由法官自由裁量。当事人也只能就鉴定意见本身的科学性和准确性，即鉴定意见的证据效力提出异议，而一般不能对鉴定意见的证据能力提出质疑。同一案件中相同的专门性问题在不同的诉讼阶段往往可能形成完全不同的数个鉴定意见，导致案件拖延、案件事实无法查清、司法人员无从裁判或随意裁判，严重影响司法活动的严肃性。

3. 反复鉴定控制难

在我国的司法实践中，涉及专门性问题的案件，启动再鉴定程序、"多头鉴定""重复鉴定"的案件比例是相当高的。① 一方面，重复鉴定往往导致办案效率的降低、诉讼成本的增加，影响鉴定的中立性、客观性以及公正性；另一方面，重复鉴定从法律的规定、对当事人的权益保护、对鉴定证据的客观性等方面又有积极作用。不正常的"多头鉴定""重复鉴定"肯定会给鉴定制度乃至诉讼制度带来诸多弊端。目前，我国知识产权司法鉴定实践上，不乏存在知识产权司法鉴定启动主体过于多元化，造成鉴定启动的无序；启动条件过于随意，与启动再鉴定程序的目的相背离；鉴定主体的依附性，影响鉴定的客观性等问题。

4. 司法鉴定技术标准的缺乏

知识产权司法鉴定涉及的种类多、范围广、专业性强，且缺乏统一的鉴

---

① 吴新明，等. 重复法医鉴定增多的原因及对策［A］//刘家琛. 司法鉴定理论与实务［M］. 北京：人民法院出版社，2001：122—127.

定标准，因而对于同一个技术问题的鉴定，不同的鉴定机构采取的鉴定方法、鉴定手段都有很大的差异，常常导致最后出具的鉴定意见不一致，甚至还有可能出现相反的鉴定意见。对于专利类、商标类、著作权类以及商业秘密类的司法鉴定，至今都还没有一个统一的行业规范，更不要说国家标准了，这也直接影响到鉴定意见的质量和水平，影响到法官对知识产权司法鉴定意见的采信。

5. 鉴定人资质认证制度的缺失

知识产权司法鉴定人的专业素养和能力是鉴定意见能够被作为证据采信的一个前提基础。司法鉴定意见在鉴定材料真实的前提下，结论的可靠性就在于它产生的过程、鉴定技术手段和理论依据。鉴定人作为司法鉴定全过程实施的主体，其知识结构、专业素养和业务水平直接影响着鉴定意见的质量。鉴定人资格认证制度，与其说是鉴定意见科学性的要求，不如说是鉴定体制规范性的要求。[①] 目前司法实践中，我国鉴定人员资质认证，没有具体的规范，司法鉴定人员资格无统一认证标准。申请从事司法鉴定业务的个人、法人或者其他组织，由省级司法行政部门进行审核、登记、名称编制和公告。存在技术水平、专业素质良莠不齐的情况，这些问题严重影响了司法鉴定工作的质量。

6. 鉴定机构设置混乱

我国的司法鉴定机构十分繁杂，涉及部门达数十种之多，而且不断发展变化。尤其是属于侦查机关以外的其他部门、单位、组织的司法鉴定机构，形成了一个庞大的群体，机构的设置、专业技术水平、鉴定设备的配置等参差不齐，难以保障接受委托作出的鉴定意见的合法性和客观性。到目前为止，从事知识产权司法鉴定的机构最多时超过 80 家，但是鉴定案件的数量却不足 800 件。特别是司法部门不再管理"四大类鉴定"之外的鉴定业务，下一步知识产权鉴定何去何从，还是一个未知数。

---

① 刘昊阳. 浅析证据法与鉴定体制的内在联系 ［A］//何家弘. 证据法学论坛：第七卷 ［M］. 北京：中国检察出版社，2004：264.

第五节　司法鉴定人、技术调查官和专家辅助人

一、司法鉴定人

（一）司法鉴定人概述

1. 司法鉴定人的概念

结合上述阐述可知，司法鉴定是指在诉讼活动中鉴定人运用科学技术或者专门知识对诉讼涉及的专门性问题进行鉴别和判断并提供鉴定意见的活动。其中，司法鉴定人即司法鉴定实施的主体，是指对在诉讼活动中，根据当事人或司法机关的委托，运用自己的专业知识、专业技能对诉讼涉及的专门性问题进行专业上的鉴定和判断，并提供书面的鉴定意见的人。

2. 司法鉴定人的法律地位

司法鉴定人对发现争议事实、"弥补法官知识和经验的不足"[①]、实现条件的公正审理起着重要作用，同时由司法鉴定人出具的鉴定意见也是法定证据的一种形式。"鉴定人在性质上如何定位，将决定着鉴定制度设定的基本模式和框架"[②]。《刑事诉讼法》第108条第4项规定："'诉讼参与人'是指当事人、法定代理人、诉讼代理人、辩护人、证人、鉴定人和翻译人员。"该法第146条规定："为了查明案情，需要解决案件中某些专门性问题的时候，应当指派、聘请有专门知识的人进行鉴定。"在其他法律法规中也有类似的表述。由此可知，我国将司法鉴定人定位为："从科学上来说是一个纯粹的自然人；从法律上而言却是一个诉讼参与人"[③]，在作用上是帮助司法机关解决诉讼中有关专门性问题的专家。鉴定人不属于司法工作人员，而是一种特殊的证人。司法鉴定人的鉴定意见是法定的证据种类之一，但也是有待

---

① 何家弘. 司法鉴定导论 [M]. 北京：法律出版社，2000：201.

② 张永泉. 论民事鉴定制度 [J]. 法学研究，2000（5）：114—123.

③ 金光正. 司法鉴定学 [M]. 北京：中国政法大学出版社，1995：81.

于法庭最终确认的证据材料①，并不具有"科学判决"的性质，鉴定人也不具有优越于其他诉讼参与人的法律地位。

司法鉴定人是司法鉴定工作的具体实施主体，司法鉴定人制度是司法鉴定制度的核心内容，是由司法鉴定人的类型、地位、资格、权利义务、法律责任等组成的体系，也是当前法学界的一个热点问题。

就我国现行立法对司法鉴定人制度的规定而言，可以说"我国分类管理的司法鉴定人制度得以初步建立……虽然是我国整个鉴定制度的一大进步，但其中仍有些基本问题值得进一步探讨"②。2005 年 10 月《司法鉴定管理问题的决定》的实施，将之前社会化的司法鉴定活动统一纳入司法行政管理的范围，结束了各鉴定机构各自为政的局面。以《司法鉴定管理问题的决定》为依据，司法部作为司法鉴定行政主管部门，于 2005 年 9 月 29 日颁布《司法鉴定机构登记管理办法》和《司法鉴定人登记管理办法》。2005年 12 月，公安部发布《公安机关鉴定机构登记管理办法》和《公安机关鉴定人登记管理办法》。最高人民检察院也相继颁布了《人民检察院鉴定机构登记管理办法》和《人民检察院鉴定人登记管理办法》。其中，以《司法鉴定管理问题的决定》对司法鉴定活动的行政管理、鉴定机构的设置、鉴定人员的从业资格及其法律责任的原则性要求为核心，司法部、公安部和最高人民检察院的规范性文件分别就各自主管范围的鉴定机构设置条件、申请程序和责任监管、鉴定人的职业资格、执业要求、权利和义务、法律责任等作了进一步细化。

近年来，我国经济水平得到了大幅度的提升，经济拉动从原先的主要依靠分散的劳动密集型加工产业逐渐向依靠集约型、技术密集型产业发展，技术水平、研发水平也得到显著提高。这一方面为我国司法鉴定人制度的发展提供了必要的技术根基，另一方面民主的法律意识水平提高，公众维权意识增强。此外，随着程序法重新被摆到一个相当重要的位置，刑事诉讼法、民事诉讼法、行政诉讼法相继修改，司法鉴定人在社会中所扮演的角色愈加重要。

---

① 邹明理. 司法鉴定法律精要与依据指引 [M]. 北京：人民出版社，2005：62.
② 周伟，蔡国芹. 论我国司法鉴定人制度 [J]. 中国司法鉴定，2007 (5)：84—87.

（二）司法鉴定人的资质确认制度

长期以来，我国对司法鉴定人没有统一的管理，对其资质控制一度处在规定不明、审查不清、制度混乱的状态，以致司法鉴定人队伍鱼龙混杂，整体素质不高，鉴定意见易反复出现矛盾与冲突。直至2005年颁布的《司法鉴定管理问题的决定》"为我国确立了以'庭前控制'为主，以'法庭控制'为辅的对司法鉴定人资质的控制模式；对司法鉴定人有关事项作了规定，为统一管理司法鉴定人，控制鉴定人的资质，提供了法律依据和理论指南"[①]。

在《司法鉴定管理问题的决定》出台前，我国司法实践中担任鉴定人的通常包括三种：一是公检法三机关内部设立的鉴定部门的人员；二是经国家主管部门授予司法鉴定资格的研究机构的专业人员；三是其他专业机构的专业人员。[②]上述三种鉴定人员的资格没有经过主管部门审批，也没有在法庭审理前得到审查，在庭审过程中更没有受到律师、当事人、法官以及其他诉讼代理人的质问，资格审查极其不到位。而根据《刑事诉讼法》第146条："为了查明案情，需要解决案件中某些专门性问题的时候，应当指派、聘请有专门知识的人进行鉴定。"但是相关法律法规并没有对"专业知识"加以定义或制定标准，对于司法鉴定人应当具备的资格条件、身份也没有作出明确规定，所有具有专门知识的人，只要受到享有指派、聘请司法鉴定人权利的司法人员的指派或者聘任就可以担任鉴定人。这往往使鉴定事项落入不具有相应知识的鉴定人员手中，以此所出具的鉴定意见的客观性、科学性、权威性大打折扣，违背了职业主义准则，也严重威胁司法公正。

《司法鉴定管理问题的决定》实施后，司法行政部门开始编制《国家司法鉴定机构和鉴定人名册》，以此名册名单确定国家法定的鉴定机构和鉴定人。凡是未纳入统一管理范围的鉴定事项，未经过司法行政部门登记的其他法人、组织和个人，一律不能从事司法鉴定活动。对纳入统一管理范围的鉴定事项发生争议需要重新鉴定的，也必须在名册中选择鉴定机构和鉴定人。名册制度极大程度上规范了司法鉴定人员的资格与素质认定，成为鉴定意见

① 陈瑞华. 刑事诉讼的基本原理 [M]. 北京：中国人民大学出版社，2001：549.
② 杨开湘，胡晓. 论司法鉴定人资格 [J]. 中国司法鉴定，2007（1）：42—46.

权威性的重要保障。相继颁布的《司法鉴定人登记管理办法》和《公安机关鉴定人登记管理办法》也规定了司法鉴定人的准入条件、责任、权利义务等。

在知识产权司法鉴定工作中，委托人的期望与鉴定人的专业技术水平还存在一定差异。例如，我们接到来自上海的一位律师的电话咨询，一个侵犯商业秘密纠纷案件，涉案产品属于化工产品类。律师希望寻求一位在化工领域有一定影响力的鉴定人员。由于知识产权的特殊性，知识产权司法鉴定与传统的"三大类鉴定"（法医类、物证类、声像资料类）不同，"三大类鉴定"中的优秀鉴定人员可以成为法医鉴定专家、痕迹鉴定专家、文检鉴定专家，知识产权司法鉴定人员同样也可以成为知识产权鉴定专家，但大多数鉴定人员，却很难成为行业专家（如化工专家、机械专家、电子专家）。究其原因，主要是知识产权涉及的产品种类多、范围广，但是每个种类需要鉴定的案件不多，鉴定业务容量很有限，一位行业内的专家（如化工专家、机械专家、电子专家）在知识产权鉴定的业务范围内很难存活。另外，要成为一位优秀的知识产权鉴定人员，还需要具备较强的知识产权法律知识。因此，在现有的鉴定管理体制下，从事知识产权司法鉴定的人员大多数都是兼职人员。在司法鉴定中，鉴定人员对于涉及复杂、疑难、特殊技术问题的，可以向本机构以外的相关专业领域的专家进行咨询，但最终的鉴定意见需要由本机构的司法鉴定人出具。[①] 此外，在鉴定中，还可以借助其他手段，解决遇到的技术难题。如上述的商业秘密案件的鉴定，在鉴定中，首先，需要权利人对自己主张的技术涉秘点进行梳理，鉴定人员可以初步明确鉴定的要点。其次，在非公知性鉴定中，需要对权利人自述的具有秘密性的技术信息是否具有新颖性进行技术查新。有的鉴定机构自己有专门的检索人员、数据库，有的鉴定机构需要委托其他检索机构对技术信息进行查新检索。这样鉴定人员可借助第三方的技术力量，协助案件鉴定。由此可见，知识产权司法鉴定人员能够成为鉴定专家，但是很难成为行业专家（如化工专家、机械专家、

---

① 《司法鉴定程序通则》第33条规定：鉴定过程中，涉及复杂、疑难、特殊技术问题的，可以向本机构以外的相关专业领域的专家进行咨询，但最终的鉴定意见应当由本机构的司法鉴定人出具。专家提供咨询意见应当签名，并存入鉴定档案。

电子专家）。但也有例外情形，如有的人在行业内已经是行业专家了（如化工专家、机械专家、电子专家），之后申请成为鉴定人员，但是这只是的极个别现象，在实践中很难推广。主要原因就是知识产权鉴定案件数量少，分布在一个行业中的案件更少，鉴定人单靠鉴定很难存活，这就是知识产权鉴定人大多数只是兼职人员的原因，这是一个现实问题，在相当长的一段时间内很难解决。

当然，我国司法鉴定人制度还在努力完善中，不过实践中仍然存在许多不妥之处，也存在《司法鉴定管理问题的决定》没有涉及却亟待解决的问题。特别是 2017 年年底，为贯彻落实《司法鉴定管理问题的决定》《关于健全统一司法鉴定管理体制的实施意见》，司法部要求各省市司法厅（局）对法医、物证、声像资料、环境损害等"四大类"外的司法鉴定机构包括知识产权司法鉴定进行清理整顿。到 2018 年 12 月底，已经有 19 个省市司法部门不再登记知识产权鉴定机构，但在实践中，又有案件需要进行知识产权司法鉴定。司法部已发文，对"四大类鉴定"之外的鉴定项目不再登记，也就是说，包括知识产权司法鉴定将取消行政许可，而即将成立的中国知识产权研究会知识产权鉴定专业委员会，作为行业协会是否有权许可。换句话来讲，如果行业协会无权许可，那么鉴定机构及鉴定人的资质如何认定，公安机关、检察院、法院又将如何认定鉴定机构及鉴定人。

（三）司法鉴定人的选任

根据《民事诉讼法》第 76 条的规定，法院拥有我国的司法鉴定启动权以及司法鉴定人选任的权利。① 此外，根据《最高人民法院关于民事诉讼证据的若干规定》第 61 条以及《最高人民法院关于行政诉讼证据若干问题的规定》第 48 条的规定，② 当事人也享有鉴定启动权。

---

① 《民事诉讼法》第 76 条规定："……当事人未申请鉴定，人民法院对专门性问题认为需要鉴定的，应当委托具备资格的鉴定人进行鉴定。"

② 《最高人民法院关于民事诉讼证据的若干规定》第 61 条的规定："当事人可以向人民法院申请由一至二名具有专门知识的人员出庭就案件的专门性问题进行说明……"《最高人民法院关于行政诉讼证据若干问题的规定》第 48 条第 1 款规定："对被诉具体行政行为涉及的专门性问题，当事人可以向法庭申请由专业人员出庭进行说明，法庭也可以通知专业人员出庭说明……"

在司法实践中，对于鉴定人选定的具体程序，北京市第一中级人民法院有自己的一套解决方案：鉴定机构确定后由其向法院函告胜任鉴定事项的鉴定人名单及简介，法院将名单及相关情况告知当事人，由当事人从中选择一定人数的鉴定人（该数目应大于最终委托人数）并行使回避权，然后由法院汇总、审核当事人意见，如双方当事人选定人员交叉重复，则确定为鉴定人，如未重复或重复人数不够，由法院在当事人未申请回避的人员之外指定鉴定人。①

对鉴定机构而言，如西南政法大学司法鉴定中心采取的是统一接受委托人的案件委托，再由鉴定机构随机分配给不同的鉴定小组，每组鉴定人员由三名以上鉴定人组成。这样可以在一定程度上体现鉴定的公正、公平。

关于知识产权司法鉴定人的选任与启动，可以秉持"在民事诉讼中应当形成一个以当事人启动为主、法院启动为辅的鉴定启动模式。……在刑事诉讼中，应该在保留公安机关、检察机关的鉴定决定权和鉴定人的选任权的同时，增加犯罪嫌疑人或被告人在鉴定方面的权利"②。在有关知识产权的民事诉讼中，应该保留当事人自主选择鉴定人的权利，法院原则上不应干涉，但法院应该保留对当事人所选的鉴定人进行资格审查，对当事人所选定的不合资质的鉴定人予以否定的权利。当事人不愿选择鉴定人或其所选鉴定人不符合条件又不愿重新选择鉴定人的，法院可以指定鉴定人，同时法院有权单独选任鉴定人。在知识产权相关刑事诉讼中，犯罪嫌疑人或被告人为证明自己无罪申请相关鉴定人进行鉴定的请求应予以尊重。"在行政诉讼中，举证责任在被告，作为被告的行政机关有权对司法鉴定的启动作出决定。如果作为原告的行政相对人愿意将诉讼中所涉及的问题启动司法鉴定程序的话，法律应该对其所拥有的司法鉴定申请权给予充分的保障"③。

在实践中，一般只是委托鉴定机构，由鉴定机构安排鉴定人，很少出现

① 北京市第一中级人民法院. 专业人员在知识产权案件审理中的地位和作用［A］//北京市高级人民法院知识产权庭. 知识产权诉讼事务研究［M］. 北京：知识产权出版社，2008：346—347.
② 周湘雄. 英美专家证人制度研究［M］. 北京：中国检察出版社，2006：285.
③ 汤擎. 论司法鉴定的启动［A］//司法部法规教育司. 司法鉴定立法研究［M］. 北京：法律出版社，2002：277.

委托人选定鉴定人的情况。

（四）司法鉴定人的权利与义务

关于司法鉴定人的权利与义务，现行法律的规定较为零散，可散见于我国相关法律或地方性法规。例如，《司法鉴定管理问题的决定》第 9 条第 3 款和第 11 条有关司法鉴定人回避的规定和出庭的规定、江苏省高级人民法院发布的《知识产权诉讼案件技术鉴定规则》第 6 条至第 9 条、《江西省司法鉴定条例》第 17 条和第 18 条、《四川省司法鉴定管理条例》第 12 条和第 13 条、《重庆市司法鉴定条例》第 24 条和第 25 条。

目前国内多数学者认为司法鉴定人的特定权利主要包括：在有正当理由的情况下（委托人无委托权，送检材料或客体不具备鉴定条件或与鉴定要求不符，鉴定项目超出鉴定机构的技术条件、鉴定能力等），拒绝受理鉴定的权利；必要时，有要求委托人提供和补充鉴定材料、勘查现场、查阅案卷、询问相关的当事人、证人及勘验人员，了解有关事实的权利；接受质询时拒绝回答与鉴定无关的问题的权利；遇多人共同鉴定而意见不一致时，有分别表示意见或作出附理由的保留的权利；取得鉴定报酬的权利。

特定的义务包括：无正当理由不得拒绝鉴定的义务；妥善保管鉴定检材样本，公正、准确、及时完成鉴定的义务；依法回避的义务；出庭参加庭审质证、回答诉讼参与人的提问的义务；保密的义务；宣誓的义务；有损检材的鉴定应征得委托人同意的义务；必要时补充鉴定和重新鉴定的义务；按鉴定要求出具鉴定文书（包括鉴定书、检验报告和分析意见书）的义务；提供法律援助的义务；由于故意或重大过失导致鉴定意见错误，给当事人造成损失的，鉴定人的赔偿义务等。

二、技术调查官

（一）技术调查官制度的构建

在知识产权诉讼中，非常重要的一个环节就是技术事实的审查，技术事实的审查不仅关系到能否使当事人和审判人员明确案件争议的焦点问题，而且容易使司法所倡导的公正裁判受到影响，无法保障其正确性和真实性，进而也会影响到司法的公众信服度。技术调查官制度是针对知识产权技术类案件专业性较强的特点所设立的特有制度，属于技术事实查明机制的一部分。①

技术调查官制度最初是由日本东京高等法院于1949年4月建立的，后被韩国和我国台湾地区借鉴。在具体司法实践中，日本除了在知识产权高等法院设有处理有关知识产权案件的司法调查官外，还设有非专职的专业委员参与案件的处理；韩国在其专利法院设技术审查官，技术调查官按技术领域由韩国特许厅派驻；我国台湾地区对专家参审制实行融合过渡，其所谓的"智慧财产法院组织法"在第三章明确智慧财产法院设技术审查官"承法官之命，办理案件之技术判断、技术资料之收集、分析及提供技术意见，并依法参与诉讼程序"。在知识产权法院建立之前，我国大陆地区人民法院的知识产权诉讼中主要的技术事实查明机制有三种，即司法鉴定、专家辅助人和专家陪审员。经过对比分析与实践检验，我们认为上述三种机制有不同程度的局限性，或已不利于我国知识产权发展。

2014年8月31日，第十二届全国人民代表大会常务委员会第十次会议通过《关于在北京、上海、广州设立知识产权法院的决定》（以下简称《设立知识产权法院的决定》），旨在"推动实施国家创新驱动发展战略，进一步加强知识产权司法保护，切实依法保护权利人合法权益，维护社会公共利益"②。2014年11—12月，北京、上海、广州知识产权法院陆续成立运行。知识产权法院管辖的一审案件主要以专利、植物新品种、集成电路布图设计、技术秘密等专业技术性较强的知识产权民事和行政案件为主。2015年10月22日，北京知识产权法院技术调查室成立，任命了首批37名技术调查官、27名技术专家，帮助法官解决审理知识产权案件时遇到的技术难题。③ 2014年12月31日，最高人民法院颁布了《最高人民法院关于知识产权法院技术调查官参与诉讼活动若干问题的暂行规定》（以下简称《技术调查官暂行规

---

① 宋晓明，王闯，吴蓉.《关于知识产权法院技术调查官参与诉讼活动若干问题的暂行规定》的理解与适用［J］. 人民司法，2015（7）：16—22.

② 全国人民代表大会常务委员会《关于在北京、上海、广州设立知识产权法院的决定》［OL］［2019 - 03 - 20］. http：//www. npc. gov. cn/wxzl/gongbao/2014 - 11/18/content_ 1892141. htm.

③《北京知产法院技术调查室今日成立（附首批技术调查官名单）》［OL］［2019 - 03 - 20］. http：//www. chinaiprlaw. cn/index. php？id = 2851.

定》），以此符合我国国情，具有中国特色的技术调查官制度正式建立。

现行《技术调查官暂行规定》共十条，主要借鉴日本、韩国及我国台湾地区有关技术调查官的立法和成熟经验。结合目前我国司法实践中广泛应用的专家辅助人、专家咨询、司法鉴定等事实查明机制，针对知识产权案件审判流程中的各个环节，对技术调查官参与诉讼活动的程序、方式、效力等作出具体规定。① 具体包括案件类型（适用范围）、人员指派、告知和回避、工作职责、技术审查意见的效力、裁判文书署名等内容。

《设立知识产权法院的决定》第 7 条规定，决定施行满三年，最高人民法院向全国人大常委会报告决定的实施情况。技术调查官作为我国知识产权法院的配套性、辅助性制度，在我国大陆地区是一个全新的制度，仍处于不断探索、完善与总结经验的阶段，现阶段仅以暂行规定的形式予以明确。我国技术调查官制度虽然存在需要改进之处，但总体上还是获得了知识产权业界的一致认可。

（二）技术调查官的身份定位与适用范围

关于技术调查官的身份定位，《技术调查官暂行规定》第 1 条规定："知识产权法院配备技术调查官，技术调查官属于司法辅助人员……"在理解上，首先，技术调查官应区别于当事人委托的专家辅助人以及法院聘请的技术咨询专家，其属于知识产权法院的在编人员，而非鉴定机构或其他组织中的鉴定人员，以此来确保其公正和中立；其次，技术调查官不是法官，是司法人员，技术调查官不同于德国等国家专利法院中设置的技术法官，其不属于审判人员，不具有审判权，与法官助理等同属于司法辅助人员；最后，技术调查官的基本职能定位是审判法官的专业技术助手，协助法官理解和查明案件所涉及的专业技术问题，为技术类案件的审理提供技术支持。

关于技术调查官参与诉讼活动的案件适用范围。《技术调查官暂行规定》第 2 条明确规定："知识产权法院审理有关专利、植物新品种、集成电路布图设计、技术秘密、计算机软件等专业技术性较强的民事和行政案件时，可以

---

① 吴蓉．知识产权法院技术调查官制度初探：评"最高人民法院关于知识产权法院技术调查官参与诉讼活动若干问题的暂行规定"［J］．中国版权，2015（2）：46—49．

指派技术调查官参与诉讼活动。"

（三）技术调查官的职责

技术调查官的职责问题是《技术调查官暂行规定》的重要条文内容。《技术调查官暂行规定》第6条规定："技术调查官根据法官的要求，就案件有关技术问题履行下列职责：（一）通过查阅诉讼文书和证据材料，明确技术事实的争议焦点；（二）对技术事实的调查范围、顺序、方法提出建议；（三）参与调查取证、勘验、保全，并对其方法、步骤等提出建议；（四）参与询问、听证、庭审活动；（五）提出技术审查意见，列席合议庭评议；（六）必要时，协助法官组织鉴定人、相关技术领域的专业人员提出鉴定意见、咨询意见；（七）完成法官指派的其他相关工作。"上述七项职责充分结合了知识产权案件的审理特点，主要针对庭前准备、调查取证、庭审、评议等审判流程的主要环节，且明确表示技术调查官行使职责须"根据法官要求"、经法官授权，仅能就"案件有关技术问题"开展工作，不对法律适用问题提出意见。

此外，《技术调查官暂行规定》第7条规定："技术调查官参与询问、听证、庭审活动时，经法官许可，可以就案件有关技术问题向当事人、诉讼代理人、证人、鉴定人、勘验人、有专门知识的人发问。技术调查官的座位设在法官助理的左侧，书记员的座位设在法官助理的右侧。"技术调查官参与询问、听证、庭审活动时应遵守人民法院法庭规则。《技术调查官暂行规定》第8条规定："技术调查官列席案件评议时，应当针对案件有关技术问题提出意见，接受法官对技术问题的询问。技术调查官对案件裁判结果不具有表决权。技术调查官提出的意见应当记入评议笔录，并由其签名。"可见，技术调查官参与案件评议时对案件裁判结果不具有表决权与审判权。

（四）技术审查意见的法律效力

技术审查意见是技术调查官对案件有关技术问题的分析意见，《技术调查官暂行规定》第9条就技术审查意见的法律效力作出规定："技术调查官提出的技术审查意见可以作为法官认定技术事实的参考。"由此可见，技术审查意见是技术调查官作为司法人员执行职务的工作成果，技术审查意见不应作为证据使用，仅对法官认定技术事实起到参考作用，在法官根据全案情况综合判断是否采纳技术审查意见的前提下，允许裁判文书对技术事实的最终认定与技术审查意见的结论存在不一致的情况。这些技术审查意见仅作为辅助手段，类似于法官在案件评议时发表的评议意见，最终技术事实的认定仍由法官决定，并由法官对当事人承担责任，也避免了司法权的让渡，确保了法官独立行使审判权。

三、专家辅助人

（一）专家辅助人概述

1. 概念与特点

我国现行法律上没有明确规定专家辅助人的概念。有部分学者将其归纳为"在某一专业领域内具有专门的知识或经验，经一方当事人聘请，帮助该方当事人理解诉讼中涉及的专业性问题并作出科学的分析和判断，在必要时经法庭允许出庭参与质证的专业人士"[①]。

最高人民法院于 2001 年 12 月 6 日通过的《最高人民法院关于民事诉讼证据的若干规定》第 61 条规定："当事人可以向法院申请由一至二名具有专门知识的人员出庭就案件的专门性问题进行说明……"2008 年颁布实施的《国家知识产权战略纲要》第 46 条明确规定："……针对知识产权案件专业性强等特点，建立和完善司法鉴定、专家证人、技术调查等诉讼制度……"《民事诉讼法》第 79 条规定："当事人可以申请人民法院通知有专门知识的人出庭，就鉴定人作出的鉴定意见或者专业问题提出意见。"在我国现行法律规定中，多次出现"具有专门知识的人"的表述，对其的理解有专家证人、诉讼辅助人、专业技术人员以及专家辅助人等几类。其中，专家辅助人是学术界普遍和认可的称谓，也更符合专家参与诉讼的实质。

我国的专家辅助人制度既不同于英美法系的专家证人，也不同于大陆法系的鉴定人。首先，英美法系专家证人中的"专家"特指在某一专门领域中有卓越知识能力并能为案件争议事实所涉及的专业问题提供意见的人。

[①]　王桂琪，张海东. 论我国专家辅助人制度及其完善［J］. 中国司法鉴定，2014（4）：19—22.

而我国专家辅助人中的"专家"并不局限于具备某专业资质的人员，还包括具有经验或技能的人员，只要能为案件争议中的技术事实问题进行专业认定，都可成为专家。其次，无论是英美法系中的专家证人，还是大陆法系的鉴定人，都是作为证人参与诉讼的。我国的专家辅助人是不同于证人的。《民事诉讼法》第 72 条规定："凡是知道案件情况的单位和个人，都有义务出庭作证。有关单位的负责人应当支持证人作证。不能正确表达意思的人，不能作证。"由此可知，证人是指"了解案件事实情况的第三人，不包括诉讼当事人、鉴定人和勘验检查人"①，是基于亲身感知而了解案件情况的人，具有不可替代性，证人出庭作证是证人的法定义务。明显区别于专家辅助人基于当事人的委托参加诉讼，出庭参加诉讼需要经过当事人的申请和法庭的同意。

2. 价值与意义

在知识产权诉讼中引入专家辅助人制度有其独特而重要的价值和意义。首先，专家辅助人的意见本身具有科学性。专家辅助人参与知识产权诉讼，一方面，可以对案件所涉及的问题提出科学的意见，从而弥补当事人、法官、律师专业知识不足的缺陷，使案件所涉及的晦涩的专业技术问题更容易被理解；②另一方面，有助于提高鉴定程序的公正性，强化当事人的质证能力，专家辅助人独立对鉴定意见提出质疑可以打破鉴定意见在知识产权诉讼中的独断思维。其次，专家辅助人制度可以提高当事人的举证、质证能力，帮助当事人解决质证时面临专业问题的束手无策，协助当事人正确分析案情，促进纠纷解决。专家辅助人出庭参加诉讼，可以充分理解对方当事人提供的证据及鉴定意见，提高法庭质证效率，帮助当事人防御针对自己证据的攻击，辅助当事人行使诉讼权利。最后，专家辅助人制度有利于增加判决的信服力和当事人对判决的认同度，可以加强当事人参与程序、主导程序的能力，完善知识产权纠纷诉讼程序，也有利于法官判断案件争议事实，促进审判实体公正与程序公正。

---

① 潘金贵. 证据法学 [M]. 北京：法律出版社，2013：104.
② 攀峰. 知识产权民事诉讼中的专家证人制度研究：兼评民事证据规定 [J]. 中南财经政法大学研究生学报，2010（1）：24—26.

（二）专家辅助人的身份定位

1. 专家辅助人的立场定位

专家辅助人制度区别于证人制度，并不要求专家辅助人参与诉讼时必须保持中立。我国庭审以诉讼程序秉持当事人主义，专家辅助人的设立本身就是帮助当事人增强参与诉讼能力的手段。专家辅助人是受聘或受委托于当事人一方，帮助该方当事人对诉讼中涉及的专业性问题进行科学分析并作出说明、判断、意见和评论的人。正是其与该方当事人之间是委托与被委托的法律关系，决定了专家辅助人与当事人的诉讼代理人或辩护人的诉讼地位其实并无二致，他们在参加诉讼时不可避免地与给出不利于己方之鉴定意见的鉴定人、其他专家意见者及对方委托的专家辅助人形成高度对抗的格局。专家辅助人增强当事人质证能力的身份为法官发现争议事实，正确判断相关鉴定意见或其他专家意见之证据能力和证明力提供基础。可以说，专家辅助人的倾向性是支撑该职业得以存在并发展的基本特征之一，① 专家辅助人的职责就在于为己方当事人案件争议中涉及专门性问题的事实主张和诉讼请求提供专业性的解释和说明，辅助当事人履行举证责任，使法官确信其当事人的相关事实主张具有专业根据。

同时需要强调的是，专家辅助人具有倾向性不中立的立场定位与其出具的鉴定意见、专家意见或其他专业问题的提问的科学性、客观性并不矛盾。专家辅助人参与诉讼、辅助当事人的一切行为都必须遵循以客观为依据、以科学为准绳的原则，绝不是毫无原则地成为己方当事人的"枪手"，也绝不为迎合己方当事人的事实主张而提出违背科学、专业知识的观点。

2. 专家辅助人的诉讼地位

我国现行法律并没有对专家辅助人在诉讼活动中的法律地位作出明确规定，在司法实践中的做法更是混乱，例如，上海市第一中级人民法院为专家辅助人专门设置了专家席②；有的将专家辅助人看成证人，适用回避制度，只有涉及专门性问题时才允许出庭；有的将其视作鉴定人，只能回答不能发

① 裴小梅. 论专家辅助人的性格中立性抑或倾向性［J］. 山东社会科学，2008（7）：46—48.
② 丁慧. 专家到庭论证，司法更加透明［N］. 人民法院报，2002 - 03 - 18（1）.

问；有的认为专家辅助人的发言只是辩论意见，只有在法庭辩论阶段时专家辅助人才可以发言。不少学者认为，基于专家辅助人在诉讼活动中的辅助性和附属性，故其并不应享有独立的主体地位，但同时也不能否定专家辅助人诉讼地位的独立性，也不能否认其是诉讼参与人之一，只是其诉讼地位本质上区别于证人、鉴定人、诉讼代理人等其他诉讼参与人，或可以考虑将其定位为我国法定诉讼参与人中的"新成员"①。

（三）专家辅助人意见的证据属性

专家辅助人意见是指专家辅助人参与诉讼后，依相关程序规定，并就诉讼中案件争议的专业事实认定发表鉴定意见或者专门性问题意见。笔者认为，专家辅助人意见不同于辩护、代理意见，专家辅助人就案件有关专业知识事实问题发表意见的证据属性应该被肯定，其具有证据效力。

从诉讼证明的需要性来看。专家辅助人意见与诉讼案件争议所要查明的事实问题具有相关性，专家辅助人意见使得鉴定意见或其他涉案证据更具有或更不具有证明能力，最大程度向司法人员呈现案件事实真相。

从专家辅助人意见作用来看。专家辅助人意见是在科学、技术以及其他专业知识方面具有特殊专门知识或者经验的人员，为己方当事人案件争议中涉及专门性问题的事实主张和诉讼请求提供专业性的科学分析并作出说明、判断、意见和评论，其作用实质上与证人证言、当事人陈述、鉴定意见等证据一样。虽然意见不同于事实，但由于知识产权诉讼中的有些事实离开专业分析判断则无法认识，司法人员还是需要借助意见对案件事实作出裁判，不宜仅因意见属性就否定专家辅助人意见的证明能力。

从专家辅助人意见本质属性来看。证人证言是指证人向司法机关就自己知道的案件情况所作的陈述，是证人依据对案件事实的亲身体验所作出的客观陈述。很显然专家辅助人意见区别于证人证言，其本质属性更倾向于鉴定意见，是专家对案件事实中所涉及专业问题作出的分析、判断。

从司法实践来看。在司法实务中，大部分法官均将专家辅助人的意见作为证据采纳、采信，即在认定或否定某些事实的存在时，均将相关专家辅助人意见视为认定或否定的基础。

---

① 李学军，朱梦妮. 专家辅助人制度研析 [J]. 法学家，2015 (1)：58—62.

第二章

知识产权司法鉴定程序

根据 2015 年修正的《全国人大常委会关于司法鉴定管理问题的决定》，司法鉴定是指在诉讼活动中鉴定人运用科学技术或者专门知识对诉讼涉及的专门性问题进行鉴别和判断并提供鉴定意见的活动。知识产权司法鉴定作为一种司法鉴定，应当受到《民事诉讼法》《刑事诉讼法》《行政诉讼法》《司法鉴定程序通则》等法律法规中关于司法鉴定活动的规定的规制。同时，因知识产权司法鉴定具有的专业性和特殊性，需要在现有规范的基础上对知识产权司法鉴定进行特别规范。知识产权司法鉴定发生于诉讼进程中，涉及的程序问题主要是知识产权司法鉴定的申请与决定、委托与受理、鉴定意见书的形成以及知识产权司法鉴定人的出庭质证等问题。

第一节　知识产权司法鉴定的申请和决定

尽管知识产权司法鉴定的启动程序仅是知识产权司法鉴定的开端，但其发生于诉讼进程中，必须注意与诉讼程序的协调，保障诉讼公平与效率。知识产权的启动程序必须确定三个问题：一是谁有权启动知识产权司法鉴定，即启动鉴定的主体是谁；二是何种条件下能够启动知识产权司法鉴定；三是怎样确定具体的知识产权司法鉴定人。

一、诉讼进程中的知识产权司法鉴定申请和启动

（一）知识产权司法鉴定程序启动的一般性法律规定

知识产权司法鉴定是司法鉴定的其中一种，适用一般司法鉴定规范，有特别规定的遵照专门性规定。

1. 民事诉讼中知识产权司法鉴定的申请与启动

（1）当事人可向人民法院申请鉴定，由人民法院决定是否准许。《民事诉讼法》第76条规定，当事人可以就查明事实的专门性问题向人民法院申请鉴定。《最高人民法院关于适用〈中华人民共和国民事诉讼法〉的解释》（以下简称《民诉解释》）第121条第1款规定："当事人申请鉴定，可以在举证期限届满前提出。申请鉴定的事项与待证事实无关联，或者对证明待证事实无意义的，人民法院不予准许。"当事人即原告人、被告人仅拥有向法院申请司法鉴定的提请权，是否启动司法鉴定由人民法院决定。

民事诉讼的举证主体为当事人双方，且《民事诉讼法》第63条将鉴定意见列为法定证据，故当事人启动鉴定程序是举证义务的履行。但现有规定并没有对当事人的启动权加以限制，当事人为胜诉利益驱使，往往趋向于重复启动鉴定程序直到获得有利于自己的最终结果，这将容易导致启动权的滥用而影响诉讼公平和效率。同时，假设重复鉴定的不同鉴定机构都基于中立的态度出具多份不同的鉴定意见，但被当事人采纳并提交法院的鉴定意见必定只有一份。重复鉴定不仅导致诉讼资源浪费，而且将会倒逼鉴定机构作出倾向于委托人的鉴定意见以取得法院的采信机会，进而影响知识产权司法鉴定的独立性和中立性。

（2）人民法院在符合依职权搜集证据的情形下，应当依职权委托鉴定。《民事诉讼法》第76条第2款规定："当事人未申请鉴定，人民法院对专门性问题认为需要鉴定的，应当委托具备资格的鉴定人进行鉴定。"《民诉解释》第121条第3款规定："符合依职权调查收集证据条件的，人民法院应当依职权委托鉴定，在询问当事人的意见后，指定具备相应资格的鉴定人。"作为一种诉讼证据，鉴定意见的收集应当同时受到2008年修正的《最高人民

法院关于民事诉讼证据的若干规定》第 15 条①关于人民法院调查收集证据的限制。

民事诉讼的法律法规对知识产权的司法鉴定没有特别规定。司法实践中，法院对是否决定启动知识产权司法鉴定程序拥有较大的自由裁量权，可能会压缩当事人行使启动提请权的空间。法官更愿意以自己职业化、专业化的审判思维对是否有必要启动知识产权司法鉴定进行判断，而通常对当事人自行提起的知识产权司法鉴定申请不置可否。一是因为法官能够根据自己的判断，仅对有必要进行知识产权司法鉴定的案件依职权委托鉴定，而当事人为取得对自己有利的结果往往会启动知识产权司法鉴定程序甚至启动不必要的鉴定程序而影响审判效率；二是因为当事人自行启动知识产权司法鉴定而取得的鉴定意见倾向于对自身有利，不能满足法官作出中立判断的需要；三是因为当事人提请的知识产权司法鉴定常因提供鉴定资料有瑕疵或者鉴定项目不全等问题，从而引发对鉴定意见的争议进而不得不重新鉴定，故为避免多次鉴定，法官更愿意基于自由心证，在确认有必要进行司法鉴定时方才启动司法鉴定。

2. 刑事诉讼中知识产权司法鉴定的申请与启动

刑事诉讼法及其司法解释并未明确规定司法鉴定程序的启动主体。② 但 2011 年 1 月 10 日最高人民法院、最高人民检察院、公安部发布的《关于办理侵犯知识产权刑事案件适用法律若干问题的意见》第 3 条 "关于办理侵犯知识产权刑事案件的抽样取证问题和委托鉴定问题" 第 2 款第 2 项规定："公安机关、人民检察院、人民法院在办理侵犯知识产权刑事案件时，对于需要鉴定的事项，应当委托国家认可的有鉴定资质的鉴定机构进行鉴定。"因此，知识产权刑事公诉案件中的鉴定，在侦查阶段由依法具有刑事侦查权的机关决定，在起诉阶段由人民检察院决定，在审判阶段由人民法院决定；

---

① 2008 年 12 月 16 日修正后的《最高人民法院关于民事诉讼证据的若干规定》第 15 条规定："《民事诉讼法》第六十四条规定的'人民法院认为审理案件需要的证据'，是指以下情形：（一）涉及可能有损国家利益、社会公共利益或者他人合法权益的事实；（二）涉及依职权追加当事人、中止诉讼、终结诉讼、回避等与实体争议无关的程序事项。"

② 《刑事诉讼法》第 146 条规定："为了查明案情，需要解决案件中某些专门性问题的时候，应当指派、聘请有专门知识的人进行鉴定。"

抗诉或再审案件的鉴定，由人民检察院或人民法院决定。

因此，刑事诉讼中仅公安机关、人民检察院、人民法院能够启动知识产权司法鉴定，权利人、犯罪嫌疑人、被告人并不享有知识产权司法鉴定程序的启动提请权，即刑事诉讼中个人并不能提请知识产权司法鉴定，个人仅能对已有的知识产权司法鉴定提请重新鉴定。在刑事侦查阶段，公安机关、检察机关拥有自己的鉴定机构，鉴于他们自身的工作开展和相应专业知识的局限性，其通常认为没有必要启动知识产权司法鉴定。在刑事起诉和抗诉、再审阶段，人民检察院的公诉部门一般并不具有专业知识对是否有必要进行知识产权司法鉴定进行判断，通常只是基于侦查阶段工作成果和已有的证据材料提起公诉、抗诉或再审，因此事实上也很少提起知识产权司法鉴定。

《关于办理侵犯知识产权刑事案件适用法律若干问题的意见》否定个人拥有知识产权司法鉴定提请权，使得个人并没有相应的救济途径及时防止司法机关滥用或怠用启动权，在未来的立法工作中应当对司法机关的知识产权司法鉴定程序启动权进行限制或对其滥用或怠用启动权设置救济途径。

3. 行政诉讼中知识产权司法鉴定的申请与启动

行政诉讼法并没有规制司法鉴定或启动知识产权司法鉴定程序的条文，并未明确知识产权启动权的主体，使得诉讼双方、人民法院均不能有效地启动知识产权司法鉴定。实务中多由原告提请或人民法院依职权委托。

知识产权行政诉讼多由专利、商标等需要由国家行政机关审批获得相应权利的知识产权申请人对行政机关提起诉讼，其多因申请驳回或权利注销而直接或经行政复议后不服而向法院提起诉讼。人民法院很少在行政诉讼中主动提起知识产权司法鉴定。在知识产权的行政审批中，主管机关本身便具有相应的专业鉴定职能，其基于自身专业鉴定的审查判断，将成为法官对专业问题的裁判依据；而行政诉讼法对原告知识产权司法鉴定启动权制度的缺位，使得原告不能通过知识产权司法鉴定提供相应证据等。这些因素都会使得原告处于弱势地位。

（二）知识产权司法鉴定的委托人

《司法鉴定程序通则》第 11 条规定："司法鉴定机构应当统一受理办案

机关的司法鉴定委托。"然而,办案机关与前述知识产权司法鉴定的启动主体不尽相同,这便导致诉讼程序与知识产权司法鉴定程序的主体制度脱节,谁向鉴定机构启动鉴定程序成为司法实践中的一大困扰。

目前司法实践中,知识产权法鉴定分为以下三类情况:(1)由公安机关、人民检察院、人民法院委托进行的鉴定,鉴定机构出具《司法鉴定意见书》;(2)由行政执法机关、律师事务所委托进行的鉴定,鉴定机构出具《鉴定意见书》;(3)由当事人,包括单位或者个人委托的鉴定,鉴定机构出具《咨询意见书》。为此,有的鉴定机构就会有所选择,如西南政法大学司法鉴定中心,不接受当事人,包括单位或个人的委托。由此可见,实践中委托人范围与现有法律中知识产权司法鉴定的启动主体范围有所不同,将行政机关和律师事务所纳入委托人范畴,有效地解决了部分当事人,包括单位及个人的委托。行政机关委托鉴定多发生于知识产权审查授权及行政执法过程中,试图以知识产权鉴定意见作为佐证解决知识产权确权及侵权纠纷,部分弥补行政诉讼相关法的漏洞。司法鉴定机构将律师事务所的委托与行政机关的委托并列,并与单位或个人有所区别,常常不被理解。我们认为,律师事务所作为法律共同体的组成部分,对相关的法律法规比较熟悉,并能承担对送检材料的审核义务,保证送检材料的合法性和完整性。如果由单位或者个人委托,难以保证送检材料的合法性和完整性,并有可能对鉴定意见断章取义,影响到鉴定意见的权威性。这也是鉴定机构为规避风险而采取的一种自我保护措施。

在现有的制度下,鉴定机构一般不接受当事人的直接委托。即使法院不准许当事人的知识产权司法鉴定申请的决定或因事实的认定明显存在问题,或因知识产权司法鉴定程序有瑕疵等对当事人存在明显不公,当事人也无法可循。现有法律规定中民事诉讼当事人仅拥有提请权,而刑事诉讼法甚至否定权利人、犯罪嫌疑人、被害人的提请权。司法机关、行政机关居于绝对的优势地位容易造成知识产权鉴定程序的滥用或怠用,而个人并没有相应的救济途径;但是,若赋予个人启动知识产权司法鉴定的权利,又可能导致对处分原则的滥用进而产生种种不利后果。因此,为提高诉讼效率、合理配置司法资源、保障知识产权司法鉴定权威、实现公平正义等,实践中出现以律师事务所名义委托知识产权司法鉴定的现象。知识产权司法鉴定机构基于对律师事务所专业性的信任而愿意出具鉴定意见，一定程度上缓和了当事人与公权力机构之间的矛盾，但一般而言此种鉴定意见的效力低于公、检、法委托的司法鉴定意见而高于诉讼外的咨询意见。在立法工作方面，《关于推进司法鉴定工作的若干意见》重庆市高级人民法院、重庆市人民检察院、重庆市公安局、重庆市国家安全局、重庆市司法局共同印发的（渝司发〔2015〕175号）中对司法鉴定启动主体制度进行创造性规定，部分突破个人无权委托鉴定的界限。其规定："尚未立案的刑事自诉案件，人民法院尚未受理的民事、行政案件，当事人及其代理人、当事人的近亲属为解决举证中的专门性问题，可以委托鉴定机构鉴定，鉴定机构可以受理。"

二、知识产权司法鉴定启动的决定

除尚未立案的刑事自诉案件、人民法院尚未受理的民事、行政案件，当事人申请鉴定，应当向诉讼进程中的相应单位提交鉴定申请书。鉴定申请书应当载明：鉴定事项，鉴定材料的种类、数量、性状、保存状况以及来源，鉴定事项与待证事实的关联性或证明意义等。民事诉讼和行政诉讼中，当事人应当向人民法院提交；刑事公诉案件中，侦查阶段应当向依法行使侦查权的机关提交，起诉阶段向人民检察院提交，审判阶段仍向人民法院提交。

《民诉解释》第121条规定："当事人申请鉴定，可以在举证期限届满前提出。申请鉴定的事项与待证事实无关联，或者对证明待证事实无意义的，人民法院不予准许。人民法院准许当事人鉴定申请的，应当组织双方当事人协商确定具备相应资格的鉴定人。当事人协商不成的，由人民法院指定。符合依职权调查收集证据条件的，人民法院应当依职权委托鉴定，在询问当事人的意见后，指定具备相应资格的鉴定人。"行政诉讼法中没有规定的，可参照《民诉解释》的相关规定。尽管刑事诉讼法关于鉴定程序的启动期限也没有明确规定，但根据知识产权司法鉴定程序启动主体的不同，可参照《民诉解释》的相关规定确定启动时间——公安机关及进行侦查工作的检察机关应当在侦查阶段终结前、进行公诉的检察机关及人民法院应当在举证期限届满前或者质证结束前启动。

从最高人民法院和北京市高级人民法院审理的知识产权案件来看，77%案件的鉴定意见获得了法院采信，其中73%的鉴定意见影响了判决结果，而影响判决结果的鉴定意见100%都是法院委托的。当事人自行委托的鉴定意见获得法院采信的概率不高，对法院的判决影响不大。[①]当事人申请鉴定的，为保障知识产权司法鉴定的必要性，提高司法效率等，委托单位应当对当事人鉴定申请的必要性与合理性等进行评议和确定。[②]

同时，为防止其对知识产权司法鉴定程序的滥用或怠用，应当对其裁量决定权加以规制。委托单位决定不予鉴定的，应向鉴定申请人说明理由。刑事案件中，侦查机关应当将用作证据的鉴定意见告知犯罪嫌疑人、被害人，如果犯罪嫌疑人、被害人提出申请，经侦查机关同意，可以补充鉴定或者重新鉴定。

第二节　知识产权司法鉴定的委托和受理

委托与受理是司法鉴定的关键环节，2016年10月最高人民法院和司法部联合出台的《关于建立司法鉴定管理与使用衔接机制的意见》要求，司法行政机关要严格规范鉴定受理程序和条件。

一、确定知识产权司法鉴定机构

（一）选择知识产权司法鉴定机构

民事诉讼法、刑事诉讼法、行政诉讼法仅对鉴定人的确定有所规范，均未对鉴定机构的选择作出规定。选择知识产权司法鉴定机构有三个问题需要

[①] 董永森. 知识产权技术鉴定若干问题的探讨：从实证分析的角度入手［D］. 北京大学法学院法律硕士学位论文，2008：11.

[②] 《关于推进司法鉴定工作的若干意见》规定："有下列情形之一的，委托单位应当不予准许：（1）自然规律以及定理定律；（2）众所周知的事实；（3）根据法律规定推定的事实；（4）根据已知的事实和日常生活经验法则推定出的另一事实；（5）其他无正当理由的鉴定申请。"

解决：一是谁有权选择鉴定机构；二是以什么样的方式选择；三是选择行为的后果如何。

首先，知识产权司法鉴定的启动主体并不等同于知识产权司法鉴定机构的选择主体。选择的知识产权司法鉴定机构应该能够满足诉讼当事人和诉讼参加人的要求、能够客观公平地出具有效鉴定意见、能够最大限度使得当事人信服、具有选择可实践性，故知识产权司法鉴定机构的选择不宜由单一主体径行决定，而应当充分考虑各方主体的诉求，通过协商等方式在当地鉴定机构名册中选择有资格的知识产权司法鉴定机构。《关于建立司法鉴定管理与使用衔接机制的意见》要求，司法行政机关要严格规范鉴定受理程序和条件，依法科学、合理编制鉴定机构和鉴定人名册，为人民法院提供多种获取途径和检索服务。

选择知识产权司法鉴定机构时，应当由人民法院组织，由律师事务所、行政机关、公安机关或人民检察院等共同在本级司法行政部门公告的知识产权司法鉴定名册①中选择多个备选鉴定机构，可以采取协商、摇号或计算机选择等各方认可的方式从中确定知识产权司法鉴定机构。经书面通知未到场参加选择的，视为放弃选择权，不影响其他各方对鉴定机构的选择。对尚未纳入知识产权司法鉴定事项的争议事实，可由人民法院聘请具备相应资质的专业机构或专业人员参照知识产权司法鉴定的有关规定出具意见。

渝司发〔2015〕175 号《关于推进司法鉴定工作的若干意见》认为，选择鉴定机构应当由知识产权司法鉴定委托单位组织，即委托单位能够先行确定备选鉴定机构，是否会影响最终选择的鉴定机构的中立性有待考证。并且，该意见规定当事人主动申请鉴定的，经书面通知未到场的按自动撤回鉴定申请处理；委托单位依职权决定提起的，当事人经书面通知未到场的，不影响鉴定机构的选择。该意见参照诉讼法关于视为撤诉情形和缺席判决的规定，但诉讼法与知识产权司法鉴定机构的选择存在本质上的不同，前者基于证据

---

① 2018 年开始，司法部门不再管理"四大类鉴定"之外的鉴定类型，《司法行政部门公告的知识产权司法鉴定名册》将会逐步取消，知识产权鉴定将回归行业管理，建议今后的知识产权鉴定机构由行业协会推荐，公安机关、检察院、法院等自建知识产权鉴定机构及鉴定人数据库，根据需要委托数据库内的鉴定机构进行鉴定。

事实解决纠纷，后者为解决纠纷而收集证据。参照撤诉和缺席判决的后果是最终鉴定机构的推定选择，推定并不等同于事实，其最终出具的鉴定意见的证据效力等级降低，并不能发挥知识产权司法鉴定本身的独立价值。故本书认为该意见的规定有待商榷。

知识产权司法鉴定机构经选择确定后，应当由申请知识产权司法鉴定的律师事务所、行政机关，或依职权启动鉴定的公安机关、人民检察院、人民法院等向知识产权司法鉴定机构提交委托并出具人民法院准许知识产权司法鉴定的决定，知识产权司法鉴定机构应当先行统一接收委托。但《民事诉讼法》第76条、《民诉解释》第121条跳过知识产权司法鉴定机构的确定而直接确定知识产权司法鉴定人，与《司法鉴定程序通则》衔接不当。为解决两种规范之间的矛盾，是否可以将民事诉讼法及其司法解释的规定理解为鉴定机构的确定，而后再由《司法鉴定程序通则》确定鉴定人，此种观点存在争议。

（二）知识产权司法鉴定材料的提交

知识产权鉴定材料是指鉴定过程中直接用于检验、分析的检材和样本的总称。检材是有疑问的材料，即有争议的送检材料，样本是已经确认的作为比对标准的材料。知识产权司法鉴定机构应当首先对送检材料的客观性进行审查。在鉴定材料的发现、固定、提取、送检等环节是否科学恰当、符合相关标准；委托方提供给鉴定机构的鉴定材料是否客观存在；当事人对于鉴定材料的真实性或者鉴定材料中的主要内容是否持有异议；鉴定材料在特定的时间段内是否保持特性基本稳定，是否存在变质或毁损等现象等方面对鉴定材料的客观性进行综合审查判断。

有观点认为，应当以权利方提供的产品为样本，被控侵权的产品为检材，比对发生在争议产品之间。此种观点具有极强的主观意志性，事实上是将知识产权司法鉴定作为胜诉手段而非举证手段，容易忽视样本本身应当具备的客观性和确定性。还有观点认为，检材是效力存在争议的材料，样本是权利方提供的已具有一定法律效力或事实效力的材料。此种观点也存在问题，样本的质量要求应当高于对检材的质量要求，即样本的同一认定特征应该符合客观标准，样本不能只是法律固定的事实更应该是固定存在、权属清晰、效力明确的事实。例如，在一起图片作品的鉴定中，浙迪司鉴〔2015〕图鉴字第 46 号、浙江汉博〔2016〕声鉴字第 14 号中，浙江某司法鉴定中心对委托方提供的〔2014〕浙长证字第 162 号公证的材料存在的问题审查不严。委托方作为样本的公证的"证据"本身即显示其作者为"Undefined"（未知），以权利人"Undefined"（未知）的网站资料作为样本，本身就存在瑕疵。鉴定机构将其权属不明、效力不明的网站资料作为"样本"，与检材比对，其结果肯定会存在问题。浙江某司法鉴定中心的知识产权司法鉴定意见仅以公证书作为鉴定材料合法性的来源，却忽视了样本应当满足的质量要求。浙江省湖州市中级人民法院对送检材料及鉴定程序缺乏必要的审查，直接采信此鉴定意见而作出的判决，难以令人信服。①

　　"鉴定材料是鉴定的物质基础，鉴定材料的来源是否真实合法，与案件是否相关，是否充分完整，与鉴定质量密切相关。鉴定中送检的检材和样本不真实、不合法或者不相关，或是检材和样本保护不当都会直接影响鉴定的质量，导致鉴定意见错误或者失真，从而导致案件事实认定的错误以及错误判决等一系列连环错误的发生。"②《司法鉴定程序通则》第 12 条规定："委托人委托鉴定的，应当向知识产权司法鉴定机构提供真实、完整、充分的鉴定材料，并对鉴定材料的真实性、合法性负责。司法鉴定机构应当核对并记录鉴定材料的名称、种类、数量、性状、保存状况、收到时间等。"

　　目前，知识产权司法鉴定机构一般都要求委托人出具委托书并提交相应鉴定材料，材料不足的需要在补足后方可进行审查进而决定是否受理。故鉴

---

① 原告黄某某向浙江省湖州市中级人民法院诉称：被告长兴正远电器公司未经原告许可，擅自在其产品中使用其创作完成的美术作品图案（著作权登记证书号 2010—F—029605）。被告公司辩称：被告所使用的图案是从视觉中国网站下载的独立摄影作品，与原告创作的作品无关，原告对所使用的玫瑰图案并不享有著作权。被告从视觉中国网站下载图片（上传者身份不明）并进行公证（〔2014〕浙长证字第 162 号）。浙江省湖州市中级人民法院委托浙江某司法鉴定中心进行司法鉴定（浙江汉博〔2016〕声鉴字第 14 号），认为原告提供的作品与被告提供的作品均属实物摄影作品，且两者同源，法院据此判决原告胜诉。被告不服浙江省高级人民法院〔2015〕浙知终字第 122 号民事判决，于 2016 年 3 月 24 日申请至最高人民法院，〔2016〕最高法民申 711 号裁定，指定浙江省高级人民法院对本案进行再审。

② 郭金霞. 鉴定意见适用中的问题与对策研究［M］. 北京：中国政法大学出版社，2009：198.

定材料的完备与否，是知识产权司法鉴定能否顺利启动的关键因素。有人认为，为保证知识产权司法鉴定的中立性和最大客观性，知识产权司法鉴定人仅就送检材料进行比对鉴定，不需要也不应该了解案情事实。但已经出现在实践中，发现委托人提交的送检材料存在明显的问题，当事人为有利于其自身利益需要，提交的材料不真实、不完全，而鉴定人却限于鉴定材料限制作出偏离中立立场的鉴定意见，不仅浪费司法资源，还严重违背知识产权司法鉴定的目的。对此，有意见认为，可以由知识产权司法鉴定申请核准单位先行质证并对鉴定材料的真实性负责。① 暂且不论核准单位是否有能力保证送检材料质量，规定核准单位应当质证意味着其拥有排除证据的权利，然而为保证案件事实的查明和公正审判的宣告，法律仅授予法院排除相应证据的职能，若对质证权利进行创设将会触及诉讼制度本身，可能存在超越立法权限的问题。为此，由同样中立的法院在认为必要的情况下向鉴定人出示起诉书、答辩书等诉讼文书，有利于鉴定人了解基本案情，将能最大限度地保证鉴定人在诉讼过程中的中立性，当然此种观点尚需在实践中进行探索并累积经验。

知识产权司法鉴定因案件类型不同，鉴定所需的材料不尽相同，个案之间往往差距甚大。鉴定实务中涉及的知识产权案件主要分为专利类案件、商标类案件、著作权类案件、商业秘密类案件、技术合同类案件等，② 知识产权司法鉴定材料的提交重点在于样本的提交，不同类型的知识产权案件需要提交的样本不尽相同。

专利类案件必须提交以下材料：（1）专利登记簿或其副本；（2）专利权利要求书、说明书及附图。

---

① 渝司发〔2015〕175 号《关于推进司法鉴定工作的若干意见》规定，委托单位应对当事人提交的鉴定材料进行质证、确认后向司法鉴定机构提供真实、合法、完整的鉴定材料，并对鉴定材料的真实性和合法性负责。

② 《司法鉴定执业分类规定（试行）》第 16 条规定："知识产权司法鉴定：根据技术专家对本领域公知技术及相关专业技术的了解，并运用必要的检测、化验、分析手段，对被侵权的技术和相关技术的特征是否相同或者等同进行认定；对技术转让合同标的是否成熟、实用，是否符合合同约定标准进行认定；对技术开发合同履行失败是否属于风险责任进行认定；对技术咨询、技术服务以及其他各种技术合同履行结果是否符合合同约定，或者有关法定标准进行认定；对技术秘密是否构成法定技术条件进行认定；对其他产权诉讼中的技术争议进行鉴定。"然而，该规定并没能明确划分知识产权司法鉴定的范围、种类。本书的划分主要基于当前实践。

商标类案件一般需要提交以下材料：（1）已注册商标的商标注册登记簿或其复件；（2）样本商标、检材商标（即被控侵权商标）；（3）商标的使用范围、时间、地域等证明材料。

著作权类案件一般需要提交以下材料：（1）版权登记簿或其附件；（2）未进行版权登记的作品一般需要提交样本作品、检材作品原件或合法复制件，创作时间或出版时间等证明材料；（3）目标程序代码、源代码和相关文档，主要适用于计算机软件鉴定。

商业秘密类案件一般需要提交以下材料：（1）非公知性鉴定时，采取的是技术检索方法，比对的样本是相关技术的专利数据库和非专利数据库（不需要委托方提供）；（2）同一性鉴定时，需要提供的样本是《非公知性鉴定意见书》。

需要补充说明的是，根据《司法鉴定程序通则》第 24 条的规定，司法鉴定人有权了解进行鉴定所需要的案件材料，可以查阅、复制相关资料，必要时可以询问诉讼当事人、证人。经委托人同意，司法鉴定机构可以派员到现场提取鉴定材料。现场提取鉴定材料应当由不少于两名司法鉴定机构的工作人员进行，其中至少一名应为该鉴定事项的司法鉴定人。现场提取鉴定材料时，应当有委托人指派或者委托的人员在场见证并在提取记录上签名。

（三）知识产权司法鉴定委托的受理

委托人向知识产权司法鉴定机构委托鉴定时，应当向知识产权司法鉴定机构出具司法鉴定委托书。委托书应当载明委托人名称、知识产权司法鉴定机构名称、委托鉴定事项、是否属于重新鉴定、鉴定用途、与鉴定有关的基本案情、鉴定材料的提供和退还、鉴定风险，以及双方商定的鉴定时限、鉴定费用及收取方式、双方权利义务等其他需要载明的事项。

知识产权司法鉴定机构应当在自收到委托之日起七个工作日内作出是否受理的决定。知识产权司法鉴定机构应当对委托鉴定事项、鉴定材料等进行审查，对属于本机构知识产权司法鉴定业务范围，鉴定用途合法，提供的鉴定材料能够满足鉴定需要的，应当受理。对于鉴定材料不完整、不充分，不能满足鉴定需要的，知识产权司法鉴定机构可以要求委托人补充；需要增加鉴定事项、补充鉴定材料的，原则上应当一次性提出；经补充后能够满足鉴定需要的，应当受理。对于复杂、疑难或者特殊鉴定事项的委托，知识产权司法鉴定机构可以与委托人协商决定受理的时间。有下列情形之一的鉴定委托，知识产权司法鉴定机构不得受理，应当向委托人说明理由，退还鉴定材料：

（1）委托主体不符合法律及相关规定的；

（2）委托鉴定事项超出本机构知识产权司法鉴定业务范围的；

（3）发现鉴定材料不真实、不完整、不充分或者取得方式不合法的；

（4）鉴定用途不合法或者违背社会公德的；

（5）鉴定要求不符合知识产权司法鉴定执业规则或者相关鉴定技术规范的；

（6）鉴定要求超出本机构技术条件或者鉴定能力的；

（7）委托人就同一鉴定事项同时委托其他知识产权司法鉴定机构进行鉴定的；

（8）其他不符合法律、法规、规章规定的情形。

知识产权司法鉴定机构决定受理的，委托人应当与鉴定机构签订委托协议。委托协议书应当采用统一规范的格式，明确鉴定时限一般不超过30个工作日，也可由委托人和鉴定机构另行约定合理时限，补充或重新提交鉴定材料的时间，不计入鉴定时限。委托协议书应当明确实施鉴定的主体、鉴定对象、鉴定事项、鉴定目的、鉴定标准、送检材料、双方当事人联系方式等内容。知识产权司法鉴定机构只能接收与之签订委托协议书的委托人所提交的材料，不得私自接收当事人提交而未经人民法院确认的鉴定材料。

当事人或律师事务所主动申请知识产权鉴定的，应当向知识产权鉴定机构支付鉴定费用，收费金额按有关标准确定。司法机关、行政机关提起的知识产权司法鉴定，不得向当事人或律师事务所收取鉴定费。

二、确定知识产权司法鉴定人

（一）一般规定

根据《司法鉴定程序通则》第18—19条，知识产权司法鉴定机构受理鉴定委托后，应当指定本机构具有该鉴定事项执业资格的知识产权司法鉴定人进行鉴定。知识产权司法鉴定机构对同一鉴定事项，应当指定或者选择两名知识产权司法鉴定人进行鉴定；对复杂、疑难或者特殊鉴定事项，可以指定或者选择多名知识产权司法鉴定人进行鉴定。该通则第 33 条规定，鉴定过程中，涉及复杂、疑难、特殊技术问题的，可以向本机构以外的相关专业领域的专家进行咨询，但最终的鉴定意见应当由本机构的司法鉴定人出具。专家提供咨询意见应当签名，并存入鉴定档案。

委托人有特殊要求的，经双方协商一致，也可以从本机构中选择符合条件的知识产权司法鉴定人进行鉴定。委托人不得要求或者暗示知识产权司法鉴定机构、知识产权司法鉴定人按其意图或者特定目的提供鉴定意见。刑事诉讼和行政诉讼中知识产权鉴定人依此便可以确定。

（二）回避制度

回避制度是指鉴定人员具有法定情形，必须回避，不参与案件鉴定的制度。回避制度是保证案件获得公正鉴定的制度。回避制度由法定的回避情形、回避的适用范围、申请回避和作出决定的程序等内容组成。

1. 民事诉讼中知识产权司法鉴定人的回避

根据《司法鉴定程序通则》第 20 条、《民事诉讼法》第 44 条，司法鉴定人有下列情形之一的，应当自行回避，当事人有权用口头或者书面方式申请他们回避，知识产权司法鉴定人同样适用以上有关回避的规定，即知识产权司法鉴定人有下列情形之一的应当自行回避：

（1）是本案当事人或者当事人、诉讼代理人近亲属①的；

（2）与本案有利害关系的；

（3）知识产权司法鉴定人曾经参加过同一鉴定事项鉴定的，或者曾经作为专家提供过咨询意见的，或者曾被聘请为有专门知识的人参与过同一鉴定事项法庭质证的；

---

① 《最高人民法院关于贯彻执行〈中华人民共和国民法通则〉若干问题的意见（试行）》第 12 条规定："民法通则中规定的近亲属，包括配偶、父母、子女、兄弟姐妹、祖父母、外祖父母、孙子女、外孙子女。"

（4）与本案当事人、诉讼代理人有其他关系，可能影响对案件公正审理的。

依照《民事诉讼法》第 44—47 条的规定，回避申请应当在案件开始审理时提出；回避事由在案件开始审理后知道的，也可以在法庭辩论终结前提出。人民法院对当事人提出的司法鉴定人回避申请，由审判长决定。应当在申请提出的三日内，以口头或者书面形式作出决定。申请人对决定不服的，可以在接到决定时申请复议一次。复议期间，被申请回避的人员，不停止参与本案的工作。人民法院对复议申请，应当在三日内作出复议决定，并通知复议申请人。

知识产权司法鉴定中，知识产权司法鉴定人自行提出回避的，由其所属的知识产权司法鉴定机构决定；委托人要求知识产权司法鉴定人回避的，应当向该知识产权司法鉴定人所属的知识产权司法鉴定机构提出，由知识产权司法鉴定机构决定。委托人对是否回避的决定有异议的，可以撤销鉴定委托。

2. 刑事诉讼中知识产权司法鉴定人的回避

根据《司法鉴定程序通则》第 20 条，《刑事诉讼法》第 29 条、第 32 条，《最高人民法院关于适用〈中华人民共和国刑事诉讼法〉的解释》（以下简称《刑诉解释》）第 23 条、第 33 条的规定，司法鉴定人有下列情形之一的，应当自行回避，当事人有权用口头或者书面方式申请他们回避：

（1）是本案的当事人或者是当事人的近亲属①的；

（2）本人或者他的近亲属和本案有利害关系的；

（3）担任过本案的证人、鉴定人、辩护人、诉讼代理人、翻译人员的；

（4）与本案的辩护人、诉讼代理人有近亲属关系的；

（5）司法鉴定人曾经参加过同一鉴定事项鉴定的，或者曾经作为专家提供过咨询意见的，或者曾被聘请为有专门知识的人参与过同一鉴定事项法庭质证的；

（6）与本案当事人有其他关系，可能影响公正处理案件的。

---

① 《刑事诉讼法》第 108 条第 6 项规定："'近亲属'是指夫、妻、父、母、子、女、同胞兄弟姊妹。"

知识产权司法鉴定人的回避问题由审判长决定。当事人对决定不服的，可以申请复议一次。知识产权司法鉴定人自行提出回避的，由其所属的知识产权司法鉴定机构决定；委托人要求知识产权司法鉴定人回避的，应当向该知识产权司法鉴定人所属的知识产权司法鉴定机构提出，由知识产权司法鉴定机构决定。委托人对人民法院作出是否回避的决定有异议的，可以撤销鉴定委托。

3. 行政诉讼中的知识产权司法鉴定人的回避

行政诉讼中知识产权司法鉴定人的回避，适用一般司法鉴定人的回避制度。《司法鉴定程序通则》第 20 条、《行政诉讼法》第 55 条规定，司法鉴定人有下列情形之一的，应当自行回避，当事人有权用口头或者书面方式申请他们回避：

（1）司法鉴定人曾经参加过同一鉴定事项鉴定的，或者曾经作为专家提供过咨询意见的，或者曾被聘请为有专门知识的人参与过同一鉴定事项法庭质证的，应当回避；

（2）司法鉴定人本人或者其近亲属与诉讼当事人、鉴定事项涉及的案件有利害关系，可能影响其独立、客观、公正进行鉴定的，应当回避。

知识产权司法鉴定人自行提出回避的，由其所属的知识产权司法鉴定机构决定；委托人要求知识产权司法鉴定人回避的，应当向该知识产权司法鉴定人所属的知识产权司法鉴定机构提出，由知识产权司法鉴定机构决定。委托人对知识产权司法鉴定机构作出的知识产权司法鉴定人是否回避的决定有异议的，可以撤销鉴定委托。知识产权司法鉴定人的回避问题由审判长决定。当事人对决定不服的，可以申请复议一次。

第三节　形成知识产权司法鉴定意见

一、知识产权司法鉴定的鉴定标准

根据《司法鉴定程序通则》第 23 条，司法鉴定人进行鉴定，应当依下列顺序遵守和采用该专业领域的技术标准、技术规范和技术方法：（1）国家标准；（2）行业标准和技术规范；（3）该专业领域多数专家认可的技术方法。

因知识产权本身的特殊性，截至目前，尚无知识产权司法鉴定的国家标准，甚至也没有相关的行业标准。"知识"本身具有的模糊性，决定了知识产权司法鉴定具有一定的主观性，因此为提高鉴定质量，保障鉴定意见的中立性和客观性，必须制定知识产权司法鉴定的具体操作程序、统一的鉴定标准。从目前公开的资料来看，只有我们撰写的《知识产权司法鉴定规范（征求意见稿）》，但这也只是属于"该领域多数专家认可的技术方法"。为此，希望各鉴定机构、鉴定人员积极行动起来，总结现有的知识产权司法鉴定实践经验，促进知识产权司法鉴定程序的逐步规范。

知识产权案件鉴定涉及的方法主要是构成要素对比（也包括一些检测性判断）。不同的鉴定内容、鉴定目的，其鉴定程序有差异，其实施的步骤、方法和标准也不尽相同。有学者认为，对专利类案件的鉴定标准可以参照《司法鉴定程序通则》第 23 条的规定进行，在没有统一鉴定标准的情况下，双方当事人对争议标准技术有约定的，依据该约定的标准进行鉴定；没有约定或约定不明的，按照国家标准、行业标准进行鉴定；没有国家标准、行业标准的，按照本专业领域的通常标准或者符合合同目的的特定标准鉴定，但对于后种标准一般应当经过同行专家评断认同，而不得任意选择。① 也有学者认为，当没有国家、行业、地方标准时，可根据具体鉴定要求，参照权威组织、有关科学书籍、期刊公布的方法，自行设计制定鉴定方法。自行制定的鉴定方法，在使用前应通过司法主管部门组织的专家确认。从目前的实践来看，多数鉴定机构采用的鉴定方法不同，也没有通过专家确认，而且有的鉴定机构的鉴定方法还值得商榷。

目前，西南政法大学司法鉴定中心知识产权鉴定团队，是国内较早研究知识产权鉴定标准的机构，与江苏省专利信息服务中心、四川西部知识产权司法鉴定中心等单位合作，共同拟定了《知识产权司法鉴定规范》，内容主

---

① 郭泰和，徐康莉. 知识产权案件司法鉴定程序之探讨［J］. 中国司法鉴定，2011（6）：42—45.

要包括：《知识产权司法鉴定通用规范》《发明专利、实用新型专利司法鉴定实施规范》《技术信息非公知性司法鉴定实施规范》《技术信息同一性司法鉴定实施规范》。目前，分别在重庆、成都、南京、上海等地的有关机构开始应用，希望能不断的修改和完善，上升为行业标准。

二、知识产权司法鉴定的判断原则

首先应当明确，司法鉴定只是针对事实问题进行判定。由于知识产权的特殊性，与传统的司法鉴定有明显的区别，表现在对法律问题与事实问题的区分。在知识产权案件中，有时连法官也无法明确司法鉴定的边界。有的法官担心造成审判权让渡或旁落，影响审判权的完整性，片面否定司法鉴定；有的法官又过于依赖司法鉴定，把更多的疑难问题都交给司法鉴定，包括一些法律适用问题。究其原因，主要在于知识产权司法鉴定的边界难以确定。从知识产权司法鉴定的判定原则来看，首先就是要准确把握法律问题和事实问题，司法鉴定只是针对事实问题中的技术和专门问题进行判定。但是在实践中，边界的划分却是一个非常困难的事情。其次是检材与样本的比对问题。检材就是产生争议的客体，而样本则是用于比对的智慧成果。对于样本而言，往往由于不同的案件、不同的委托人，其鉴定目的不同，样本的选择也有很大的差异。

在专利案件中，对于产品或者方法新颖性、创造性的判断，是采取技术查新的方式，通过对专利数据库和非专利数据库相关的技术资料，运用关键词进行检索，从而比较现有技术中是否有与该技术相同或者相似的技术方案。在这里，采取的样本是专利数据库和非专利数据库中的技术信息。在大多数的鉴定中，主要是对有争议的产品或者方法与权利人拥有的专利技术是否相同或者等同进行比对。样本的选取就是专利权利要求书等，应当以权利要求记载的全部必要技术特征与被控侵权物的相应技术特征进行对比。对存在争议的发明、实用新型的技术特征的手段、功能、效果的异同判断，并对其进行相应解释、说明。司法鉴定只是对争议的发明、实用新型中的技术特征进行比对，对于是否构成全面覆盖的总体判定，以及是否侵权等事项的判断是法官的权利，鉴定人不得逾越。在外观设计专利案件中，《专利法》第 59 条第 2 款规定："外观设计专利权的保护范围以表示在图片或者照片中的该产品的外观设计为准，简要说明可以用于解释图片或者照片所表示的该产品的外观设计。"为此，对外观设计的整体对比或特征对比属于知识产权司法鉴定事项，但是争议的外观设计是否侵权则属于法律问题。

在著作权类案件中，涉及的作品种类繁多。司法鉴定主要是对有争议的作品与权利人主张的作品进行直接比对，是否相同或者实质性相似。如文字作品，对被控侵权的作品与原告的作品的文字重复率、情节安排及情景渲染的异同等作出对比的，属于事实问题。著作权司法鉴定只形成对比意见，而剽窃与否、侵权与否等属于法律问题，应由法官判断。另外，对于作品的独创性的判断，我们不主张对作品的独创性（计算机软件除外）进行鉴定。

在商标类案件中，主要是对争议的商品与权利人的注册商标进行比对。一是商品或者服务是否构成相同或者类似；二是商标是否相同或者近似。鉴定人应当对商标构成要素、使用商标的商品种类进行比对，形成鉴定意见。对于较为复杂的案件或者争议比较大的案件，可以针对相关公众对争议商标误认度开展市场调查，为法官判决提供依据。但鉴定人不得对是否构成混淆、是否为知名商品、是否侵权等进行判定。

在商业秘密类案件中，对争议商业秘密是否具有价值性和保密性的判断均属于法律问题。但鉴定人可经检索等手段对争议技术是否具有秘密性，即非公知性进行判定，并对技术秘密的技术特征与争议的商品的技术特征进行分析对比，就全部或部分构成相同或实质性相同作出判断。我们主张司法鉴定只针对技术信息，而对于经营信息而言，可以通过法庭质证解决，不主张纳入司法鉴定的范围。

三、知识产权司法鉴定应当注意的程序问题

知识产权司法鉴定活动是一种特殊的诉讼活动，包含着案件的受理、材料的获取、检验分析的程序与方法等各个环节，有其自身内在特征和规律的统一性，要提高其质量就必须选择一种既可宏观控制，又环环制约的途径，因此鉴定机构、鉴定人必须谨慎遵守相关程序性规定。

知识产权司法鉴定机构应当建立鉴定材料管理制度，严格监控鉴定材料

的接收、保管、使用和退还。知识产权司法鉴定机构和知识产权司法鉴定人在鉴定过程中应当严格依照技术规范保管和使用鉴定材料,因严重不负责任造成鉴定材料损毁、遗失的,应当依法承担责任。接受鉴定材料后,鉴定人应当根据委托要求、鉴定对象的情况确定鉴定方案,主要包括鉴定方法和鉴定进度计划等,对送检材料进行事实判断。鉴定的操作过程应严格遵守方案所选择的鉴定方法,合理使用设备仪器、数据分析手段进行知识产权司法鉴定工作。①

知识产权司法鉴定机构应当自知识产权司法鉴定委托书生效之日起 30 个工作日内完成鉴定。鉴定事项涉及复杂、疑难、特殊技术问题或者鉴定过程需要较长时间的,经本机构负责人批准,完成鉴定的时限可以延长,延长时限一般不得超过 30 个工作日。鉴定时限延长的,应当及时告知委托人。知识产权司法鉴定机构与委托人对鉴定时限另有约定的,从其约定。在鉴定过程中补充或者重新提取鉴定材料所需的时间,不计入鉴定时限。②

(一)补充鉴定和重新鉴定

1. 补充鉴定

补充鉴定意见是在原鉴定意见的基础上,为了完备原鉴定意见而对其中的个别问题进行再次鉴定,以修正或补充所出具的鉴定意见。补充鉴定是原委托鉴定的组成部分。理论上进行补充鉴定的原因主要有下列三种:一是原知识产权司法鉴定意见书有错误,或者表述不确切;二是知识产权司法鉴定意见书对鉴定要求的答复不充分或遗漏委托鉴定事项的;三是鉴定意见作出后,当事人又提供新证据可能影响原鉴定意见的等。

补充鉴定通常由鉴定机构依据委托人要求而进行。实务中知识产权司法鉴定机构可能进行补充鉴定的主要包括四种情形:一是原委托鉴定事项有遗漏的或委托人就原委托鉴定事项提供新的鉴定材料;二是知识产权司法鉴定机构认为需要补充鉴定材料的(应当一次性提出要求,不得故意要求提供不必要的材料,不得故意将本可以一次性提交的材料通知多次补充);三是追

---

① 参见《司法鉴定程序通则》第 22 条。
② 参见《司法鉴定程序通则》第 28 条。

加当事人后，就同一争议事实提出新的证据同样需要鉴定的（争议事实不同的追加当事人或司法机关应当另行提起新的司法鉴定）；四是犯罪嫌疑人、被害人申请补充鉴定，《刑事诉讼法》第148条规定："侦查机关应当将用作证据的鉴定意见告知犯罪嫌疑人、被害人。如果犯罪嫌疑人、被害人提出申请，可以补充鉴定或者重新鉴定。"实务中，因提起补充鉴定的要求不高、耗费不多等因素，导致很多当事人甚至司法机关将补充鉴定作为拖延诉讼的一种手段，偏离补充鉴定制度的设置目的。

2. 重新鉴定①

重新鉴定，是指委托人、诉讼参加人、人民法院等有证据或有理由说明鉴定意见存在根本性缺陷的，人民法院可以根据诉讼参与人的申请或依职权，另行指派或者聘请具有专门知识的人，对案件中某些专门性问题重新进行鉴别和判断并作出鉴定意见。以下是重新鉴定的主要原因。

（1）鉴定程序严重违法。"鉴定程序违法"中的"严重违法"是指鉴定违反鉴定程序，并有可能影响鉴定的准确性、真实性、公正性的情形。鉴定程序包括当事人向法院提出鉴定申请，法院审查申请决定是否鉴定，当事人选定或者法院指定鉴定机构和鉴定人、向鉴定机构提出委托鉴定的要求，鉴定机构受理鉴定、实施鉴定活动、得出鉴定意见、出具鉴定意见书，法院对鉴定意见的审查和认定等。

（2）鉴定机构或鉴定人不具法定资格。法院在组织知识产权司法鉴定机构的选择活动中，应当做好与国家司法鉴定名册管理相适应的知识产权司法鉴定工作。确定知识产权司法鉴定人后，人民法院应当要求鉴定机构提供鉴定人的相应资质证明或鉴定人相应技术职称等资料予以核对，一旦发现鉴定人员不具备相关的鉴定资格，应当及时与当事人或律师事务所、行政机关、公安机关或人民检察院等沟通，重新选任知识产权司法鉴定机构或鉴定人。

（3）送检材料未达到鉴定标准。送交鉴定的检材和样本来源不明确或不充分，检材或样本的法律效力待定等。

（4）出具的鉴定意见书不符合法律与技术要求。鉴定意见明显违反客观

---

① "重新鉴定"指发生在法庭质证阶段的重新鉴定，而非多次鉴定或重复鉴定。

规律或与当事人提供的证据明显不一致，或鉴定人故意出具不真实的鉴定意见，或鉴定过程受到外界力量干预等。

尽管有必要启动重新鉴定的情形并不少见，但根据现有法律的规定可主要分为司法机关委托的重新鉴定和当事人提请、人民法院认为有必要的重新鉴定：

（1）司法机关委托重新鉴定的情形。①原知识产权司法鉴定人不具有从事委托鉴定事项执业资格的；②原知识产权司法鉴定机构超出登记的业务范围组织鉴定的；③原知识产权司法鉴定人应当回避没有回避的；④侦查机关、人民法院认为需要重新鉴定的；⑤刑事案件法庭审理中，鉴定人由于不能抗拒或者有其他正当理由无法出庭的，人民法院可以根据情况决定延期审理或者重新鉴定；⑥法律规定的其他情形。

（2）当事人提请重新鉴定的，应当说明理由。法院认为有必要的，应当同意，并宣布延期审理。根据《民事诉讼法》第 139 条，民事诉讼当事人可向人民法院提请重新鉴定；根据《刑事诉讼法》第 148 条，刑事诉讼中犯罪嫌疑人、被害人有权向侦查机关提请重新鉴定，根据第 192 条当事人和辩护人、诉讼代理人有权向人民法院提请重新鉴定。

在知识产权司法鉴定实践中，多数知识产权司法鉴定机构对重新鉴定受理十分慎重，知识产权司法鉴定人对重新鉴定也十分小心谨慎。但实务中又往往出现诉讼当事人无休止地申请重新鉴定，司法机关被迫同意重新鉴定申请，甚至出现部分知识产权司法鉴定机构"有请必鉴"的情况。当事人或认为推翻了鉴定意见就能胜诉或使原判决获得改变，或因人民法院采信了不利于己方的鉴定意见，引起当事人一方不服而不断重复提请重新鉴定，诉辩双方的辩论演变成不同鉴定意见的冲突，极易引发裁判权让渡等现象。目前，法律为保障当事人的诉讼权利并没有对当事人提请重新鉴定的权利进行限制，但却在客观上造成了诉讼资源浪费、诉讼效率降低等问题。

因此，首先，应当在立法上明确重新鉴定的概念，将其与重复鉴定、诉前鉴定、诉后鉴定等相区别。其次，应当明确，对于严重违反鉴定程序的重新鉴定申请应当支持，对于鉴定程序合法而鉴定意见的客观真实性存在重大争议的重新鉴定申请应当有一定限制，人民法院对鉴定意见的重大争议无条件判断的可直接委托重新鉴定。最后，可以规定合理限制重新鉴定的措施。立法上限定重新限定的条件，在法庭质证中对鉴定意见经充分阐明、论证和补正后仍存在缺陷的，才有必要进行重新鉴定；加强知识产权司法鉴定监督管理工作；推进知识产权司法鉴定地方标准和行业规范建设，逐步完善与国家标准、行业标准技术性文件相衔接的知识产权司法鉴定技术标准体系；加强知识产权司法鉴定人队伍建设，允许知识产权司法鉴定机构对疑难、复杂、特殊案件组织专家共同鉴定等。

（二）终止鉴定

司法鉴定机构在鉴定过程中，有下列情形之一的，可以终止鉴定[1]：

（1）发现有《司法鉴定程序通则》第15条第2项至第7项规定情形的；

（2）鉴定材料发生耗损，委托人不能补充提供的；

（3）委托人拒不履行司法鉴定委托书规定的义务、被鉴定人拒不配合或者鉴定活动受到严重干扰，致使鉴定无法继续进行的；

（4）委托人主动撤销鉴定委托，或者委托人、诉讼当事人拒绝支付鉴定费用的；

（5）因不可抗力致使鉴定无法继续进行的；

（6）其他需要终止鉴定的情形。

终止鉴定的，知识产权司法鉴定机构应当书面通知委托人，说明理由并退还鉴定材料。

为此，一方面，知识产权司法鉴定的委托与受理是一种特殊的法律关系，主体必须是知识产权司法鉴定机构，因而终止鉴定权也只能为知识产权司法鉴定机构享有，知识产权司法鉴定人、知识产权司法鉴定的行政管理机关、其他行政机关、司法机关等都不享有终止鉴定的权利。另一方面，如果鉴定机构违规终止鉴定，其可能出现的后果是，要么导致委托人重新启动鉴定，要么在未能完成鉴定的情况下进行裁判，这无疑影响了裁判效率，甚至可能导致不公正的裁判。知识产权司法鉴定机构在遇有终止鉴定的情形时，一般情况下都会终止鉴定，但也可能基于案源、经济利益等因素不及时终止鉴定。

---

[1]　参见《司法鉴定程序通则》第29条。

这种不终止鉴定不仅可能影响诉讼效率和公正，而且可能增加知识产权司法鉴定不安定的风险。①

（三）知识产权司法鉴定意见书

知识产权司法鉴定人应依据《司法鉴定程序通则》和《司法部关于印发司法鉴定文书格式的通知》要求的统一规定的文本格式制作知识产权司法鉴定意见书。

知识产权司法鉴定意见书应当一式四份，三份交委托人收执，一份由知识产权司法鉴定机构按照规定将知识产权司法鉴定意见书以及有关资料整理立卷、归档保管。知识产权司法鉴定意见书应当由知识产权司法鉴定人签名，加盖知识产权司法鉴定机构的知识产权司法鉴定专用章。多人参加的鉴定，对鉴定意见有不同意见的，应当注明。知识产权司法鉴定意见书形成后，知识产权司法鉴定机构应当按照有关规定或者与委托人约定的方式，向委托人发送知识产权司法鉴定意见书，并留存送达回证。委托人对鉴定过程、鉴定意见提出询问的，知识产权司法鉴定机构和知识产权司法鉴定人应当给予解释或者说明。

知识产权司法鉴定意见书出具后，发现图像、谱图、表格不清晰或签名、盖章、编号不符合制作要求的或文字表达有瑕疵、有错别字但不影响知识产权司法鉴定意见的，知识产权司法鉴定机构可以进行补正。补正应当在原知识产权司法鉴定意见书上进行，由至少一名知识产权司法鉴定人在补正处签名。必要时，可以出具补正书。对知识产权司法鉴定意见书进行补正，不得改变知识产权司法鉴定意见的原意。

第四节　知识产权司法鉴定人的出庭质证

2016 年，最高人民法院、司法部联合出台了《关于建立司法鉴定管理与使用衔接机制的意见》，强调人民法院要完善鉴定人出庭作证的审查、启动

---

① 贾治辉，朱兰，宋利利，朱昱. 论终止鉴定：以新《司法鉴定程序通则》为视角 [J]. 中国司法鉴定，2016（4）：19—24.

和告知程序，通过强化法庭质证解决鉴定意见争议。司法行政机关应当监督、指导鉴定人依法履行出庭作证义务，对于无正当理由拒不出庭的知识产权司法鉴定人，要依法严格查处。

进入法庭质证阶段后，审判人员应当首先对送检材料的客观性、关联性、合法性进行审查，并再次对知识产权鉴定机构、鉴定人的资质、鉴定人的鉴定纪律等进行综合考察，最后还应当评断知识产权司法鉴定程序是否规范、鉴定方法是否恰当等。

法庭确定知识产权司法鉴定意见作为证据的客观性、合法性、关联性后，应当组织当事人对鉴定意见进行质证。当事人对鉴定意见有异议的，可以向人民法院申请要求鉴定人书面回复，也可以申请鉴定人出庭作证。人民法院认为需要鉴定人出庭作证的，也可以通知鉴定人出庭作证。民事诉讼中鉴定人出庭可以由当事人提请、人民法院决定，也可以由人民法院依职权决定。[①]刑事诉讼中公诉人、被害人及其法定代理人、诉讼代理人，附带民事诉讼原告人及其诉讼代理人都可以在法庭质证阶段结束前提请鉴定人出庭由审判长决定。而被告人及其法定代理人、辩护人仅能在质证阶段控诉一方举证后才能提请鉴定人出庭，法院依职权决定鉴定人出庭。[②]但目前行政诉讼法中没有鉴定人出庭的相关规定，相关制度亟待完善。

一、鉴定人的出庭义务和法律责任

根据《司法鉴定程序通则》第43条："经人民法院依法通知，司法鉴定人应当出庭作证，回答与鉴定事项有关的问题。"《民事诉讼法》第78条规定："当事人对鉴定意见有异议或者人民法院认为鉴定人有必要出庭的，鉴定人应当出庭作证……"《刑诉解释》第205条规定："……申请法庭通知证人、鉴定人出庭作证，人民法院认为有必要的，应当通知证人、鉴定人出庭；

[①] 《民事诉讼法》第78条第1款规定："当事人对鉴定意见有异议或者人民法院认为鉴定人有必要出庭的，鉴定人应当出庭作证。"

[②] 《刑诉解释》第202条规定："公诉人可以提请审判长通知证人、鉴定人出庭作证，或者出示证据。被害人及其法定代理人、诉讼代理人，附带民事诉讼原告人及其诉讼代理人也可以提出申请。在控诉一方举证后，被告人及其法定代理人、辩护人可以提请审判长通知证人、鉴定人出庭作证，或者出示证据。"

无法通知或者证人、鉴定人拒绝出庭的，应当及时告知申请人。"法院认为鉴定人有必要出庭的，向知识产权司法鉴定机构发出出庭通知。

知识产权司法鉴定机构接到出庭通知后，应当及时与人民法院确认知识产权司法鉴定人出庭的时间、地点、人数、费用、要求等，为知识产权司法鉴定人依法出庭提供必要条件。有下列情形之一的，经人民法院许可，鉴定人可以通过书面证言、视听传输技术或视听资料等方式作证：（1）因健康原因不能出庭的；（2）因路途遥远、交通不便不能出庭的；（3）因自然灾害等不可抗力不能出庭的；（4）有其他正当理由不能出庭的。

民事诉讼中经人民法院通知，鉴定人拒不出庭作证的，鉴定意见不得作为认定事实的根据，支付鉴定费用的当事人可以要求返还鉴定费用。刑事诉讼中经人民法院通知，鉴定人拒不出庭作证的，鉴定意见不得作为定案的根据。

二、鉴定意见的审查和质证

鉴定意见是法定证据的一种，受到诉讼法及司法解释关于证据审查和质证的相关法律的规范。鉴定机构和鉴定人依法开展知识产权司法鉴定活动受法律保护，不受任何机关、社会团体和个人的干预。任何机关、社会团体或个人不得暗示、引诱或强迫鉴定机构和鉴定人作出某种特定倾向的鉴定意见。知识产权司法鉴定机构不得超越委托鉴定事项提出鉴定意见，不得对证据采信、法律适用等问题提出意见。

民事诉讼中，当事人可以申请人民法院通知有专门知识的人出庭，代表当事人对鉴定意见进行质证，或者对案件事实所涉及的专业问题提出意见。当事人经法庭许可，可以向鉴定人发问。法庭应正确引导对鉴定人的质询，与鉴定意见无关的问题鉴定人可以拒绝回答。

刑事诉讼中，公诉人、当事人和辩护人、诉讼代理人可以申请法庭通知有专门知识的人出庭，就鉴定人作出的鉴定意见提出意见。公诉人、当事人和辩护人、诉讼代理人经审判长许可，鉴定人可以发问。审判人员也可以询问鉴定人。鉴定人不得旁听对本案的审理，经控辩双方发问或者审判人员询问后，审判长应当告知其退庭。

有下列情形之一的鉴定意见，不得作为认定事实的依据：（1）鉴定机构或鉴定人不具备法定资格的；（2）鉴定事项超出鉴定机构登记业务范围的；（3）鉴定过程违反鉴定技术规范的；（4）鉴定过程存在违反回避制度或其他严重违反鉴定程序情形的；（5）鉴定人弄虚作假的；（6）鉴定意见逻辑不清，缺乏证据效力的；（7）经人民法院通知，无正当理由鉴定人拒不出庭作证的。

三、鉴定意见的冲突和解决

一方面，必须强调鉴定意见的证据效力是人民法院裁量权的行使范畴，不能用社会司法鉴定机构之间的行政等级关系等因素确定鉴定意见的效力等级。虽然本书认为对重大、复杂、特殊等的案件可以由知识产权司法鉴定机构组织专家进行鉴定，但组织专家鉴定是为更好地提高鉴定意见的质量而非提高效力，法官对鉴定意见的采信应当走出"权威意见"误区。诉讼证据无权威性证据和非权威性证据之分，在证据采信上必须以"三性"为标准，即证据的真实性、合法性、关联性，起诉书、判决书上必须坚决避免"经权威机关鉴定""聘请权威专家鉴定""采信权威鉴定意见"等词语。"权威意见"主要体现为：（1）共同鉴定，是指几个鉴定机构的鉴定人或者一个鉴定机构邀请几个鉴定机构的鉴定人，就同一个问题进行鉴定，包括区域性的和部门性的两种形式。（2）终局鉴定，是指省、市司法鉴定委员会的专家鉴定小组，在一个诉讼程序上或者一个审级上一审、二审，对于经过多次鉴定而结论仍有分歧的专门性问题，在同一程序中，由本审级组织专家进行最后一次鉴定。不能以形式的权威性代替内容的权威性。

另一方面，同一案件所涉专门性问题具有多个不同鉴定意见的，实践中大致有三种不同观点：（1）法官应依职权委托其他鉴定机构进行重新鉴定；（2）法官应结合案件具体情况，审查比较各个鉴定的过程、鉴定人素质等要素，综合裁量不同鉴定意见的效力；（3）当法院对双方当事人鉴定意见难以形成判断时，属主张方举证不力的情形，主张方的鉴定意见不应当得到采纳。鉴定意见冲突多因重新鉴定和重复鉴定产生，要抑制鉴定意见的冲突，关键在于制约重复鉴定现象，制约重复鉴定的目的主要在于提高诉讼效率，维护司法公正和司法权威。导致重复鉴定的根本原因在于鉴定体制本身的弊端，也在于诉讼程序的不完善，对此已在前文论述。

第三章

专利司法鉴定

第一节　专利的基础知识

一、专利和专利权的概念

专利（patent）来源于拉丁语 Litterace Patents，意为公开的信件或公共文献，是中世纪的君主用来颁布某种特权的证明。在有关专利制度起源的早期文献中，人们更经常使用的词汇为 monopoly，意为"垄断""独占"或"专利"。据《韦氏大学词典》（Merriam-Webster's Collegiate Dictionary）的解释，专利（patent）一词有两个含义：其一指特定权利，即某种发明的独占权或控制权；其二为官方文件，记录发明人在一定时期内对一项发明所具有的制造、使用和销售的独占权。因此，专利既可理解为专利权又可理解为专利文献。

随着现代专利制度的建立并完善，现在"专利"一词更多指向为专利权的客体，即发明创造。根据《专利法》第 2 条，发明创造是指发明、实用新型和外观设计。发明，是指对产品、方法或者其改进所提出的新的技术方案。实用新型，是指对产品的形状、构造或者其结合所提出的适于实用的新的技术方案。外观设计，是指对产品的形状、图案或者其结合以及色彩与形状、图案的结合所作出的富有美感并适于工业应用的新设计。如果将外观设计中的"设计"也算作一种技术方案，那么专利就可以统称为产品或方法的技术方案。

二、专利的分类

根据《专利法》第 2 条，将专利即发明创造分为三种类型：发明、实用新型和外观设计。

发明是指对产品、方法或者其改进所提出的新的技术方案。例如，一种氦气检漏装置，一项深冷处理及化学镀镍—磷—稀工艺。

实用新型是指对产品的形状、构造或者其结合所提出的适于实用的新的技术方案。例如，一种一次性水杯，其特征在于由纯木浆纸制成，内壁具有防水涂层；一种用于钢带运输和存放的钢带包装壳。

外观设计是指对产品的形状、图案或者其结合以及色彩与形状、图案的结合所作出的富有美感并适于工业应用的新设计。

三、专利权的期限

《专利法》第 42 条的规定，发明专利权的期限为 20 年，实用新型专利权和外观设计专利权的期限为 10 年，均自申请日起计算。

由此可见，专利法对不同专利类型的保护期限不同，发明专利权的期限为 20 年，而实用新型和外观设计专利权的保护期限则为 10 年。特别注意的是，专利权的保护期限的起算日是专利申请日而不是授权公告日，但专利权自授权公告之日起生效。

四、专利权的保护范围

专利权的客体是专利，即发明、实用新型和外观设计。它们不同于普通的物体，能被权利人实际占有并加以控制，它们属于智力活动成果，是一种技术方案或设计方案，是一种无形财产。因为专利这种无形性，权利人将自身的专利与他人的专利及公有领域的技术方案或设计方案相区分成为专利制度中的重点内容。换言之，以专利客体为基础的专利权的保护范围的确定问题是专利制度中的最为重要的环节。

（一）权利要求书的作用

《专利法》第 59 条规定，发明或者实用新型专利权的保护范围以其权利要求的内容为准，说明书及附图可以用于解释权利要求的内容。外观设计专利权的保护范围以表示在图片或者照片中的该产品的外观设计为准，简要说明可以用于解释图片或者照片所表示的该产品的外观设计。

其中，发明及实用新型专利权的保护范围以权利要求书中记载的权利要求为准，说明书及附图用于解释权利要求中的内容。而外观设计专利权的保护范围与发明、实用新型不同，其无权利要求书，以其表现在图片或照片中的产品外观设计为准，并配以简要说明加以解释。

（二）权利要求与技术特征

发明及实用新型的权利要求书是如何确定专利权保护范围的？我们需要从权利要求书的记载方法和基本原则说起。《中华人民共和国专利法实施细则》（以下简称《专利法实施细则》）第19条规定，权利要求书应当记载发明或者实用新型的技术特征。所谓的技术特征是指构成要求保护的技术方案的各个技术单元，每个技术单元能够实现相对独立的功能，产生相应的效果。一项权利要求记载的所有技术特征共同限定了要求专利保护的范围。① 专利权人也只能在其权利要求上记载的全部技术特征所对应的技术方案享有独占性权利，他人实施的技术方案如再现其专利要求中记载的全部技术特征，则就被认定为侵犯权利人的专利权。

五、侵犯专利权的判定原则

（一）全面覆盖原则

如果被控侵权物包含了专利权利要求中记载的全部必要技术特征，则被控侵权物落入专利权的保护范围，构成相同侵权。即使被控侵权物的技术特征多于独立权利要求的必要技术特征，无论其技术效果如何，也构成相同侵权。如果被控侵权物包含了专利权利要求中记载的全部必要技术特征，则被控侵权物落入专利权的保护范围，构成相同侵权。即使被控侵权物的技术特征多于独立权利要求的必要技术特征，无论其技术效果如何，也构成相同侵权。

---

① 尹新天. 中国专利法详解［M］. 北京：知识产权出版社，2011：429.

（二）等同原则

等同原则，是指被控侵权物（产品或方法）中有一个或者一个以上技术特征经与专利独立权利要求保护的技术特征相比，从字面上看不相同，但经过分析可以认定两者是相等同的技术特征。在这种情况下，应当认定被控侵权物（产品或方法）落入了专利权的保护范围。与权利要求记载的技术特征相等同的特征，是指以基本相同的手段，实现基本相同的功能，达到基本相同的效果，并且所属领域的技术人员在侵权行为发生时通过阅读说明书、附图和权利要求书，无须经过创造性劳动就能够联想到的特征。

（三）禁止反悔原则

在专利审批或无效宣告程序中，专利权人通过对权利要求书、说明书的修改或者意见陈述而放弃的技术方案，在侵犯专利权诉讼中，应当禁止专利权人又将其重新纳入专利权的保护范围。实际上，在技术改劣的案件中，有争议的产品就是将权利人专利权利要求书中记载的一项或者几项技术特征改劣，法院在判决时，在某种程度上来讲，就是根据"禁止反悔原则"来判定的。实际上，权利人在申请专利时，往往会综合考虑到技术的先进性、实用性，以及生产成本、利润，市场需求等多种因素，选择对自己最佳的专利技术，从而放弃某些技术。这些放弃的某些技术有可能就成了其他人改劣的技术特征。在专利维权中，由于自己主动放弃了这些技术，在申请保护时，就会受到"禁止反悔原则"制约。

六、侵犯专利权和假冒专利行为的认定

（一）侵犯专利民事行为的认定

《专利法》第11条规定，发明和实用新型专利权被授予后，除该法另有规定的以外，任何单位或者个人未经专利权人许可，都不得实施该专利，即不得为生产经营目的制造、使用、许诺销售、销售、进口其专利产品，或者使用其专利方法以及使用、许诺销售、销售、进口依照该专利方法直接获得的产品。外观设计专利权被授予后，任何单位或者个人未经专利权人许可，都不得实施其专利，即不得为生产经营目的制造、许诺销售、销售、进口其

外观设计专利产品。

上述条文规定了专利权的排他性，除非经专利权人许可，其他任何人或单位不得实施其专利。根据该条规定，实施专利的方式有以下几种：（1）制造专利产品、使用专利方法；（2）使用专利产品、使用依专利方法直接获得的产品；（3）许诺销售专利产品、许诺销售依专利方法直接获得的产品；（4）销售专利产品、销售依专利方法直接获得的产品；（5）进口专利产品、进口依专利方法直接获得的产品。

但要认定行为人进行的以上五种行为侵犯了他人的专利权，我们还需再次明确专利权的保护范围，《专利法》第 59 条规定，发明或者实用新型专利权的保护范围以其权利要求的内容为准，说明书及附图可以用于解释权利要求的内容。外观设计专利权的保护范围以表示在图片或者照片中的该产品的外观设计为准，简要说明可以用于解释图片或者照片所表示的该产品的外观设计。

（二）专利刑事犯罪行为的认定

在侵犯知识产权刑事案件类型中，侵犯专利的犯罪行为为其中之一，且有其特殊的犯罪构成要件。《刑法》第 216 条规定，假冒他人专利，情节严重的，处三年以下有期徒刑或者拘役，并处或者单处罚金。对于何种行为才是假冒专利的行为，《最高人民法院、最高人民检察院关于办理侵犯知识产权刑事案件具体应用法律若干问题的解释》第 10 条规定，实施下列行为之一的，属于《刑法》第 216 条规定的"假冒他人专利"的行为：（1）未经许可，在其制造或者销售的产品、产品的包装上标注他人专利号的；（2）未经许可，在广告或者其他宣传材料中使用他人的专利号，使人将所涉及的技术误认为是他人专利技术的；（3）未经许可，在合同中使用他人的专利号，使人将合同涉及的技术误认为是他人专利技术的；（4）伪造或者变造他人的专利证书、专利文件或者专利申请文件的。

由此可见，假冒专利的刑事犯罪行为与侵犯专利的民事侵权行为在行为认定和立法目的上均有不同。在行为认定上，假冒专利的刑事犯罪行为是指行为人假冒专利权人的专利外观从而使相关消费者对专利出处产生混淆，如未经专利权人的许可，在其产品或包装等宣传材料上使用专利权人专利号；而侵犯专利的民事侵权行为的认定是指行为人未经专利权人的许可，利用了权利人的专利创新技术。在立法目的上，通过将假冒专利的行为纳入刑法去调控该行为，更多的是为了维护社会主义市场经济秩序；而专利权作为一种民事权利在以《专利法》为主要法律规范的专利制度体系下，法律调控的目的是鼓励人们在技术、设计上的创新活动。另外，根据《刑法》和《最高人民法院、最高人民检察院关于办理侵犯知识产权刑事案件具体应用法律若干问题的解释》第4条①的规定，假冒专利的行为只有在情节严重的情况下才能认定为犯罪行为；而侵犯专利权的认定上却不考虑行为人的行为情节。法律明文规定的假冒专利罪的行为主要集中在对专利号、专利证书等相关证明文件的使用，在现实生活中，稍有一点生活常识的人都不会犯这样的错误，除非是真正的"法盲"，其"明知"只是使用"专利号"这个行为，而不是法律禁止的"侵犯专利技术的行为"。在实践中侵犯专利权的行为，主要就是侵犯专利技术。即使是"照抄照搬"专利技术，无论侵权行为有多么恶劣，也不构成"假冒专利权罪"。这也是令初学者最困惑的问题。

（三）侵犯专利权行政处罚的相关规定

由于目前我国建立知识产权制度的时间不长，公众的知识产权意识比较薄弱，侵犯知识产权的现象还非常频繁，因而我国对知识产权不但提供了司法救济途径，还提供了行政救济途径。《专利法》第60条规定："未经专利权人许可，实施其专利，即侵犯其专利权，引起纠纷的，由当事人协商解决；不愿协商或者协商不成的，专利权人或者利害关系人可以向人民法院起诉，也可以请求管理专利工作的部门处理。管理专利工作的部门处理时，认定侵权行为成立的，可以责令侵权人立即停止侵权行为，当事人不服的，可以自

---

① 该条规定："假冒他人专利，具有下列情形之一的，属于刑法第二百一十六条规定的'情节严重'，应当以假冒专利罪判处三年以下有期徒刑或者拘役，并处或者单处罚金：

（一）非法经营数额在二十万元以上或者违法所得数额在十万元以上的；

（二）给专利权人造成直接经济损失五十万元以上的；

（三）假冒两项以上他人专利，非法经营数额在十万元以上或者违法所得数额在五万元以上的；

（四）其他情节严重的情形。"

收到处理通知之日起十五日内依照《中华人民共和国行政诉讼法》向人民法院起诉；侵权人期满不起诉又不停止侵权行为的，管理专利工作的部门可以申请人民法院强制执行。进行处理的管理专利工作的部门应当事人的请求，可以就侵犯专利权的赔偿数额进行调解；调解不成的，当事人可以依照《中华人民共和国民事诉讼法》向人民法院起诉。"由此规定可知，专利权人发现其专利权受到侵犯时，其可以申请管理专利的行政机关对该侵犯专利权纠纷是否侵权作出法律性质上的判断，行政机关认定侵权行为成立的，可以采取的行政措施是"责令停止侵权行为""申请法院强制执行""调解赔偿数额"，但不能进行罚款等行政处罚。

七、现有技术和现有设计的侵权抗辩

（一）《专利法》中规定现有技术和现有设计抗辩的意义

发明专利、实用新型专利和外观设计专利均是申请人提出申请，经国家知识产权局审查后授予专利。《专利法》规定对实用新型和外观设计专利的申请仅进行初步审查，不进行实质审查。因此，我国授予的实用新型和外观设计专利权的保护范围基本上是专利申请人自己界定的，国家知识产权局没有通过对现有技术和现有设计进行检索对比来核实其要求保护的技术方案或者设计方案是否符合《专利法》的相关规定。即使经过实质审查的发明专利，也仍然不能完全保证授权的专利都具备新颖性和创造性。其原因在于各国专利法规定的现有技术范围报其广泛，不论各国专利局为审查专利申请投入多少人力资源，也无法确保授予的专利权都符合其专利法的规定。[1]

为了解决以上问题，更为维护专利制度的有效运行，《专利法》设置了无效宣告制度。根据该法的规定，凡是涉及相关专利无效宣告理由的情形的，自国家知识产权局公告授予专利权之日起，任何单位或者个人均可以向专利复审委员会提出无效宣告请求。但实践证明，一件专利无效程序从启动到结束，需要投入太多的人力和物力，从专利复审委员会到北京市中级人民法院再到北京市高级人民法院（假设涉及行政诉讼及其上诉程序），需要相当长

---

[1] 尹新天. 中国专利法详解：缩编版（M）. 北京：知识产权出版社，2012：529—531.

的时间。对此，2008 年修改的《专利法》增加了现有技术和现有设计抗辩的规定，有助于解决上述问题。

（二）现有技术和现有设计抗辩的运用

《专利法》第 62 条规定："在专利侵犯纠纷中，被控侵权人有证据证明其实施的技术或者设计属于现有技术或者现有设计的，不构成侵犯专利权。"

以上规定表明，即使被控侵权产品的技术特征全面覆盖了专利权人记载在权利要求书上的全部技术特征（或者外观相似），但行为人若能证明其实施的技术或设计属于现有技术或设计，也不构成侵犯专利权的行为。

我们知道，现有技术或现有设计存在两种法律状态：第一种是该现有技术或现有设计已为公共领域的技术方案，任何人均可无偿利用；第二种是被告人使用的技术方案为原告以外的第三人享有的专利权。只需将被告（行为人）的产品或方法的技术方案或设计方案与以上现有技术或现有设计进行单独对比，两者的技术特征完全相同或等同（外观设计以设计外观的整体视觉效果相同或近似为准），则可认为被告所实施的技术方案或设计方案为现有技术，不侵犯原告的专利权。

第二节　专利的司法鉴定范围

2005 年，《司法鉴定管理问题的决定》对司法鉴定进行了定义。该决定认为司法鉴定是指在诉讼活动中鉴定人运用科学技术或者专门知识对诉讼涉及的专门性问题进行鉴别和判断并提供鉴定意见的活动。从该定义中可知司法鉴定的鉴定范围是"诉讼涉及的专门性问题"。《民事诉讼法》第 76 条规定："当事人可以就查明事实的专门性问题向人民法院申请鉴定……"其中也明确了司法鉴定的范围应当为查明案件事实的"专门性问题"。但迄今为止，没有任何法律或规定对该种"专门性问题"作出明确的限定。而在理论与实务界，虽均未能将事实问题与法律问题相区分，但根据司法的独立性及专门性可推导出司法鉴定的鉴定范围——"专门性问题"不能是法律问题，而只能是事实问题。另外，通过收集整理现有司法鉴定案例，笔者发现目前大部分鉴定机构在从事专利司法鉴定时对鉴定范围的边界把握不准，超越事实问题的认定而得出本应由法官适用法律的结论，这种结论超越了司法鉴定的范围，属于超范围鉴定。以上情况的发生，不只是司法鉴定人员认识上的错误，甚至在学术界也争论不休。

一、专利司法鉴定中的事实问题和法律问题

在我国，委托鉴定的主体具有多样性。然而，即使是法院依照当事人的申请而进行的委托鉴定，因鉴定事项发生混淆进而导致委托鉴定的事项超范围也是常有之事，更勿论当事人的单方委托。知识产权司法鉴定中诸如商业秘密案件中的司法鉴定经常出现委托鉴定"某一技术方案是否属于商业秘密"抑或"被控侵权技术方案是否侵犯原告技术秘密"；在文字作品的司法鉴定中出现委托"原告作品是否享有著作权"或"被控侵权物表达是否抄袭原告作品"；以及计算机软件比对"被控侵权软件是否构成侵权"等。

同样的问题，在专利技术司法鉴定中也屡见不鲜。如在蔡某杰等诉上海兆信电码防伪技术有限公司等侵犯专利权纠纷案中[1]，法院委托相关鉴定机构对被告生产、销售的相关产品的技术特征是否落入原告发明专利的保护范围进行鉴定，并且最终采信该鉴定意见；在尹某斌与深圳市车龙电子科技有限公司等侵犯实用新型专利权纠纷上诉案中[2]，尹某斌单方委托相关鉴定机构进行被控侵权产品是否构成侵犯原告专利技术方案的鉴定，法院对此没有作出相关评价，也没有予以采信。导致以上司法鉴定机构的相关鉴定意见不被法院采用或采信的原因，一方面是上述所提到委托鉴定事项的混乱，另一方面是有些鉴定意见确实存在瑕疵。再如，在南通超达机械科技有限公司与苏州金柏精密机械制造有限公司侵犯发明专利权纠纷上诉案中[3]，一审法院根据当事人申请委托鉴定被控侵权产品的技术特征与涉案专利技术特征是否相同或等同，鉴定机构最终给出的结论不仅包括是否构成相同或等同，更进

---

① 上海市第二中级人民法院〔2001〕沪二中知初字第105号民事判决书。
② 广东省高级人民法院〔2008〕粤高法民三终字第399号民事判决书。
③ 江苏省高级人民法院〔2011〕苏知民终字第0070号民事判决书。

一步出涉案专利技术在申请日前已经被公开报道，该项技术为公知技术的结论。

由此可见，出现上述问题的根源在于无论是单方委托人抑或是鉴定人本身，甚至是法官，都存在对法律问题和事实问题认知的混淆。

一般而言，专利技术司法鉴定的主要内容为被控侵权产品的技术特征与专利权所确定技术方案的技术特征的比对，鉴定意见应当确定存在多少项技术特征的相同、等同或不同。不应当再有是否落入专利权保护范围、是否构成侵犯专利权等论述，因为决定是否落入专利权保护范围、是否构成侵犯专利权涉及法官适用法律问题，即使鉴定意见为所有的技术特征构成相同或等同，法官仍要通过多方面因素来考察等同认定是否得当、是否应当适用禁止反悔原则来进一步确定是否落入专利权的保护范围；即使落入专利权的保护范围，若当事人提出相关不侵权抗辩，法官仍要考量是否构成公知技术抗辩、是否属于专利的强制许可、是否为不视为侵犯专利权的行为等，从而作出是否构成侵犯专利权的判定。

二、专利司法鉴定中的事实问题和法律问题的界限

专利技术的性质决定其司法鉴定内容有所不同，专利技术司法鉴定机构解决的是有关技术的专门性问题，侵犯专利权纠纷案件常常涉及被控侵权产品的成分及其含量、有关材料的物理化学性质、产品的性能指标等，其性质属于对事实问题的认定，理应由负有举证责任的当事人提供相关证据。在当事人提供了相关证据之后，对方当事人对其证据抱有怀疑、产生争议的情况下，法院可以安排进行技术鉴定。《民事诉讼法》第72条规定，技术鉴定应当由法定或者法院指定的鉴定机构进行。[①] 法院在要求相关机构进行技术鉴定时，应当对鉴定的内容和事项提出明确的书面要求，并且事先将书面要求告知双方当事人，听取相关的意见。鉴定机构应当根据法院提出的要求进行鉴定，不得擅自对要求以外的事项提出鉴定意见。

---

① 《民事诉讼法》第76条规定："当事人可以就查明事实的专门性问题向人民法院申请鉴定。当事人申请鉴定的，由双方当事人协商确定具备资格的鉴定人；协商不成的，由人民法院指定。当事人未申请鉴定，人民法院对专门性问题认为需要鉴定的，应当委托具备资格的鉴定人进行鉴定。"

从表面上看，有了司法机关的约束，委托鉴定的相关问题应该迎刃而解。其实不然，现行实务中即使层级较高的法院，也存在法律问题和事实问题的模糊界定。追根溯源，法律问题和事实问题的界限并不明确，首先在理论研究方面还存在不同的观点。

海南大学刘远山等认为，涉案的专利技术司法鉴定具体包含以下内容：专利权侵权行为技术特征覆盖与否的鉴定；专利权侵权损害赔偿价值鉴定；专利发明人或设计人确权纠纷技术内容鉴定；专利合同纠纷中技术内容鉴定；专利许可合同中争议费用及损失价值鉴定；专利技术的新颖性、创造性、实用性、专有性鉴定。[①]

尹新天认为，在专利确权纠纷案件中，不能请鉴定机构或者专家对发明或者实用新型是否属于现有技术，是否具有突出的实质性特点和显著进步进行鉴定，因为这实际上是对是否具备新颖性、创造性的法律问题进行鉴定；在侵犯专利权纠纷案件中，不能请鉴定机构对如何用说明书及其附图对权利要求进行解释、是否应当适用等同原则或禁止反悔原则等进行鉴定，因为这实际上就是对是否构成侵犯专利权行为的最终结论作出鉴定。[②]

张宏伟律师认为，专利案件的鉴定范围为：专利技术的技术特征与被控侵权产品或方法的技术特征是否相同或等同；公知技术抗辩理由成立与否；专利是否具备创造性、新颖性；专利说明书充分公开技术方案与否。[③]

由此可见，各个学者的观点有其理论基础和事实依据，但并不是完美适用、不可推敲的，李禹所提到的专利权损害赔偿价值鉴定以及专利许可合同损失价值鉴定应当属于知识产权评估的范畴，不能一概地归为知识产权司法鉴定；另外，专利技术的实用性，法条中的描述是指该发明或者实用新型能够制造或者使用，并且能够产生积极效果。在专利授权审查阶段，"能够制造或者使用"并非要求发明或实用新型在申请专利时已经实际予以制造或者使用，只要所属相关领域的普通技术人员根据说明书及附图能够判断出申请

---

① 刘远山，余秀宝，刘艳华. 论专利侵权的司法鉴定 [J]. 现代营销：中旬版，2011（8）：42—45.

② 尹新天. 中国专利法详解：缩编版 [M]. 北京：知识产权出版社，2012：451.

③ 张宏伟. 浅析知识产权司法鉴定 [J]. 家电科技，2011（12）：24—26.

专利的发明或实用新型能够予以制造或使用即可；同时，"能够产生积极效果"是指仅从它为公众实施某项技术多提供一种选择方案而言，都可以认定为产生积极效果，除非存在那些不仅明显无益，而且带来诸如污染环境、浪费资源和有害社会道德风尚等不良影响，才能够不被认定产生积极效果。由此可见，"实用性"的认定标准其实很低，现行侵犯专利权诉讼中对实用性进行判断时，通常是要求专利权人提供相关证据证明某项专利技术能够或者已经开始制造、使用即可。此外，我们不赞同将实用性委托相关机构进行鉴定的原因归于实用性的判断本身是一个主观性判断的问题。某项技术方案是否存在实际用途，在不同的鉴定人员看来可能会得出不同答案，以主观性要素为主导而得出的鉴定意见缺乏充分的证明力，一般也得不到法官的采信。

实务操作中有关新颖性和创造性问题一般不进行委托鉴定，而由国家专利行政部门作出的专利权评价报告予以评价。若仅从理论上探讨，尹新天认为相关专利技术的新颖性问题不宜委托鉴定，笔者不敢苟同，单从新颖性而言，新颖性是指该项技术方案不属于现有技术也不构成抵触申请。其中的现有技术为申请日前在国内外为公众所知的技术。2008 年修改的专利法，将之前的相对新颖性标准改为绝对新颖性标准，即某项技术无论以何种方式公开，只要该技术方案在申请日之前为国内外公众所知悉，就构成现有技术，不再考量之前出版物公开、使用公开等具体公开方式。一项技术方案一旦开发完成，本身是否为一项新的技术是一个客观存在的事实，无论采用何种新颖性标准，我们只能做到相对新颖性审查，实务司法操作中无论是专利审查人员抑或司法鉴定人员，通过检索相关数据库来印证这一事实，而不能穷竭所有技术方案。新颖性问题，本身作为一个事实问题存在而非法律问题。

赵江琳所提出的公知技术抗辩，对于被控侵权技术是否属于公知技术这一专门性问题，可以申请司法鉴定或申请进行检索，至于公知技术抗辩理由是否成立，则需要法院作出认定。① 在侵犯专利权诉讼中，当被告强调被指控侵权客体属于申请日前的现有技术时，法院应当在作出侵犯专利权判断之前，应当将先前得到的鉴定意见或检索报告作为证据，将被控侵权的技术与

---

① 赵江琳. 知识产权司法鉴定现状浅淡 [J]. 中国发明与专利，2007（10）：51—53.

现有技术进行对比分析，判断其是否对于该现有技术具有新颖性、创造性。只有在缺乏新颖性或创造性的情况下，才能认定公知技术抗辩理由成立，作出不侵权判决。至于专利说明书是否充分公开技术方案，具体涉及专利说明书公开的范围与权利要求书所确定的范围两者的比较，对于专利权人或者代理人而言，当时在撰写的时候尚且存在一些模糊的边界或者表述不清之处，何况对于鉴定人而言。因此专利说明书充分公开技术方案与否的问题，理论上可以委托鉴定但实务操作困难。

综上所述，国内学者对该问题也是众说纷纭，莫衷一是。目前，全国多地诸如北京、广东、江苏等法院已针对委托鉴定事项的混淆问题发布文件，虽多采用列举式且认识不一，但可以窥探出理论界和实务界对该问题的重视。法律问题和事实问题的混淆在专利技术司法鉴定中尤其严重，也是广大学者争议和讨论的焦点。究其原因，主要在于专利技术司法鉴定往往涉及高度专门化的知识，甚至涵盖最尖端的现代科学技术，其中不乏法律适用与技术事实交织的问题，不同于传统的司法鉴定，对于此类纠纷，借助于一般的常识很难作出判断，所以才有讨论与探究的必要。[①] 为此，司法鉴定应限制在事实问题的明确与分析上，不应当随意扩充到法律问题的适用。若在委托鉴定时不能清晰地界定法律问题与事实问题，将本应由法院作出裁判的事项交予鉴定机构进行，无异于司法机关职能的转移，审判权的彻底过渡。为从根源上解决该问题，需要区分法律问题与事实问题的内涵，并制定具备普遍适用价值的操作规范。

三、专利司法鉴定范围

综合以上论述，笔者认为以下鉴定范围属于事实认定的范畴，或者存在事实问题与法律问题的混合，但司法鉴定人员以其专业知识可以对此种事实与法律的"混合问题"独立发表意见。

（一）发明专利、实用新型专利的司法鉴定范围

（1）被控侵权产品或方法的技术特征与专利技术特征是否相同或等同。

---

① 许铭成．专利技术司法鉴定制度研究［D］．西南政法大学硕士学位论文，2016.

（2）被控侵权产品或方法的技术方案是否为现有技术。

（3）发明专利、实用新型专利是否具有新颖性、创造性。

（4）专利说明书是否充分公开技术方案。

（二）外观设计专利的司法鉴定范围

（1）被控侵权产品的外观设计与外观设计专利的设计方案是否相同或近似。

（2）被控侵权产品的外观设计是否为现有设计。

（3）外观设计专利是否具有新颖性、创造性。

实践中，侵犯专利权纠纷涉及的鉴定问题主要包括：（1）"被控侵权产品或方法的技术特征与专利技术特征是否相同或等同"；（2）"被控侵权产品或方法的技术方案是否为现有技术"；（3）"被控侵权产品的外观设计与外观设计专利的设计方案是否相同或近似"；（4）"被控侵权产品的外观设计是否为现有设计"。

第三节 发明专利、实用新型专利的司法鉴定的基本方法及基本步骤

一、发明专利、实用新型专利司法鉴定概述

本部分主要介绍专利司法鉴定的法律意义及其鉴定程序上的相关原则，这是发明专利、实用新型专利也是外观设计专利的司法鉴定的共性问题。

（一）专利司法鉴定的法律意义

司法鉴定是具有司法鉴定资质的司法鉴定机构接受委托人的委托，利用科学的方法并按照一定的步骤在可鉴定范围内对委托人要求的鉴定事项进行一种专门的鉴定活动。其中，专利司法鉴定为知识产权司法鉴定的一种，鉴定的目的是为涉及专利的诉讼纠纷中的专业性问题提供一种客观、公正、科学的专门性意见，为司法裁判人员提供裁判依据。司法鉴定意见是基于鉴定

人员对某一复杂的、不能直接呈现或一般公众所不能理解的客观事实，采取科学的方法如观察、测量、比对后，对该客观事实进行定性并作出的鉴定意见。司法鉴定意见是司法鉴定的最终结果，也为裁判人员提供裁判的参考，其也被《民事诉讼法》第 63 第 1 款条列为八种法定证据之一，可用作证明案件的事实。

（二）专利司法鉴定的相关原则

司法鉴定意见作为法定证据的一种，故作出该等结论意见的过程应当十分严谨。

一方面，基于对司法鉴定机构及鉴定人员专业能力的信任，司法鉴定意见可谓是一种优势证据，对裁判人员的自由心证的影响程度较大。但《民事诉讼法》第 63 条第 2 款规定："证据必须查证属实，才能作为认定事实的根据"①、该法第 65 条规定： "证据应当在法庭上出示，并由当事人互相质证……"②该法第 78 条规定："当事人对鉴定意见有异议或者人民法院认为鉴定人有必要出庭的，鉴定人应当出庭作证。经人民法院通知，鉴定人拒不出庭作证的，鉴定意见不得作为认定事实的根据；支付鉴定费用的当事人可以要求返还鉴定费用。"据此，司法鉴定意见能否用于证明案件的事实问题，还需经过法庭质证。在质证环节，当事人可以向法院申请要求出具司法鉴定意见的鉴定人员出庭接受质证，鉴定人员需要对其作出的鉴定意见中的每一个鉴定意见进行科学合理的解释。这就包括鉴定人员在鉴定过程中所采用的鉴定方法及步骤是否科学，往往都将成为当事人质疑之处，包括检材的选定、鉴定手段、鉴定意见推导过程等方面。

《司法鉴定程序通则》第 23 条规定，司法鉴定人进行鉴定，应当依下列顺序遵守和采用该专业领域的技术标准、技术规范和技术方法：

（1）国家标准；

（2）行业标准和技术规范；

---

① 关于证据效力的认定，《刑事诉讼法》第 50 条第 2 款规定："证据必须经过查证属实，才能作为定案的根据。"《行政诉讼法》第 33 条第 2 款规定："以上证据经法庭审查属实，才能作为认定案件事实的根据。"

② 《行政诉讼法》第 43 条第 1 款规定："证据应当在法庭上出示，并由当事人互相质证……"

（3）该专业领域多数专家认可的技术方法。

根据以上规定，司法鉴定人员在鉴定过程中所遵循和采用的标准、方法、手段应当至少是本专业领域得到多数专家认可的，这也是鉴定意见科学及客观性所在。

另一方面，不论是诉讼当事人还是司法机关，其将某一案件的事实问题委托司法鉴定机构进行司法鉴定。可想而知，该事实问题大多是案件中涉及的争议焦点，认清该案件事实将对该案件的审判结果产生重大影响。具体到发明专利、实用新型专利的司法鉴定中，鉴定人员对涉诉专利权利要求技术特征的归纳、对涉诉产品或方法的技术特征的分解、对核心技术的比对，其采用的方法及遵循的步骤都将成为当事人及裁判人员的"众矢之的"。特别是在技术特征等同与否的认定上，鉴定人员对"基本相同的手段""基本相同的功能""基本相同的效果"这三方面要进行科学解释时，不仅要参考涉诉专利的权利要求、说明书附图等专利公开文件资料，往往还需要利用其他专业的书籍工具对专业术语概念进行解析，甚至需要通过实验室实验对某种技术方案的实施效果进行观察、测量、对比。总之，发明专利、实用新型专利的司法鉴定的方法及程序的科学性直接影响到司法鉴定意见的客观正确性，在没有严谨的司法鉴定过程或采用的鉴定方法存在瑕疵的情况下得出的司法鉴定意见都是不可取的，需要引起重视，切不可舍本逐末。

二、发明专利、实用新型专利司法鉴定的基本方法

发明专利、实用新型专利司法鉴定的范围在前面已有论述，即被控侵权产品或方法的技术特征与专利的技术特征是否相同或等同；公知技术抗辩理由是否成立；专利是否具备新颖性、创造性；专利说明书是否充分公开技术方案，等等。司法鉴定机构在接受委托从事发明专利、实用新型专利司法鉴定时，不应超出前述鉴定范围，但可以是该范围之下的局部事项，如就某一技术特征中的工艺步骤、机构组成或化学成分进行鉴定。在司法鉴定机构的可鉴定范围之内，一般来说，针对委托鉴定事项，发明专利、实用新型专利司法鉴定的基本方法有如下几种：（1）观察，（2）检测，（3）化验，（4）对比。

三、发明专利、实用新型专利司法鉴定的基本步骤

根据鉴定事项的不同,发明专利、实用新型专利司法鉴定一般遵循不同的步骤。本部分选择以下两种常见鉴定事项进行介绍。

(一) 鉴定被控侵权产品或方法的技术特征与专利的技术特征是否相同或等同

对被控侵权产品或方法的技术特征与专利的技术特征相同或等同情况进行鉴定,司法鉴定机构一般采用的鉴定方法为对比法,具体步骤如下。

1. 检材的审查

发明专利、实用新型专利的司法鉴定的检材为被控侵权专利产品或利用专利方法制造出来的产品。委托人选定检材的准确与否决定了最终鉴定意见的准确性及该鉴定意见与涉诉案件审批的关联性。在实务中,由于委托人对检材的选定不准确而导致其最终的鉴定意见被案件另一方当事人质疑,从而导致鉴定意见遭到法官的不予采信。可想而知,检材的选定是鉴定的第一步,如果第一步就错了,接下来的鉴定检验工作也将是错的,这结果必然导致社会资源的浪费,给涉诉案件当事人徒增诉讼成本。因此,为彰显司法鉴定的客观公正性,当鉴定机构接受委托人的委托时,应按照委托鉴定事项及涉诉关联性对委托人提供的检材进行审查,对不能满足鉴定目的的检材,鉴定人员要提醒委托人更换、收集正确的检材。如果法院作为委托人,应当按照证据的实质审查原则组织双方当事人对检材进行关联性、真实性及合法性审查,并对当事人双方的意见制作笔录以确认检材真实、完整。①

如果案件当事人为委托人,建议鉴定机构在接受检材前认真审查委托人取得该检材的途径的证明文件,并仔细核对该检材的外观商业标识信息,以证明鉴定机构将要鉴定的对象(检材)确实为涉诉案件产品。在审查检材的过程中,鉴定人员可采取拍照记录并要求委托人现场见证的方式去固定检材。

---

① 江波,张金平.我国知识产权司法鉴定的思考:以"富比"案中知识产权司法鉴定为视角 [J].知识产权,2009 (5):46—49.

实践中，出现某种检材为特大型设备，鉴定人员还需要到该设备现场进行检材的固定，甚至在现场直接进行鉴定工作。

另外，实务中存在鉴定机构为了突出检材选定的客观公正性及关联性，会主动要求委托人聘请公证机构对委托人的检材选定及产品的拆解整个过程进行公证。对此，笔者认为其必要性不大，因司法鉴定实行鉴定人负责制，司法鉴定人应当依法独立、客观、公正地进行鉴定并对自己作出的鉴定意见负责，所以司法鉴定人员作为解决专业技术问题的中立机构，其鉴定行为被法律推定具有客观公正性。鉴定人员在审查检材关联性及其取得的合法性时，如有异议，可建议委托人重新提供，并及时做好笔录并根据检材自身的性质固定检材，以减少自身的执业风险。

2. 专利技术特征的分解

因为发明专利、实用新型专利的权利要求记载了解决技术问题的必要技术特征，所以司法鉴定人员在归纳分解专利的技术特征时，应以专利的权利要求为准，并使用说明书及附图进一步解释权利要求中的有关技术内容。关于技术特征分解的基本方法，在司法实践中，许多人习惯将权利要求书按文字表述的段落界限或标点符号的分割作为依据来分解技术特征，在产品专利中通常体现为一个产品组件构成一个技术特征，在方法专利中通常体现为一个步骤构成一个技术特征。《专利法实施细则》第21条规定："发明或者实用新型的独立权利要求应当包括前序部分和特征部分，按照下列规定撰写：（一）前序部分：写明要求保护的发明或者实用新型技术方案的主题名称和发明或者实用新型主题与最接近的现有技术共有的必要技术特征；（二）特征部分：使用'其特征是……'或者类似的用语，写明发明或者实用新型区别于最接近的现有技术的技术特征。这些特征和前序部分写明的特征合在一起，限定发明或者实用新型要求保护的范围……"这说明，独立权利要求中的必要技术特征不仅应包括特征部分所呈现的区别技术特征，还应包括前序部分的已知技术特征。而专利权的保护范围应该由权利要求所记载的前序和特征部分的所有技术特征来构成。

同时，笔者并不赞同将权利要求书按文字表述的段落界限或标点符号的分割作为依据来分解技术特征，如果采用这种简单粗暴的方法分解，不仅会忽略必要技术特征中的已知技术特征，人为扩大涉案专利的保护范围，更会因为忽略技术单元间的功能等关系，使得分解出的技术特征在实际操作中难以达到比对目的，或者说难以服众。① 在前文中，笔者为技术特征作出了如下定义——技术特征是指通过某一具体特定的手段实现独立功能，且对整体技术方案产生独立技术效果，本领域普通技术人员在被诉侵权行为发生时需经过创造性劳动才能得出的技术单元或者技术单元的集合。那么，我们可以利用以上定义中的四个要素来规定一个技术特征分解的基本方法。在手段、功能、效果和连接关系四个要素构造出的一个技术特征中，我们通常认为手段、功能和效果为主要区别要素，连接关系为次要区别要素。因此，在进行技术特征分解时，首先可根据结构或步骤中的功能和效果进行技术单元的分解，将其中实现同一或相似功能和效果的技术单元组合为一个技术特征，然后，再根据连接性和其他综合相关问题进行调整。

需要说明的是，对方法专利的技术分解时应特别注意方法专利中的实施步骤顺序是否应予以考虑。在司法实践中，国务院专利行政部门的经验可以为我们提供一些参考。国务院专利行政部门在专利授权、确权程序中，一般根据各步骤在权利要求中记载的顺序对权利要求进行审查，而不会将权利要求的保护范围解释为能够以任意顺序实施各步骤。也就是说，对于存在步骤顺序的方法发明，步骤本身以及步骤之间的顺序均应对专利权的保护范围起到限定作用。当某一方法专利在权利要求书中未明确限定实施的步骤顺序，那么需要结合说明书和附图、审查档案、权利要求记载的整体技术方案以及各个步骤之间的逻辑关系，从本领域普通技术人员的角度出发确定各步骤是否应当按照特定的顺序实施。既不是一次性否定步骤顺序调换后的实施方案，也不是将保护范围放宽至步骤顺序的任意组合。如何在技术特征分解时直接将步骤顺序纳入考虑？例如，OBE—工厂·翁玛赫特与保姆盖特纳有限公司诉浙江康华眼镜有限公司侵犯发明专利权纠纷申请再审一案②。涉案专利的权利要求1中包含四个步骤：供料步骤、切割步骤、冲压步骤和冲孔步骤，

---

① 罗璇. 侵犯专利权司法鉴定中的技术特征分解［D］. 西南政法大学硕士学位论文，2017.
② 参见最高人民法院〔2008〕民申字第980号民事裁定书及北京市高级人民法院〔2006〕高民终字第1367号民事判决。

且在对这四个步骤进行深入研究后认定其具有特定顺序，不可任意调换，那么其技术特征可以分解为：（1）铰链由至少一个外壳、一个铰接件和一个弹簧构成；（2）提供一个一用于形成铰接件的金属带；（3）在提供的金属带上切割出大致与铰接件外形一致的区域；（4）切割后通过冲压形成一个圆形部分以形成铰接件的凸肩；（5）冲压后冲出铰接件的铰接孔。

对于这类拥有特定步骤不可任意调换的实施方案，其在进行技术特征分解时，仅需要对步骤在后的技术特征进行限定，即可实现将步骤顺序纳入技术特征分解。那么当权利要求书中的步骤顺序可以调换时，如何进行技术特征分解？假设本案中的冲压步骤和冲孔步骤是可以调换，那么将其进行技术特征分解后不再是上述的五个技术特征。由于冲压步骤与冲孔步骤可以调换，无论是先冲压还是先冲孔，两个步骤合在一起时总能实现同一功能，所以，可以将冲压步骤和冲孔步骤合为一个技术特征。那么，此时的技术方案可以分解为以下四个技术特征：（1）铰链由至少一个外壳、一个铰接件和一个弹簧构成；（2）提供一个用于形成铰接件的金属带；（3）在提供的金属带上切割出大致与铰接件外形一致的区域；（4）切割后进行冲压、冲孔形成凸肩和铰接件的铰接孔。

综上所述，将步骤顺序纳入技术特征分解的主要思路在于，对具有特定顺序、不可任意调换步骤的技术方案，在进行技术特征分解时，需要对步骤在后的技术特征进行限定；对于步骤可以调换的技术方案，可以将即使调换顺序也能够实现同一功能的步骤组合为一个技术特征。

3. 对被控侵权产品进行技术分解

该步骤在实践中应当与以上第二个步骤同步进行，应当注意在将涉案专利的权利要求内容同行为人被控侵权产品或方法的技术方案进行比对时，落脚点还是技术特征，而非宏观的权利要求内容。[①] 实践中，存在因鉴定人员对被控侵权产品的技术分解出现严重瑕疵而使得鉴定意见不被法官采信的案件。例如，2015 年惠普向上海知识产权法院起诉上海胤嘉制造、销售、许诺销售的 HP818XL 黑色的墨盒产品侵犯了其一款名称为"具有与晶体管作用区

---

① 罗璇．侵犯专利权司法鉴定中的技术特征分解［D］．西南政法大学硕士学位论文，2017．

重叠的接地母线的喷墨打印头"的发明专利（专利号：ZL01813341. X）。惠普委托某司法鉴定机构对 HP818XL 黑色的墨盒产品与其前述发明专利的技术特征的相同或等同情况进行了司法鉴定。该鉴定机构仅通过反向工程中的一张照片就指认出 HP818XL 黑色的墨盒产品的芯片中与技术特征（A）（B）（C）和（D）相同的技术特征。随后，该鉴定意见收到被告上海胤嘉的质疑，上海胤嘉在质证意见中认为该次鉴定的鉴定分析手段是不可靠的，芯片的构成需要通过多种数据和不同层面、截面的照片、能量分析等综合判断推理得到，仅依据一张图中的简单标记是不可能得到芯片的具体部件，也无法得到其所对应的电原理结构。最终，该鉴定意见未被案件的审理法官采信。

4. 被控侵权产品或方法的技术特征与专利的技术特征比对

该步骤的进行是以前两个步骤的正确完成为前提。若在对被控侵权产品或方法的技术分解时或在归纳、分解专利技术特征时出现了对某个技术特征的遗漏、重叠都会影响该步骤中的对比工作。进行技术特征的对比时，建议采用表格的形式将专利的技术特征与被控侵权产品或方法的技术特征清楚地填入表格的两列，并把两种相同或等同的技术特征填在表格同一行，最后一列发表两者是否相同或等同的鉴定意见。这种方法可以使得鉴定报告的阅读者能清晰地分辨被鉴定专利的技术特征有多少是与被鉴定的被控侵权产品或方法的技术特征相同或等同。在鉴定书中还应该对既不相同，也不同等的技术特征进行进一步分析说明。在技术特征不相同的情况下，需要进一步考量是否等同？重点包括采用的手段、实现的功能、达到的效果是否相同？认定时一是需要从本领域技术人员的角度来观察，二是需要考虑是否不需要经过劳动创造就能联想到。

5. 出具鉴定意见

鉴定人员最后出具的鉴定意见是其对委托事项的鉴定意见，往往也是案件的事实认定的核心部分，可以影响案件的审判走向。故鉴定人员在出具鉴定意见时，一定要以前述步骤的完成为前提，且切记不能出现前后矛盾之处。另外，在实务中，很多司法鉴定意见出现了"以鉴代审"的情况，超越鉴定范围，对案件争议进行法律适用，最常见的就是在鉴定意见中描述"被控侵权产品的技术特征的全部技术特征与专利技术特征相同或等同，根据《专利法》及其实施条例的有关规定，××公司的××行为侵犯了专利权人的专利权"。这类鉴定意见就属于画蛇添足，鉴定人员认定被鉴定产品的技术特征与被鉴定专利的技术特征相同或等同，其鉴定任务即完成。而被告人的行为是否属于侵犯专利权行为应当由法官去裁决，更何况即使被控侵权产品的技术特征全部覆盖了专利的技术特征，被告人也还有其他抗辩事由证明自身的行为未侵权。

综上，我们可以知道，鉴定人员最后出具的鉴定意见书为其完成受托任务的成果，该成果的质量的好坏在于鉴定人员的专业知识及其采用的科学方法，鉴定人员不得跨越自己作为技术专业领域鉴定人员（认识事物本质而不做价值判断）的身份去充当司法裁判者的角色。因此，建议鉴定人员对于被控侵权产品或方法的技术特征与专利技术特征相同或等同情况进行鉴定时，应根据具体的鉴定情况在以下范围内发表鉴定意见：

（1）被控侵权产品或方法的技术特征与专利技术特征存在哪些特征相同或等同。此时，鉴定意见可陈述两种具体相同的技术特征、等同的技术特征的具体名称及数量；既不相同也不等同的技术特征的名称及数量。

（2）被控侵权产品或方法的技术特征完全覆盖专利技术特征。此时，被鉴定专利的技术特征都能被鉴定的被控侵权产品或方法中找到相同或等同的技术特征，根据《最高人民法院关于审理侵犯专利权纠纷案件应用法律若干问题的解释》第7条第2款规定，被诉侵权技术方案包含与权利要求记载的全部技术特征相同或者等同的技术特征的，人民法院应当认定其落入专利权的保护范围。但在此种情况下，鉴定人员也不能超越鉴定范围发表表明侵犯专利权的意见，可将被控侵权产品或方法与专利的技术特征的名称及数量分别进行陈述，再陈述两种相同或等同的技术特征的名称及数量，该鉴定报告的阅读者自然可以得出被控侵权产品或方法的技术特征已全面覆盖了专利的技术特征这一结论，而究竟是否涉及侵权，应由法官等裁判人员结合其他因素进行裁决。

也就是说，我们比较赞成鉴定意见书具体表述为："争议产品的技术特征与权利人专利权利书中的技术特征比对，有×个技术特征构成相同，有×个技术特征构成等同，有×个技术特征既不相同也不等同。"

（二）鉴定被控侵权产品或方法的技术方案是否为现有技术的基本步骤

对被控侵权产品或方法的技术方案是否为现有技术的鉴定一般采用的鉴定方法也为对比法。具体步骤如下：

（1）检材的审查；

（2）对被控侵权产品或方法进行技术分解；

（3）确定委托人（一般是被告人）举证的现有技术方案的公开时间；

（4）归纳、确定委托人（一般是被告人）举证的现有技术方案的技术特征；

（5）对被控侵权产品或方法的技术特征与举证的现有技术方案的技术特征进行对比分析，判断两者是否相同或等同；

（6）出具鉴定意见。

以上鉴定步骤与前文"鉴定被控侵权产品或方法的技术特征与专利的技术特征相同或等同情况"的基本步骤大体相同（第三个步骤为确定举证的现有技术方案的公开时间为两者不同之处），但是该类型的鉴定的基本步骤与鉴定被控侵权产品或方法的技术特征与专利的技术特征是否相同或等同的基本步骤还是存在以下关键性的区别。

（1）鉴定对象的不同。因提出"被控侵权产品或方法的技术方案是否为现有技术"这一问题为专利诉讼中被告比较常用的抗辩方式，而且法官是没有责任去解决也不能主动提出这种抗辩方式去认定被告的侵权产品或方法的技术方案是否为现有技术这一问题，同样原告一般不可能去提出此种对被告有利的事由，这不符合其诉讼的目的。因此，该类型的司法鉴定的委托人一般为诉讼案件中的被告人，且被告人需提供其举证的一项或多项现有技术（若存在专利复审委员会对专利进行过无效宣告请求审查的，鉴定人员可以借用审查决定中引用的最接近现有技术，但有时委托人也未举证任何现有技术，需要鉴定人员的检索能力与专业能力为其判断），此时鉴定人员通过自身的鉴定方法对被控侵权的产品或方法的技术方案与该举证的一项或多项现有技术进行技术特征进行对比。所以，此种鉴定类型中鉴定对象存在不确定性。而与之相反，在鉴定被控侵权产品或方法的技术特征与专利的技术特征相同或等同情况时，无论委托人是案件当事人还是审理案件的法院，鉴定人员的鉴定对象是固定的，即为被控侵权产品或方法与专利的权利要求。

（2）鉴定意见的表述不同。在"鉴定被控侵权产品或方法的技术特征与专利的技术特征相同或等同情况"时，鉴定人员只需在鉴定意见部分陈述相同技术特征情况及等同技术特征情况，而不能陈述两者的技术方案的技术特征的覆盖与否甚至是否侵权的问题。相反，在"鉴定被控侵权产品或方法的技术方案是否为现有技术"时，鉴定人员除了要在鉴定意见部分陈述相同技术特征情况外，如被控侵权产品或方法存在与现有技术不同的技术特征，鉴定人员在鉴定意见中必须明确陈述清楚。这是因为被控侵权产品或方法与现有技术的技术特征若存在不相同或等同之处，被控侵权产品或方法的技术方案就有可能属于现有技术，[①] 此时鉴定人员应作出相应的鉴定意见。另外需要强调的是，由于认定被控侵权产品或方法的技术方案是否为现有技术，是鉴定人员凭借自身的专业知识，参照有关国家标准、技术标准、行业规范或某一行业多数专家认可的技术方法对客观事实的认定结果，所以鉴定人员可以在鉴定意见书中直接认定被控侵权的产品或方法的技术方案是否为现有技术。

第四节　外观设计专利司法鉴定的基本方法和基本步骤

一、外观设计专利司法鉴定概述

（一）外观设计专利司法鉴定的意义

在外观设计侵犯专利权纠纷案件中，原告主张被控侵权产品采用了与其外观设计专利相同或近似的外观设计，从而指控被告侵犯其外观设计专利权。

---

① 《最高人民法院关于审理侵犯专利权纠纷案件应用法律若干问题的解释》第14条第1款规定："被诉落入专利权保护范围的全部技术特征，与一项现有技术方案中的相应技术特征相同或者无实质性差异的，人民法院应当认定被诉侵权人实施的技术属于专利法第六十二条规定的现有技术。"

《专利法》第 59 条第 2 款规定："外观设计专利权的保护范围以表示在图片或者照片中的该产品的外观设计为准，简要说明可以用于解释图片或者照片所表示的该产品的外观设计。"

《最高人民法院关于审理侵犯专利权纠纷案件应用法律若干问题的解释》第 8 条规定："在与外观设计专利产品相同或者相近似种类的产品上，采用与授权外观设计相同或者近似的外观设计的，人民法院应当认定被诉侵权设计落入专利法第五十九条第二款规定的外观设计专利的保护范围。"该司法解释第 11 条规定："人民法院认定外观设计是否相同或者近似时，应当根据授权外观设计、被诉侵权设计的设计特征，以外观设计的整体视觉效果进行综合判断；对于主要由技术功能决定的设计特征以及对整体视觉效果不产生影响的产品的材料、内部结构等特征，应当不予考虑。下列情形，通常对外观设计的整体视觉效果更具有影响：（1）产品正常使用时容易被直接观察到的部位相对于其他部位；（2）授权外观设计区别于现有设计的设计特征相对于授权外观设计的其他设计特征。被诉侵权设计与授权外观设计在整体视觉效果上无差异的，人民法院应当认定两者相同；在整体视觉效果上无实质性差异的，应当认定两者近似。"

从以上法律规定，我们可以得出这样的结论：在此类案件中，判断被控侵权产品是否侵犯原告的外观设计专利权的关键，是被控侵权产品的外观是否与原告的外观设计专利的外观设计在整体视觉效果上相同或者实质相同。

在实践中，判断被控侵权产品的外观与原告的外观设计专利的外观设计是否相同或近似，是一项复杂的、专业的问题。特别是对被控侵权产品外观与原告外观设计专利的外观设计的近似性问题进行认定，既涉及客观事实的认定，又涉及法律适用的问题，这在实际的案件审理过程中，面对双方当事人的陈述及争辩，让法官无所适从。司法鉴定机构作为独立的第三方专业机构，其鉴定人员以其专业知识采用科学的鉴定办法，对被控侵权产品的外观与原告的外观设计专利的外观设计是否相同或近似进行客观公正地认定结论，往往对案件审理中法官对双方当事人就此争议事实问题的认定起到重要的支持作用。同时，该鉴定内容往往涉及案件最为核心的部分，对于法官认定当事人是否构成侵权，形成内心确认有相当大的作用，这也是双方当事人如此关注鉴定意见利害与否的原因。①

（二）外观设计专利司法鉴定的鉴定对象

从以上的法律规定可知，外观设计专利权的保护范围以表示在图片或照片中的该产品的外观设计为准，简要说明可以用于解释图片或照片所表示的该产品的外观设计。因此，外观设计专利权的保护客体不是产品本身，而是专利权人拟使用在某种产品外观上的设计方案。在外观设计专利司法鉴定中，司法鉴定的鉴定对象一般为原告的外观设计专利的授权文件中的图片或照片和被控侵权产品。

（三）外观设计专利司法鉴定的鉴定重点

1. 鉴定人员的鉴定视角

根据《最高人民法院关于审理侵犯专利权纠纷案件应用法律若干问题的解释》第10条②的规定，对被控侵权产品、原告外观设计专利两种之间的外观设计的整体视觉效果进行比较时，鉴定人员必须以外观设计专利产品的普通消费者的视角去观察。这是因为外观设计专利是一种创新型知识产权成果，权利人对其被授权的专利享有的禁止他人未经许可使用该专利制造、销售产品等行为，因为该行为直接使得行为人利用权利人的创造成果获得经济利益。而这种创造成果的价值就在于其能为产品消费者所认可、感受，使消费者自愿支付对价去购买此种添加了创造因素，与现有设计存在一定差异的产品。

2. 鉴定要部的选择

根据《最高人民法院关于审理侵犯专利权纠纷案件应用法律若干问题的解释》第11条③的规定，外观设计专利产品的消费者在正常使用该产品时容

---

① 许铭成. 专利技术司法鉴定制度研究［D］. 西南政法大学硕士学位论文，2016.

② 该条规定："人民法院应当以外观设计专利产品的一般消费者的知识水平和认知能力，判断外观设计是否相同或者近似。"

③ 该条规定："人民法院认定外观设计是否相同或者近似时，应当根据授权外观设计、被诉侵权设计的设计特征，以外观设计的整体视觉效果进行综合判断；对于主要由技术功能决定的设计特征以及对整体视觉效果不产生影响的产品的材料、内部结构等特征，应当不予考虑。下列情形，通常对外观设计的整体视觉效果更具有影响：（1）产品正常使用时容易被直接观察到的部位相对于其他部位；（2）授权外观设计区别于现有设计的设计特征相对于授权外观设计的其他设计特征。被诉侵权设计与授权外观设计在整体视觉效果上无差异的，人民法院应当认定两者相同；在整体视觉效果上无实质性差异的，应当认定两者近似。"

易直接观察到的部位相对于其他部位，通常对外观设计的整体视觉效果更具有影响，对于主要由技术功能决定的设计特征以及对整体视觉效果不产生影响的产品的材料、内部结构等特征，在司法鉴定中也应当不予考虑。所以，司法鉴定人员在鉴定之前应根据专利产品的用途性质及该种产品相关消费者的使用习惯，确定能给该外观设计专利产品的整体外观视觉效果产生较大影响的部分，我们可以称该等部位为鉴定的"要部"。例如，在罗托克控制有限公司等诉上海澳托克数字仪器有限公司等侵犯外观设计专利权纠纷案中，司法鉴定机构受审理法院的委托向后者提供鉴定咨询意见，该鉴定机构在咨询意见中认为："涉案专利与被控侵权部件在使用状态时是以左、右二侧和顶部面对使用者的，因此左、右视图和俯视图上的外观设计形状将首先引起消费者的注意，所以上述三部分的外观设计形状应作为要部来判断。"①

二、外观设计专利司法鉴定的基本方法

目前，司法鉴定机构在鉴定被控侵权产品的外观与原告外观设计专利的图片或照片是否相同或近似时，采用的鉴定方法一般为对比法。首先对比分析被控产品和原告外观设计专利之间的外观设计的设计特征是否存在差异；然后以被控产品和原告外观设计专利之间的外观设计在设计特征上的差异为基础，对比两者在整体视觉效果上是否存在差异。另外，在实践中存在法院已判决的案例中，将被控侵权产品与外观设计专利产品进行对比，如果两者完全相同，则结合其他案件事实作为支持认定外观设计侵犯专利权的行为的依据。故外观设计专利产品是否为鉴定对象，还需斟酌，因本书篇幅及主题限制，该问题就不在此展开讨论。

三、外观设计专利司法鉴定的基本步骤

根据客观、公正、科学的原则，司法鉴定人员应遵循相关法律规定及本鉴定机构的自律规则，按照一套基本的鉴定步骤开展相关鉴定活动，司法鉴定人员在外观设计专利司法鉴定中也应如此。前面我们讲到了发明专利、实

---

① 参见上海市第二中级人民法院〔2005〕沪二中民五（知）初字第26号民事判决书。

用新型专利的鉴定步骤，与其相比，可能有人会认为，外观设计专利的相关鉴定更为简单，仅需要将被控侵权产品的外观与专利文件的图片或照片进行对比判断就能得出结论，而事实上并非如此。结合笔者的司法鉴定实践，笔者认为对"被控侵权产品与原告外观设计专利的外观设计方案是否相同或近似"及"被控侵权产品的外观设计是否为现有设计"的司法鉴定，建议分别按照以下步骤进行。

（一）鉴定被控侵权产品与原告外观设计专利的外观设计方案是否相同或近似的基本步骤

1. 检材的审查

该部分与发明专利、实用新型专利的司法鉴定相同，相关注意事项详见本章第三节所述部分。

2. 分解原告的外观设计专利的设计特征

司法鉴定人员应当结合外观设计专利的授权文件中的图片或照片及简要说明，对该专利的设计特征进行分解，最后归纳出该专利在图案、颜色、形状方面的设计特征。

3. 对被控侵权产品的设计特征进行技术分解

对比以上第二个步骤，将被控侵权产品的设计特征进行技术分解，对该产品的主视图、俯视图、左视图进行拍照固定，对产品外观图案、颜色、形状进行准确的文字描述并将相应的照片添加到鉴定报告正文中，以便该鉴定报告的阅读者进行视觉上的对比。

4. 被控侵权产品与原告的外观设计专利的设计方案的比对

通过列表格的方式对被控侵权产品与原告的外观设计专利的设计方案从整体到局部在视觉上进行对比分析，对两者要件及非要件中的差异部分必须准确描述，尽量采用行业术语。例如，在罗托克控制有限公司等诉上海澳托克数字仪器有限公司等侵犯外观设计专利权纠纷案中，审理法院委托上海公信杨知识产权司法鉴定所就涉案专利与被控侵权执行器中相对应的部件的外观是否相同或相似进行技术咨询。该鉴定机构在其咨询意见中认为："两者的外形都由机体及底座、前后端开口段、电机盒、齿轮箱和传动部外壳等主要构件组合而成，基本结构是：机体上部与前、后端开口段一体连接，机体下部为与之构成一体的机座，电机盒位于前端开口段的一侧，齿轮箱位于前端开口段的另一侧，传动部外壳位于前端开口段的下部的机体上，并与齿轮箱相连。从整体形状综合观察，两者的前、后端开口段均呈三段式结构，但两者的直径及长度尺寸比例有一定差距，对整体的视觉效果具有显著影响。涉案专利的前端开口段上具有一圆管形电池匣，在后端开口段上具有左、右对称设置的两对管体，而被控侵权部件上没有此两构件。涉案专利的齿轮箱盖之上端圆盘形盖板部进一步向上凸起，外侧设置有一手轮盘，手轮盘边缘处设有一手柄；而被控侵权部件的齿轮箱盖未进一步凸起，箱盖顶面呈平面，在齿轮箱盖的上半部中心处伸出一方形轴头，可供装一'折杆'型摇手柄，所述'折杆'型摇手柄的结构、外形均与专利的圆盘形手轮有较大差别。两者的电机盒形状不完全相同，但只是盖子的深浅差别，对整体的视觉效果不具有显著影响。两者的传动部外壳的不同之处仅在于左端'封头'是锥形还是平面，没有实质性差别。两者的底座结构基本相同。"①

5. 出具鉴定意见

经过上一步骤的对比分析，鉴定人员可以全部、综合地把握被控侵权产品与原告的外观设计专利的设计方案之间的差异。鉴定人员应当根据以上步骤中的鉴定分析，在鉴定意见中对两者在整体视觉、局部要部设计特征上的差别情况进行陈述，但切记不可对两者在整体视觉效果上是否无差异发表意见。因为根据当前侵犯外观设计专利权利行为的认定模式和相关规则，被控侵权产品与原告外观设计专利的技术方案在整体视觉效果上有无差异的判断，其效果等价于侵权成立与否（在无其他抗辩事由的前提下）。

例如，在鞍钢附企冷轧经贸有限公司与上海宝德联实业发展有限公司侵犯外观设计专利权纠纷案中，法官论述道："判断被控侵权产品与原告的外观设计专利是否构成相同或者相近似，应当以一般消费者的审美观察能力为标准，而不应当以该外观设计专利所属领域的专业技术人员或者专家的审美观察力为标准。一般消费者仅对被控侵权产品的同类或者相似的产品的外观

① 参见上海市第二中级人民法院〔2005〕沪二中民五（知）初字第26号民事判决书。

设计状况具有常识性的了解，对产品外观设计之间在形状、图案以及色彩上的差别具有一定的判断力，但不会注意到产品的形状、图案以及色彩的微小变化。"① 在该案中，被告委托上海公信扬知识产权司法鉴定所就草支垫产品的外观形状是否与专利号为 ZL98321782.3 的支垫（4）外观设计专利相同或相似进行司法技术鉴定，该司法鉴定所于 2007 年 5 月 16 日作出《司法鉴定书》，其鉴定意见为：委鉴产品"草支垫"与支垫（4）（ZL98321782.3）外观设计专利两者是既不相同也不相近似的外观设计。该鉴定意见受到原告的质疑，并最终未被法官采信。

又如，在福建省晋江市远方陶瓷有限公司与福建省晋江市晋成陶瓷有限公司侵害外观设计专利权纠纷上诉案中，北京紫图知识产权司法鉴定中心出具的鉴定报告书作出以下鉴定意见："被控侵权产品在设计风格、设计要素上与本诉专利相近似，完全落入本诉专利的保护范围。"虽然该案件法官认定侵权事实，但在论证部分未参考该鉴定意见。

总之，即使委托人委托的鉴定事项是为"××产品与××外观设计专利的设计方案是否相同或近似"，鉴定人员在鉴定意见中也不能作出此种判断，只能通过鉴定去认定其两者之间存在的差异情况，而不能对该等差异作出进一步的推断，因为这种推断是法官适用法律的范畴。

（二）鉴定被控侵权产品外观设计方案是否为现有设计

1. 检材的审查

参照鉴定被控侵权产品与原告外观设计专利的外观设计方案是否相同或近似的基本步骤。

2. 确定委托人（被告人）举证的现有设计的公开时间

只有现有设计的公开时间在原告外观设计专利权申请日之前，该现有设计被鉴定委托人作为对比设计以其被控产品的外观设计方案为该现有设计为抗辩事由才有意义。例如，2014 年 9 月 25 日，上海上信计算机司法鉴定所经永光公司（被告）委托，针对指定的"非睿莫思"及"eBay"网站上三个网页做真实性鉴定的委托事项，出具了上信司鉴所〔2014〕计鉴字第 020 号

---

① 参见上海市第二中级人民法院〔2007〕沪二中民五（知）初字第 60 号民事判决书。

司法鉴定意见书。该意见书载明：该所于 2014 年 9 月 19 日对 http：//www. freemerce. com/product/68403786、http：//www. ebay. com. hk/itm/digital – hearing – aid – battery – tester2211xxx645pt = uk_ health_ beauty_ mobility_ disability_ medical_ et&hash = item337dc6f3d5&_ uhb = 1 进行原始信息记录，使用 IE 浏览器打开相关网页提取 3 份网页快照信息，上述三个网页对应域名解析 IP 地址为 202. 91. 247. 61、202. 91. 247. 61、66. 211. 181. 182，前两个 IP 地址均在浙江省杭州市，第三个 IP 地址在美国，该三个 IP 地址均真实有效。前两个网页均显示"非睿莫思"代购网站的网页，网页中照片显示的产品均为助听器电池检测器（hearing aid battery tester），为 amazon. com 网站所售，价格分别 3. 99 美元和 8. 99 美元，上述商品信息均来自 amazon. com 网站，生成时间分别为 2014 年 1 月 22 日 22 点 52 分 3 秒、2014 年 1 月 31 日 18 点 3 分 24 秒。第三个网页显示是"eBay"网站的网页，网页中照片显示的亦为上述商品，价格为 6. 25 英镑，显示的上次更新时间为 2014 年 1 月 20 日 23 点 56 分 3 秒。该鉴定案例中，鉴定机构进行的只是网页鉴定，但其鉴定意见是为了对被告举证的现有设计的公开时间进行认定，如在本诉讼案件中"永光公司（被告）提供的司法鉴定意见书显示在'非睿莫思'等网站上登载有与被控侵权产品相同设计的产品图片，且产品图片的生成时间在涉案专利申请日之前，据此可以判断存在上述产品在涉案专利申请日之前就已公开销售这一事实的较大可能性，来松公司亦确认上述产品为其制造、销售，且销售时间还早于网页中显示的时间。"

3. 归纳、确定委托人（被告人）举证的现有设计的设计特征

参照鉴定被控侵权产品与原告外观设计专利的外观设计方案是否相同或近似的基本步骤。

4. 被控侵权产品与举证现有设计的比对

参照鉴定被控侵权产品与原告外观设计专利的外观设计方案是否相同或近似的基本步骤。

5. 出具鉴定意见

经过对比分析被控侵权产品与举证现有设计的差异后，鉴定人员在最终的鉴定意见中需说明两者是否存在差异，如有则还需详细陈述两者的差别之

处。同时，与对"被控侵权产品与原告外观设计专利的外观设计方案是否相同或近似"的鉴定不同，鉴定"被控侵权产品外观设计方案是否为现有设计"的鉴定意见中可以对被控侵权产品的外观设计是否为现有设计发表鉴定意见。

第五节　专利司法鉴定发展趋势

专利技术司法鉴定制度，无论是从立法层面抑或司法适用层面，都存在相应问题，需要予以完善。考虑到当前我国审理知识产权案件的司法实践和立法现状，结合专家辅助人制度、技术调查官制度与鉴定制度各自的职能和目标，在进一步完善专利技术司法鉴定制度的基础上，协同其他关联制度予以补充，具有现实可行性，对知识产权案件技术事实的厘清至关重要。诸如技术调查官制度和专家辅助人制度。

2014 年 12 月 31 日，最高人民法院结合韩国、日本和我国台湾地区的相关制度，公布了《关于知识产权法院技术调查官参与诉讼活动若干问题的暂行规定》，该规定共十条，结合当前实践中采用的专家辅助人、司法鉴定等技术事实查明机制，针对知识产权案件的各个流程环节，对技术调查官参与诉讼的方式、程序、效力等方面作出较为详细规定。具体包括技术调查官参与案件类别、参与方式、履行职责、法律地位以及技术审查意见的法律效力等，标志着技术调查官制度的正式确立。该规定第 1 条明确，技术调查官属于司法辅助人员，该条款包含两方面含义，一方面，技术调查官应当属于知识产权法院在编人员，有别于当事人聘请的专家辅助人和法院委托的专业咨询人员，旨在确保其履行职责的公平公正；另一方面，区别于德国专利法院中设置的技术法官，技术调查官的职能定位属于法官的技术助手，主要在于帮助法官厘清涉及专业领域的技术事实与争议焦点，为法官审理技术案件提供技术支持，其不属于审判人员，不具有审判权。

另外，《最高人民法院关于民事诉讼证据的若干规定》第 61 条规定，当事人可以向人民法院申请由 1 至 2 名具有专门知识的人员出庭就案件的专门性问题进行说明。人民法院准许其申请的，有关费用由提出申请的当事人负担。该条规定第一次提出了"专家辅助人"的概念。

一、技术调查官、专家辅助人制度和专利鉴定制度衔接的合理性

（一）最终目标的一致性

证据制度的设立是为了更加客观地还原案件事件真相，而专家意见制度则为这一目的提供了较大的便利。然而，专利技术司法鉴定制度的目标主要在于帮助当事人认识技术事实和帮助司法人员认定技术事实，而技术调查官制度和专家辅助人制度则作为处理专门性问题的另一种方式存在，仅是适用阶段和适用程序不同，其最终目标都旨在辅佐双方当事人及其司法人员分析技术疑难点和厘清技术争议焦点，当事人基于此可以更好地明确自身的权利范围，在庭审中能够针对性地展开充分辩论，进而充分主张自身合法权益；司法人员基于此可以更好地厘清案件技术事实，从而正确地适用法律，作出公平公正的裁决。

（二）与鉴定制度相辅相成

鉴定专家的主要工作在于对证据材料的辨识和比对，并形成专业鉴定报告。而技术调查官作为法官的技术助手，可以运用自身的专业知识，帮助法官理解、判读鉴定报告。因此，鉴定专家作为证据材料的解读者，技术调查官则作为鉴定报告的判读者，两者的分工不同。具体就专利技术鉴定而言，其包括两个层面，即鉴定工作的各个流程和流程背后的方法、原理及规范。第一层面，借助专门的设备、仪器对被控侵权产品进行测试和检验，得出相关数据，进一步撰写鉴定报告。这一部分工作由专门鉴定人员展开；第二层面，对鉴定报告中的专门用语是否恰当、逻辑推理是否合理、依据原理是否科学等要点，可由技术调查官进行逐一解析判断。

另外，随着科学技术的发展，能够被授予专利权的技术方案层出不穷、日新月异，技术方案所属的领域也是五花八门、较为繁杂，这也为当下的专利技术司法鉴定带来较大的挑战。在司法鉴定实践中将遇到越来越多的新问题与新知识，特别是针对某一些较为偏门、少有问津的专业领域，当前的司

法鉴定并不一定能够涉及。鉴定领域的扩展往往滞后于科学技术的革新，如果仅依靠司法鉴定制度来解决专门性问题，倘若出现的新问题超出司法人员的知识和经验范围，而且受限于仅有的鉴定领域，司法人员往往无所适从，对技术事实的认定不清或模糊认定，将导致裁判的不公进而激化矛盾。[①] 退一步讲，即使是针对现有的鉴定业务领域，由于现代科学研究逐渐倾向于精细化发展，相关的领域与学科之间，往往是"差之毫厘，谬之千里"，已有的鉴定人员仅精通于自己所专攻的一小块技术领域，对于关联学科缺乏透彻的研究。只有结合专家辅助人制度，才能避免大量的专利技术纠纷难以解决，从而缓解司法人员和鉴定人员穷于应对、捉襟见肘的局面。

二、技术调查官、专家辅助人制度和专利鉴定制度衔接的必要性

（一）技术调查官有利于法官审读鉴定报告

在知识产权诉讼中，法官由于缺乏对技术问题判断的必要能力，对于专门性的问题即难以认定的事实问题一般委托相关鉴定机构予以鉴别。鉴定报告往往关系到侵权事实认定的核心问题，因此法官对鉴定报告的判读则成为案件审理的关键。一方面，面对充斥着专业术语、实验数据以及推导公式的鉴定报告，没有专业背景知识的法官往往一头雾水，导致法院对鉴定意见的疏于审查、审查流于形式，甚至出现"以鉴代审"的现象；另一方面，由于各自的专业壁垒，法官与鉴定人员的沟通经常存在障碍。鉴定人员由于缺乏专业的法律知识或对法律规定理解有误，法官由于技术领域知识的空缺而对某些专业用语的理解不当，最终导致了双方沟通不畅，相互误解的局面。而技术调查官的引入无疑是在法官与鉴定人员之间搭建了沟通的桥梁，既有助于法官深入理解鉴定意见与待证事实之间的关系，还有利于改善长期以来备受诟病的鉴定实务，促使鉴定人员充分履行自己的职责。

（二）专家辅助人为当事人充分参与鉴定活动提供可能

首先，侵犯专利权诉讼中的当事人，并不一定为该专利技术方案的发明

[①] 许铭成. 专利技术司法鉴定制度研究 ［D］. 西南政法大学硕士学位论文，2016.

人，可能仅为独占许可人、排他许可人或者受让人，上述主体对该发明创造的技术内容并不一定拥有较为透彻、全面的理解，这就有碍于当事人对案件具体技术争议焦点的厘清以及对鉴定意见提出异议，专家辅助人的存在补全了当事人在专业技术知识方面的短板。其次，当事人通过向法院申请委托或者自行委托鉴定机构，鉴定机构依据委托事项作出鉴定意见，该鉴定过程几乎没有当事人的参与，缺乏对鉴定活动的监督，从而导致鉴定意见的随意性。究其原因，当事人缺乏相关专业技术知识，即使全程参与鉴定活动，也难以指出鉴定过程中出现的问题，即使对得出的鉴定意见抱有怀疑也无济于事。而聘请专家辅助人参与鉴定过程，可以协助当事人从鉴定人员的鉴定水平、鉴定程序的合理性和科学性、鉴定手段与方法是否符合标准等方面对鉴定活动提出质疑，从而保障鉴定意见的公正性与正确性。

（三）有利于鉴定人出庭充分质证

目前，鉴定人出庭作证已经逐渐增多。但是鉴定人出庭作证的质证环节，无论是法官抑或当事人，其提出的问题更多停留在形式层面，难以切中技术要点和争议点。而技术调查官和专家辅助人的参与，能够协助法官和当事人提出实质性问题，具体细化到对鉴定意见的某个依据、某个技术环节的询问，这也使得鉴定人在鉴定过程更加要求认真谨慎，努力提高自身的业务水平，进一步约束鉴定人因明显错误、重大过失甚至主观故意而作出的错误鉴定。

当下，专利司法鉴定仍然是侵犯专利权案件中解决专门性问题的最主要手段，即使在其具体启动阶段和实施阶段存在一些问题，但在侵犯专利权诉讼中对于司法人员厘清技术争议焦点和认定技术事实有十分重要的作用。既然在实践中发现专利司法鉴定存在的问题，就应该引起理论界和实务界的充分重视，从我国司法实践的具体实际出发，不断地探讨问题来源，制定符合中国国情的专利技术司法鉴定操作规范和鉴定标准。

通常，制度的发展往往滞后于现实的需要。侵犯专利权案件中的司法鉴定同样如此，仅有司法鉴定的有关规定难以应对现实的变化莫测、层出不穷。具体到每个案件中，由于案情各不相同，单单凭借统一的操作规范和鉴定标准来适用所有情况欠缺妥当。因此，只有通过实践不断地总结经验，协同关联技术事实认定制度，对标准与规范作出适时的调整，才能使得侵犯专利权案件中的司法鉴定跟上现实的步伐。

第六节 专利司法鉴定案例

2000 年司法部发布《司法鉴定执业分类规定》，知识产权司法鉴定作为 13 类司法鉴定事项之一，第一次明确知识产权司法鉴定的概念及其性质，确立了知识产权司法鉴定的法律地位，然而却并没有对相关实体和程序问题予以规定，更没有对知识产权司法鉴定等特殊鉴定具体而完善的规定，包括专利技术司法鉴定。[①] 故当前司法鉴定机构的鉴定程序未形成统一模式，在以下司法鉴定案例中可见一斑。

一、专利司法鉴定案例简介

（一）发明专利、实用新型专利司法鉴定案例

【案例 3-1】××司法鉴定机构司法鉴定意见书

委托人： ××药业股份有限公司。

委托鉴定事项： 鉴定该公司制备××的方法与××工业公司中国专利 ZL9×××××××的制备方法的必要技术特征是否相同或者等同。

委托人提供的鉴定材料：

（1）××公司制备×××的方法——×××生产工艺的研究资料及文献资料（本案以下简称××方法）；

（2）××工业公司中国专利 ZL9×××××××，发明名称：制备一种噻吩并苯并二氮杂卓化合物的方法，授权公告日：19××年×月×日，授权公告号：CN10×××××（本案以下简称本专利）；

（3）××××公司中国专利 ZL03×××××××，发明名称：制备×××

---

① 许铭成. 专利技术司法鉴定制度研究［D］. 西南政法大学硕士学位论文，2016.

及其中间体的方法，授权公告日：20××年×月×日，授权公告号：CN10××××× 。

法律依据：

根据《专利法》第59条第1款的规定和《最高人民法院关于审理侵犯专利权纠纷案件应用法律若干部问题的解释》的有关规定。

分析说明：

1. 本专利保护的技术方案

本专利授权公告的权利要求1如下。

一种制备2—甲基—10—（4—甲基—1—哌嗪基）—4H—噻吩并〔2，3—b〕〔1，5〕苯并二氮杂卓，或其酸加成盐（本案以下简称式Ⅰ化合物）的方法。

所述方法包括：

（a）使N—甲基哌嗪与下式的化合物（本案以下简称式Ⅱ化合物）反应，式中Q是一个可以脱落的基团，或

（b）使下式的化合物（本案以下简称式Ⅲ化合物）进行闭环反应。

从上述描述可知，本专利的技术方案包括两种制备方法，即方法（a）和方法（b）。

2. 委托人提供的技术方案（即××方法）

以2—甲基—4—氨基—10H—噻吩并〔2，3—b〕〔1，5〕苯并二杂氮卓盐酸盐（产物4）为原料，首先与哌嗪反应生成中间产物。然后，中间产物再与甲醛和甲酸反应制得奥氮平。

3. 比较分析

首先对本专利技术方案与××方法作出对比。

（1）本专利与××方法是否相同

通过××方法与本专利的技术方案相比可以看出：

①最终产品相同

××方法合成的×××与本专利的技术方案合成的式Ⅰ化合物是相同的产品。

②反应原料不完全相同

××方法：使用四种原料（产物4、哌嗪、甲醛、甲酸）。

本专利的方法（a）：使用二种原料（式 II 化合物、N—甲基哌嗪）。

本专利的方法（b）：使用一种原料（式 III 化合物）。

当式 II 化合物中的 Q 为 –NH2 时，产物 4 与式 II 化合物相同，因此××方法与本专利的方法（a）相比，除都采用了产物 4（式 II 化合物）作为原料外，其他的原料也有所不同。但是，产物 4（式 II 化合物）是一个不受任何专利保护的已知化合物。

××方法与本专利的方法（b）相比，所用原料完全不同。

③反应步骤不同

××方法：分两步，先使产物 4 和哌嗪反应得到中间产物，然后中间产物再与甲醛和甲酸反应制得最终产品。

本专利的方法（a）：式 II 化合物与 N—甲基哌嗪反应制得最终产品。

本专利的方法（b）：式 III 化合物进行闭环反应制得最终产品。

④收率不同

××方法：产率为 65%。

本专利方法：产率为 32%。

综上所述：××方法与本专利的技术方案（a）相比，反应原料不完全相同、反应步骤不同，最终产品的收率也不同。

××方法与本专利的技术方案（b）相比，反应原料不相同、反应步骤不同，最终产品的收率也不同。

可见，××方法与本专利保护的技术方案不相同。

（2）××方法与本专利的技术方案是否等同

①××方法的技术特征与本专利权利要求 1 中的相应技术特征相比，原料不同、反应步骤不同，并且××方法效果即产率（65%）明显高于本专利的技术方案的产率（32%）。

首先从两者的技术手段、实现的功能和达到的技术效果方面分析。鉴定人认为，本专利方法所生产的××产品是一类已知的 10—噻吩并［2，3—b］［1，5］苯并二杂氮卓类化合物中的一个特定化合物，并不是一个原创性新产品，这类化合物自 20 世纪 70 年代问世至今已经有多种制备方法公开。在化工领域，制备相同的化合物的方法可以使用多种不同的原材料和多种不同的反应路线，故不能因为最终产品相同而简单地认为其合成方法都是等同的，而应当按照司法解释规定的等同条件分析判断。××方法缺少本专利方法的必要原材料 N-甲基哌嗪，由此导致其反应步骤不同。在其反应过程中也始终未出现 N-甲基哌嗪，但其产率高于本专利的技术方案的产率。由此可见，两者的"原材料"技术特征属于采用不同的技术手段，其实现的功能和达到的技术效果也不相同，不符合司法解释规定的等同条件。

②关于是否经过创造性劳动

应该指出，本专利保护的技术方案和××方法两者的反应路线和反应步骤明显不相同。本专利方法采用的是"一步反应"，而××方法采用的是"两步反应"。"一步反应"存在生产出的最终产品×××含有杂质多、得率低的缺陷，"两步反应"正是为了克服这种缺陷，经过大量的实验和反复多次的探索，将产物 4 首先和哌嗪反应，然后再与甲醛和甲酸反应制得最终产品。得到的最终产品的杂质少并且得率高，取得了明显的效果。产物 4 和哌嗪发生高度区域选择性反应得到中间体，以及中间体与甲醛和甲酸进行甲基化反应在本专利的技术方案中均得不到启示和教导，是需要经过创造性劳动的。

还应指出，在化工产品的合成路线设计中，如何利用已知反应，设计出合理、有效的合成路线是需要付出创造性劳动的。对本领域的普通技术人员来说，通过阅读本专利的权利要求书和说明书中有关用 N—甲基哌嗪与式 II 化合物反应得到最终产物的技术方案的描述，或用式 III 化合物的闭环反应制得最终产物的描述，不容易也不敢贸然地联想到使用哌嗪来进行区域选择性反应得到中间体、然后再使用甲醛和甲酸的 N—甲基化反应来合成最终产物。而××方法通过对反应条件的大量筛选，创造性地实现了产物 4 和哌嗪之间的高度区域选择性反应，得到了中间产物。然后，再对中间产物进行 N—甲基化高产率地得到奥氮平。从二步反应的实际效果来看，××方法克服了本专利最终产品×××含有杂质多、得率低的缺点。

鉴定人依照司法解释的规定对××方法与本专利保护的技术方案进行了全面的比较和分析，清楚可见，两者既不相同，也不等同。另外，与本专利相比，××方法具有显著的技术效果。

鉴定意见：综上所述，××方法与本专利保护的技术方案既不相同也不等同。

【案例3-2】××技术鉴定咨询意见

委托人：××知识产权代理有限责任公司。

委托鉴定事项：就委托人提供的名称为"防水连接插头"，专利号为ZL998××××实用新型专利（本案以下简称本专利：委托鉴定的资料1——授权公告号为CN2×××××Y的实用新型专利说明书复印件），与委托人提供的对比用涉嫌侵权产品的实物（本案以下简称样品）的技术内容进行比较和判断。

法律依据：《专利法》第59条及《专利法实施细则》的有关规定。

分析说明：

本专利授权的权利要求书包括了产品独立权利要求1的防水连接插头。本专利权利要求1的内容如下。

一种防水连接插头，包括内座、外壳体、导电铜片、盖板、电源线、保险丝及铜片，其特征在于：该内座的内缘间，设有防水隔板及凸肋，而其前端部插孔后方之间，设有弧形线槽及防水凸肋；而该外壳体内缘间设有滑槽及导槽，使其可分别与盖板的凸肋及内座的防水隔板相卡合，且于外壳体前端部内缘上设有一凹槽，可与内座的凸肋相结合；另于外壳体的前端下方设有一缺口，其纵向内缘壁上，分设有弧形线槽，而于弧形线槽的端面上设有数道防水凸肋，且该内座的凸肋恰与防水隔板垂直连接。

从对本专利权利要求1的分析，揭示出本专利权利要求1要求保护的防水连接插头技术方案包括如下两部分技术特征：

（1）与插头基本构成有关的特征：内座、外壳体、导电铜片、盖板、电源线、保险丝及铜片；

（2）插头防水结构：该内座的内缘间，设有防水隔板及凸肋，而其前端部插孔后方之间，设有弧形线槽及防水凸肋；而该外壳体内缘间设有滑槽及导槽，使其可分别与盖板的凸肋及内座的防水隔板相卡合，且于外壳体前端部内缘上设有一凹槽，可与内座的凸肋相结合；另于外壳体的前端下方设有一缺口，其纵向内缘壁上，分设有弧形线槽，而于弧形线槽的端面上设有数道防水凸肋，且该内座的凸肋恰与防水隔板垂直连接。

从本专利说明书中可以看出，本专利权利要求1所要求保护的防水连接插头主要是通过内座上的防水隔板、弧形线槽及防水凸肋与盖板，以及外壳上的弧形线槽和防水凸肋形成两个封闭的容置槽，当将导电铜片、电源线、保险丝及铜片安装后，所述容置槽与外界完全隔离，从而实现其防水目的；通过内座上弧形线槽及防水凸肋与外壳上的弧形线槽及防水凸肋共同作用，将电源线夹紧，从而防止电源线因摆动、拉扯而脱落。

专家组对委托人提供的涉嫌侵权的样品分析如下：样品是一种插头。该插头包括内座、外壳体、导电铜片、盖板、电源线、保险丝及铜片。内座上设有两个由一隔板分隔开的容置槽，容置槽内容纳电源线端部的附有弹片的导电铜片和保险丝，用以接续电源，该内座的前端部设有可连接电源的插孔，而其后端部纵向设有两通孔，用以供走线之用。电源线的导电铜片压置于内座内使其互相结合，并使导电铜片插置入内座所设的插槽内，同时将保险丝置入容置槽后，再将内座整体套入外壳体的空腔，予以套合。外壳体上方设有一窗口，该窗口与一盖板相配合。

从对样品的分析，揭示出样品的插头包括如下技术特征：

（1）插头包括内座、外壳体、导电铜片、盖板、电源线、保险丝及铜片；

（2）内座上设有两个由一隔板分隔开的容置槽，容置槽内容纳电源线端部的附有弹片的导电铜片和保险丝，用以接续电源；

（3）内座的前端部设有可连接电源的插孔，而其后端部纵向设有两通孔，用以供走线之用；

（4）电源线的导电铜片压置于内座内使其互相结合，并使导电铜片插置入内座所设的插槽内，同时将保险丝置入于容置槽后；

（5）内座整体套入外壳体的空腔，予以套合；

（6）外壳体上方设有一窗口，该窗口与一盖板相配合。

本专利授权的权利要求书仅有一项独立权利要求，即权利要求1涉及一种××防水连接插头（产品）权利要求。因此，专家组根据委托鉴定书提出的鉴定目的和要求，针对本专利权利要求保护的技术方案与涉嫌侵权样品的技术方案是否相同、等同，进行对比分析和判断。

1. 样品与权利要求 1 的技术方案的相同性判断

由于样品所含的特征 1—6 中没有包含本专利权利要求 1 的特征（2）中描述的内座的凸肋、弧形线槽、防水凸肋以及防水凸肋与防水隔板垂直连接等具体结构以及外壳上与其相配合的对应结构，如与盖板凸肋相卡合的滑槽、与内座凸肋相结合的凹槽、弧形线槽、防水凸肋。因此，本专利权利要求 1 的至少一项技术特征没有包括在样品中，样品与本专利权利要求 1 所述的发明不相同，也就是说，样品与本专利权利要求 1 是不相同的技术方案。

2. 样品与权利要求 1 的技术方案的等同性判断

样品技术方案的特征 1，即插头包括内座、外壳体、导电铜片、盖板、电源线、保险丝及铜片，与本专利权利要求 1 技术方案的特征（1）相同；样品的特征 2—6 中没有包含本专利权利要求 1 的特征（2）中所限定的与插头防水功能有关的如下具体结构，即内座的内缘间设有的防水隔板及凸肋，和其前端部插孔后方之间设有的弧形线槽及防水凸肋，以及该外壳体内缘间设有的分别与盖板的凸肋及内座的防水隔板相卡合的滑槽及导槽，还有于外壳体前端部内缘上设有的可与内座的凸肋相结合的凹槽；另外还有于外壳体的前端下方设有的弧形线槽，以及于弧形线槽的端面上设有的数道防水凸肋，同时该内座的凸肋恰与防水隔板垂直连接。

对于该领域所属普通技术人员来说，第一，权利要求 1 限定的技术特征（2）与样品的特征 2—6 不仅是文字描述上的不同，而且两者对于有关防水的实现方式是不同的，对于实现的功能以及由此产生的效果，两者在实质上亦不相同，样品所示的结构由于内座与外壳之间以及盖板与外壳之间存在缝隙，无法有效阻绝水的渗透，从而不能达到本专利所预期的完全防水的目的和效果。第二，通过阅读本专利权利要求和说明书，其权利要求 1 特征（2）是本发明为解决现有技术所存在的不能完全防水以及容易导致电源线脱落或造成电源短路危险的缺陷所必需的必要技术特征，通过在内座上设防水隔板、弧形线槽、防水凸肋与盖板，以及在外壳上设弧形线槽和防水凸肋形成两个封闭的容置槽，使得当将导电铜片、电源线、保险丝及铜片安装后，所述容置槽与外界完全隔离，从而实现其防水目的；通过内座上弧形线槽及防水凸肋与外壳上的弧形线槽及防水凸肋共同作用，将电源线夹紧，从而防止电源线因摆动、拉扯而脱落。由此可见，样品中不含本专利权利要求 1 中相应技术特征（2）的等同物或等同特征。

因此，通过以上分析可知，样品与本专利权利要求 1 不属于等同的技术方案。

鉴定意见： 综上所述，基于委托人提供的样品，样品中的插头与本专利权利要求 1 所要求保护的防水连接插头不相同且不等同。

【案例 3-3】关于江苏××有限公司节能型便携式防洪抢险泵涉嫌侵犯专利权的鉴定书

委托人： ××县公安局。

委托鉴定事项： 江苏××有限公司"节能型便携式防洪抢险泵"是否侵犯"大流量便携式永磁变频潜水泵"（ZL201××××××××）的专利权，即是否落入该专利保护范围。

鉴定原则： 鉴定机构和人员在遵循科学、客观、独立、公正的基础上，追求真实与严谨的原则开展鉴定工作。

鉴定方法： 依据委托人提供的鉴定材料，根据国家现行的法律法规，采用分析对比等方法进行鉴定。

法律依据：《专利法》《专利法实施细则》《司法鉴定人管理办法》《司法鉴定机构登记管理办法》。

鉴定程序：

（1）检材的检验及说明；

（2）检索及下载涉诉专利的授权公告文本，包括该专利的权利要求书、说明书及附图；

（3）分析涉诉专利的专利保护范围，分析专利要求书中记载的技术方案，归纳出其必要技术特征；

（4）对涉诉产品或方法的技术特征进行分析；

（5）对涉诉产品或方法与涉诉专利的技术特征进行比较。

鉴定意见： 以委托人提供的资料为基础，在没有其他反证的情况下，鉴定组认为：江苏××有限公司"节能型便携式防洪抢险泵"落入了"大流量便携式永磁变频潜水泵"（ZL201×××××××××）的专利权保护范围。

【案例3-4】××司法鉴定意见书

委托人：××人民法院。

委托鉴定事项：专利号为ZL981×××××的权利要求所记载的技术特征和被保全设备（型号YQJ—10）所采用技术方案中的相应的技术特征是否相同或等同。

鉴定程序：

（1）审核鉴定事项及鉴定材料。

（2）受理鉴定委托。

（3）成立鉴定组。

（4）实施鉴定：①根据专利号为ZL981×××××的权利要求1记载的内容，拆解对比权利要求的技术特征，解释技术术语含义；②根据"YQJ—10操作说明书""YQJ—10技术协议""零件明细表"和听证会上提交的答复意见中原告及被告共同认可的技术事实，提取被鉴定物的技术方案，确定其相应的技术特征；③对专利权利要求1记载的每个技术特征分别与被鉴定物的技术方案中的相应技术特征逐一进行对比分析。

（5）出具鉴定意见书。

鉴定意见：综合上述的详细分析，鉴定组认为，专利号为ZL981×××××的权利要求所记载的技术特征中，"由净化罐下部向上通入空气，直至净化剂的吸附物被全部清除"，与被保全设备（YQJ—10热处理气源净化设备）所采用技术方案中的相应技术特征——加热完毕后，由净化罐下部向上通入氮气——不相同且不等同；其余相应技术特征构成相同或等同。

【案例3-5】重庆市××知识产权司法鉴定所关于鉴定某产品是否侵犯专利权的鉴定意见

委托人：深圳××有限公司。

委托鉴定事项：被鉴定产品是否侵犯专利（专利号为ZL200×××××××××，发明名称为动态物理屏蔽净化器，制作方法及专用夹具）（以下简称鉴定专利）的专利权。

法律依据：《专利法》《最高人民法院关于审理侵犯专利权纠纷案件应用法律若干问题的解释》。

鉴定程序：

（1）通过国家知识产权局官网检索被鉴定专利的法律状态信息及独立权利要求，对被鉴定产品的组成部分进行分解；

（2）对被鉴定专利、被鉴定产品的技术特征进行分解；

（3）对被鉴定专利与被鉴定产品的技术特征的侵权对比分析。

鉴定意见：被鉴定产品的技术方案包含了被鉴定专利的独立权利要求1记载的全部技术特征，根据全面覆盖原则，被鉴定产品侵犯被鉴定专利的专利权。

【案例3-6】重庆市××司法鉴定所鉴定意见书

委托人：××中级人民法院。

委托鉴定事项：

（1）被告产品设置在同一平面内的辐条直径与辐条的根数的积的值是多少？

（2）辐条的直径为多少毫米？

（3）被告产品的六边形辐条（横切面为六边形的辐条）的内径和外径。

（4）在除尘净化空气的过程中，被告产品采用六边形辐条和原告专利采用圆形辐条（横切面为圆形的辐条）是否是以基本相同的手段、实现基本相同的功能、达到基本相同的效果，并且本领域的普通技术人员无须通过创造性劳动就能够联想到的特征。

分析说明：

（1）被告产品设置在同一平面内的辐条为六边形辐条不存在直径，辐条总数为140，不存在辐条直径与辐条根数的积。

（2）被告方的辐条横截面为六边形，不存在直径。

（3）被告产品六边形辐条不存在内径，但有高度，也可称为内切圆直径，即为 $h = 1.49\,mm$。被告产品六边形辐条不存在外径，但有对角线长度，也可称为外接圆直径，即为 $d = 1.65\,mm$。

（4）被告和原告的油烟净化器的原理分析如下（略）。

根据对以上油烟净化原理的分析，可以判断被告产品采用六边形辐条和原告专利采用圆形辐条是基本相同的手段、实现基本相同的功能。

根据对油烟净化原理的分析，判断被告产品采用六边形辐条和原告专利采用圆形辐条是否相同。现将工作状况相同、辐条横截面相同、辐条材料相同和辐条数量相同的条件下，影响油烟净化效果的三种情况进行对比分析（略）。

鉴定意见：

（1）被告产品设置在同一平面内的辐条为六边形辐条不存在直径，辐条总数为 140，不存在辐条直径与辐条根数的积。

（2）被告方的辐条横截面为六边形，不存在直径。

（3）被告产品六边形辐条不存在内径，但有高度，也可称为内切圆直径，即为 $h=1.49mm$。被告产品六边形辐条不存在外径，但有对角线长度，也可称为外接圆直径，即为 $d=1.65mm$。

（4）在油烟净化的过程中，被告产品采用六边形辐条和原告专利采用圆形辐条是基本相同的手段、实现基本相同的功能，但效果不同。对六边形辐条是否比圆形辐条的油烟净化效果好，本领域的普通技术人员无须经过创造性劳动是联想不到的。

【案例 3-7】重庆市××科学技术咨询中心司法鉴定所鉴定意见书

委托人： 重庆市第一中级人民法院。

委托鉴定事项： 对涉案被控侵权产品（被告××公司在×建设工地上安装的 JTW—LCD—ZC500A 型线型感温火灾探测器）的技术特征进行司法鉴定。

鉴定内容： 分析判断××公司在×建设工地上安装的 JTW—LCD—ZC500A 型线型感温火灾探测器与专利（ZL200×××××××××）说明书中所述的一种具有可熔或可融绝缘层的模拟感温探测器的异同。即是否具有以下特征：由二根探测导体、NTC 特征塑料层、绝缘层、电阻信号测量装置组成，二根所述探测导体绞合在一起，在所述的二根探测导体之间叠加设置所述 NTC 特征塑料层及所属绝缘层，所述绝缘层的熔化或软化温度区域为 40℃—120℃。

分析说明：

××公司在×建设工地上安装的 JTW—LCD—ZC500A 型线型感温火灾探测器与专利（ZL200×××××××××）的特征比较情况如下（内容略，仅介绍简单框架）。

1. 探测导体

与专利（ZL200×××××××××）所述的特征相同。

2. NTC 特征塑料层

与专利（ZL200×××××××××）所述的特征相同。

3. 绝缘层

与专利（ZL200×××××××××）所述的特征有不同之处。分析如下：

（1）是否使用了相同的方式或手段。在常温下，以上两种方式或手段相同；在高温下，以上两种方式或手段相同。

（2）以上两种方式或手段达到的基本功能和效果相同，即在常温下起绝缘作用，在高温下起导电作用。

以上两种方式或手段均在常温下起绝缘作用，在高温下起导电作用，其原理简单，本领域的普通技术人员在阅读专利（ZL200×××××××××）说明书后无须创造性劳动就能够联想到该不同之处。

故以上两种方案的技术特征等同。

4. 电阻信号测量装置

与专利（ZL200×××××××××）所述的特征相同。

5. 两根探测导体绞合

与专利（ZL200×××××××××）所述的特征相同。

6. 二根探测导体之间

与专利（ZL200×××××××××）所述的特征等同。

7. 与专利（ZL200×××××××××）所述的特征相同。

综上所述，××公司在×建设工地上安装的 JTW—LCD—ZC500A 型线型感温火灾探测器属于一种具有可熔或可融绝缘层（可熔半导体＋绝缘编织层）的模拟感温探测器。

鉴定意见：

××公司在×建设工地上安装的 JTW—LCD—ZC500A 型线型感温火灾探测器属于一种具有可熔或可融绝缘层（可熔半导体＋绝缘编织层）的模拟感温探测器。其技术特征与专利（ZL200××××××××××）所述的特征相同或等同。

（二）外观设计专利司法鉴定案例

【案例 3-8】　××鉴定机构对××类型数码相机的外观设计与××外观设计专利的外观设计是否相同或近似的鉴定报告

委托人：　××律师事务所。

委托鉴定事项：就委托人提供的名称为"摄像机"，专利号为 ZL×××××××外观设计专利（本案以下简称本专利，授权公告号为 CN××××××××，授权公告日为 20××年×月××日，专利号为 ZL××××××外观设计专利公报复印件）与委托人提供的涉嫌被控侵权产品 DV 数码相机〔以下简称样品，委托人提供的经中华人民共和国××公证处公证的型号为 DV 多功能数码相机（数码摄影机）实物，以及显示样品外观设计的主视图、后视图、左视图、右视图、俯视图、仰视图与立体图的彩色照片（委托人提供）〕两者外观设计是否相同和相近似作出比较、判断。

法律依据：《专利法》第 59 条第 2 款，《专利审查指南（2001）》第四部分第五章"外观设计相同和相近似的判断"，国家知识产权局 2004 年 5 月 26 日审查指南公报第 1 号"三、（四）关于《审查指南》第四部分第五章的修改"。

分析说明：

（1）尽管样品名称为多功能数码相机，但仍然属于《国际外观设计分类表》中的 16—01 类产品，本专利的分类号为 16—01，因此，两产品属于同一类别，具有可比性。

（2）国家知识产权局审查指南公报第 1 号规定："在判断外观设计是否相同或者相近似时，应当基于被比外观设计产品的一般消费者的知识水平和认知能力进行评价。"作为摄像机产品的消费群体，对于摄像机的外观设计状况通常具有常识性的了解。又因摄像机产品体积较小，六个面均可被人手接触、其外观设计均清晰可见。因此，该消费群体应对以主、后、左、右视图反映出的整体形状的差别具有一定的分辨力，但不会注意到产品形状的微小变化。

（3）不同产品都有其特定的外观设计的"要部"，对于摄像机这一产品而言，应以其使用状态时相对于其他部位对整体视觉效果具有显著影响的部位作为判断的"要部"。即在使用时，当右手握住摄像机左侧的情况下，被人看到的是摄像机的右侧和前部，即本专利的右视图、主视图。因此，本专利右视图、主视图反映出的竖式、取景框上仰的外观设计是该产品设计的"要部"。

（4）本专利产品无图案且未要求限定色彩，因此，两者仅为形状的对比。

为清楚起见，将样品与本专利相对应的主视图、后视图、左视图、右视图进行比较。

经比较分析，鉴定组中的两位专家认为：

（1）样品与本专利均为竖式长方体，取景器呈水平而取景框上仰的外观设计与传统方正体、取景器与取景框为一直线的摄像机有很大区别。这一区别是构成该上述二件产品最为显著的外观设计，也是判断样品与本专利是否相同或者相近似的要部。

样品与本专利均为竖式长方体、取景器与取景框均成一夹角。因此，两者整体形状相同。差别仅在于取景框上仰的角度大小。样品的取景框上仰角度略大于本专利取景框上仰角度，但两位专家认为，消费者不会关心取景框上仰角度的大小，况且，出于使用所限，角度不可能有太大的区别。因此，角度的改变属于微小的变化，这种细微的改变不会引起消费者的注意。消费者只要看见取景框光轴与镜头光轴形成一定角度就能够与传统摄像机区分开来。而样品与本专利产品两者却无法分辨。

（2）主视图的确存在差异，表现在（取景器）下方的圆形部件上。样品有一大圆形部件（镜头），且靠近圆孔下方，该圆形部件带有调焦钮，其环绕边框的下缘为尖圆弧状。本专利圆形部件呈一大一小，平行位于主视图中间部位；且接近边框的下缘为直线状；尽管存在上述差别，两位专家认为，样品的圆形部件虽然标明为镜头，但外观设计专利权保护范围应当排除仅起功能、效果作用的内容，体现在图片上仅是圆形部件的大小及位置，在其他视图及要部的外观设计基本相似的基础上，仍然认为上述差别还是属于部分或者局部微小差别，与整体形状相比，该差别对样品整体外观设计不能产生显著的影响，不足以造成样品与本专利产品显著区别。在考虑是否属于部分或者局部微小差别时，应当从产品的整体造型出发即对其外观设计应当采用整体观察、综合判断的方式进行。基于对差别之处的上述认识，两位专家认为，样品与本专利属于相近似的外观设计。

鉴定组中另一位专家认为，本专利的七幅图片与样品相比较具有以下差异。

（1）立体图，两者除相同部分之外，主要有以下不同部分：①样品的镜头设置在靠近取景器的下部，并在镜头的外缘设有调焦钮，本专利的镜头与取景器合为一体；②样品的盖板（或称装饰板）呈子弹形，本专利呈长方形而且在其中部有两个大小不同的并列小圆孔；③样品的取景框也翘起，其翘起的角度比本专利产品大。

（2）后视图：样品有一个遮盖条（遮盖有 USB 接口、A/V 接口和 CF 卡插槽），本专利在该视图中未设遮盖条。

（3）右视图：本专利在该视图下部设有遮盖条，余两者相同。

（4）主视图：其不同部分与立体图的①②相同。

（5）左视图：两者凸起部分的形状不同，本专利是半圆形，样品是厚度不同的长方形。

（6）仰视图：两者没有明显不同。

（7）俯视图：两者没有明显不同。

经整体观察与综合判定，本专利与样品不相同；两者是否相近似，请见如下分析。

（1）两者除主视图和立体图中的不同部分①之外，从本专利和样品的整体而言，其他各视图的不同部分均为次要部分，因此不影响对两者是否相近似的判断。

（2）主视图和立体图中的不同部分①是判断两者是否相近似的关键所在。由于不同部分①的存在，导致了两者是不相近似的，其理由如下：判断是否相近似的主体是对此类"产品的外观设计状况具有常识性的了解"和对于其形状上的"差别具有一定的分辨力"的特定的购买或使用此类产品的消费者群体。样品的镜头设置在靠近取景器的下部这种外观形状上的改变，与本专利产品相比，"相对于其他部位明显地容易引起一般消费者的注意"，尤其是"在使用状态下相对于其他部位对整体视觉效果影响明显强烈的部位"。因此，此部位应是样品的"要部"。此"要部"在本专利中不存在。

由于样品的镜头设置在靠近取景器的下部造成其在主视图和立体图中与本专利的相应部分形状的差别是极其明显的，也是非常重要的。这一点对于判断是否相近似的主体来说，对整体视觉效果具有显著的影响，在接触此产品的第一视觉就能明显地看到。由于存在上述差别，一般消费者（即判断是否相近似的主体）在购买或使用此产品时，绝对不可能将样品与本专利产品产生"误认、混同"。

该专家综合上述分析，认为主视图不同部分即圆形部件的大小及位置差异以及盖板的不同使两者外观设计不相近似，理由是：上述外观设计的不同体现在镜头设置位置明显不同。样品是在靠近取景器的下部，该镜头还带有调焦钮，本专利的镜头与取景器合为一体。镜头位置是该外观设计的"要部"。《专利审查指南》第四部分第五章6.7.3关于"要部与相近似性的关系"明确指出："如果被比外观设计（即样品）的要部的外观与在先设计（即本专利）的相应部位外观不相近似，则被比外观设计与在先设计不相近似。"

正因为如此，这位专家认为：样品与本专利属于不相同也不相近似的外观设计。

鉴定意见：本鉴定合议组由三位专家组成，本鉴定咨询意见结论是在鉴定专家结论不一致的基础上作出的。

第二位专家认为，样品与本专利属于相近似的外观设计。

第一位专家认为，样品与本专利属于既不相同也不相近似的外观设计。

二、专利司法鉴定存在的问题

通过分析以上专利司法鉴定案例，我们可以发现，实践中鉴定人员对专利司法鉴定的目的及意义的理解还存在差异，鉴定方法及步骤甚至是鉴定意见书的撰写也存在相当程度的瑕疵。具体表现在以下几个方面。

（一）鉴定依据不准确

司法鉴定是指在诉讼活动中鉴定人运用科学技术或者专门知识对诉讼涉及的专门性问题进行鉴别和判断并提供鉴定意见的活动。一般情况下，专利司法鉴定所需运用到的专门的科学知识的高度及难度远超过作品、商标等其他方面的知识产权鉴定。而以上专利司法鉴定案例中，大部分鉴定机构将关于侵犯专利权或审查方面的法律规定作为司法鉴定工作开展的指导依据，这明显不符合司法鉴定工作的本质特征，即以科学知识对专门性问题进行鉴别和判定，而不是进行法律判断。因此，尽管缺乏司法鉴定人员在鉴定过程中所遵循和采用的标准、方法、手段，但是采用的依据应当至少是本专业领域得到多数专家认可的。

（二）鉴定意见的表述超范围

如在对被控侵权产品或方法的技术特征与专利技术特征是否相同或等同的鉴定中，司法鉴定人员在鉴定意见书中的结论应当为"被控侵权产品或方法的××技术特征与专利技术特征相同，××等同，××不同"，对于被控侵权产品或方法的技术特征是否覆盖了专利技术特征，还有是否侵权，应当留给法官进行决断。这是因为，被控侵权产品或方法的技术特征与专利技术特征是否相同或等同这个前提都可能在法庭上被当事人或法官质疑，更何况是全面覆盖原则的运用的合理性。而且即使被控侵权产品或方法的技术特征是否覆盖了专利技术特征，也不一定能得出侵权的结论，因为被告还可能提出其他抗辩侵权的理由。如以上案例三的鉴定意见："江苏××有限公司'节能型便携式防洪抢险泵'落入了'大流量便携式永磁变频潜水泵'（ZL201×××××××××）的专利权保护范围"及案例五的鉴定意见"被鉴定产品的技术方案包含了被鉴定专利的独立权利要求1记载的全部技术特

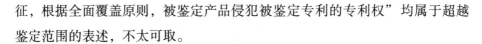

征，根据全面覆盖原则，被鉴定产品侵犯被鉴定专利的专利权"均属于超越鉴定范围的表述，不太可取。

（三）鉴定意见书撰写不规范

从上述案例中还发现一个较为普遍的问题，就是在鉴定意见书中专门陈述"法律依据"，究其原因，是从事专利鉴定的人员绝大部分都是专业技术人员，缺乏有关经验。2016 年 11 月，司法部为了规范司法鉴定文书的制作，提高司法鉴定文书的质量，专门发布《司法部关于印发司法鉴定文书格式的通知》，值得认真学习。

第四章

商品标识司法鉴定

第一节　商标的基础知识

一、商标专用权

商标专用权是指商标权人对其注册商标在核定使用的商品或服务上进行专用使用的权利。专用权即排他权，商标专用权意味着他人未经商标权人许可不得在特定范围内使用注册商标。[①]

商标专用权的取得，分为使用取得商标权和注册取得商标权。在我国，获得商标专用权的原则是注册取得为主，驰名取得为辅。申请注册的商标，应当具有显著特征，便于识别，即能够将自然人、法人或其他组织的商品或他人的商品区别开的标志。包括文字、图形、字母、数字、三维标志、颜色组合和声音以及上述要素的组合等。同时，申请注册的商标，不得与他人在先取得的合法权利相冲突。

《商标法》第39条规定，注册商标的有效期为10年，自核准注册之日起计算。虽然注册商标有效期有限，但是注册商标可以无限续展。《商法法》第40条规定，注册商标有效期满，需要继续使用的，商标注册人应当在期满前12个月内按照规定办理续展手续；在此期间未能办理的，可以给予6个月的宽展期。每次续展注册的有效期为10年，自该商标上一届有效期满次日起

---

① 王迁. 知识产权法教程：第四版 [M]. 北京：中国人民大学出版社，2014：438.

计算。期满未办理续展手续的，注销其注册商标。办理了续展手续并被核准续展的商标，注册商标继续有效，商标权人继续享有商标专用权，受法律保护。

二、侵权行为认定

（一）侵犯商标权行为的认定

根据《商标法》第 56 条的规定，注册商标的专用权，以核准注册的商标和核定使用的商品为限。因此，核定注册的商品和核定使用的商品共同限定了商标专用权的范围。商标权人以外的任何自然人、法人或其他组织未经许可在特定的商标专用权范围内使用注册商标则构成侵犯商标权。

《商标法》第 57 条规定，有下列行为之一的，均属侵犯注册商标专用权：（1）未经商标注册人的许可，在同一种商品上使用与其注册商标相同的商标的；（2）未经商标注册人的许可，在同一种商品上使用与其注册商标近似的商标，或者在类似商品上使用与其注册商标相同或者近似的商标，容易导致混淆的；……为了进一步明确"相同商标"及"近似商标"，《最高人民法院关于审理商标民事纠纷案件适用法律若干问题的解释》第 9 条规定，2001 年《商标法》第 52 条第 1 项（现第 57 条）规定的商标相同，是指被控侵权的商标与原告的注册商标相比较，两者在视觉上基本无差别。《商标法》第 52 条第 1 项（现第 57 条）规定的商标近似，是指被控侵权的商标与原告的注册商标相比较，其文字的字形、读音、含义或者图形的构图及颜色，或者其各要素组合后的整体结构相似，或者其立体形状、颜色组合近似，易使相关公众对商品的来源产生误认或者认为其来源与原告注册商标的商品有特定的联系。《最高人民法院关于审理商标民事纠纷案件适用法律若干问题的解释》并对"相同商品"及"类似商品"的概念进行了界定，其第 11 条规定，《商标法》第 52 条第 1 项（现第 57 条）规定的类似商品，是指在功能、用途、生产部门、销售渠道、消费对象等方面相同，或者相关公众一般认为其存在特定联系、容易造成混淆的商品。类似服务，是指在服务的目的、内容、方式、对象等方面相同，或者相关公众一般认为存在特定联系、容易造成混淆的服务。商品与服务类似，是指商品和服务之间存在特定联系，容易使相关公众混淆。

目前，判断侵犯商标权的认定标准，主要是以"相关公众"是否产生"混淆可能"。而西南政法大学李雨峰教授却提出了不同的观点：侵害商标权的认定标准，应该着眼于商标的本质，即显著性。他认为"显著性受到损害之虞"是侵害商标权的判断标准。① 这是一种新的学术观点，值得关注。

（二）假冒商标行为的认定

《刑法》第213条规定，未经注册商标所有人许可，在同一种商品上使用与其注册商标相同的商标，情节严重的，处三年以下有期徒刑或者拘役，并处或者单处罚金；情节特别严重的，处三年以上七年以下有期徒刑，并处罚金。为了进一步明确"同一种商品"及"与注册商标相同的商标"的内涵与外延，《关于办理侵犯知识产权刑事案件适用法律若干问题的意见》第5条对《刑法》第213条规定的"同一种商品"的认定进行了规定，"名称相同的商品以及名称不同但指同一事物的商品，可以认定为'同一种商品'。'名称'是指国家工商行政管理总局商标局在商标注册工作中对商品使用的名称，通常即《商标注册用商品和服务国际分类》中规定的商品名称。'名称不同但指同一事物的商品'是指在功能、用途、主要原料、消费对象、销售渠道等方面相同或者基本相同，相关公众一般认为是同一种事物的商品。认定'同一种商品'，应当在权利人注册商标核定使用的商品和行为人实际生产销售的商品之间进行比较"。《最高人民法院、最高人民检察院关于办理侵犯知识产权刑事案件具体应用法律若干问题的解释》第8条第1款规定，"刑法第二百一十三条规定的'相同的商标'，是指与被假冒的注册商标完全相同，或者与被假冒的注册商标在视觉上基本无差别、足以对公众产生误导的商标"。由此可以看出，"相同商标"包括完全相同和基本相同两类。《关于办理侵犯知识产权刑事案件适用法律若干问题的意见》第6条对

---

① 李雨峰. 侵害商标权判断标准研究［M］. 北京：知识产权出版社，2017：8.

《刑法》第 213 条规定的"与其注册商标相同的商标"的认定进一步进行了明确，其规定："具有下列情形之一，可以认定为'与其注册商标相同的商标'：（一）改变注册商标的字体、字母大小写或者文字横竖排列，与注册商标之间仅有细微差别的；（二）改变注册商标的文字、字母、数字等之间的间距，不影响体现注册商标显著特征的；（三）改变注册商标颜色的；（四）其他与注册商标在视觉上基本无差别、足以对公众产生误导的商标。"

（三）利用"其他标识"进行不正当竞争行为的认定

根据 2019 年修正的《反不正当竞争法》第 6 条，"经营者不得实施下列混淆行为，引人误认为是他人商品或者与他人存在特定联系：（一）擅自使用与他人有一定影响的商品名称、包装、装潢等相同或者近似的标识；（二）擅自使用他人有一定影响的企业名称（包括简称、字号等）、社会组织名称（包括简称等）、姓名（包括笔名、艺名、译名等）；（三）擅自使用他人有一定影响的域名主体部分、网站名称、网页等；（四）其他足以引人误认为是他人商品或者与他人存在特定联系的混淆行为"。

对于侵犯商标权行为、假冒他人注册商标以及利用其他标识进行不正当竞争的，涉及"同一种商品"或"类似商品"、"相同商标"或"近似商标"、"与他人有一定影响的商品名称、包装、装潢等相同或近似"等的事实认定问题，多数法官认为，自己本身也是消费者，对上述事实问题和法律适用问题也有一定的认知，很少提交鉴定，有利于提高审判效率。但是，在复杂疑难、争议较大或影响比较广泛的案件中，由于上述事实认定的复杂性、综合性，法官也往往难以作出准确的判断，导致不同的法院对上述事实的认定存在不同的看法，从而导致累诉，造成资源的严重浪费，并有损当事人的权益和法院的权威性。因此，在复杂疑难、争议较大或影响比较广泛的商标案件中，我们建议对于"同一种商品"或"类似商品"、"相同商标"或"近似商标"的认定问题可交由司法鉴定机构进行认定，有利于提高诉讼效率和审判质量。

三、商标司法鉴定概述

（一）定义

从广义上讲，商标司法鉴定是指在复杂疑难、争议较大或影响比较广泛的商标案件诉讼过程中，为查明案件事实，鉴定人运用专业知识、凭借专业技能或特别经验对商标案件中涉及的商品类别、商标比对等认定中的事实问题进行鉴别和判断并提供鉴定意见的活动。从狭义上讲，商标司法鉴定就是将被控侵权的商标与权利人注册的商标直接进行比对，从而认定被控侵权商标与权利人注册商标是否相同或近似。

商品类别、商标比对等问题的判断，是一个综合性的问题，法官如仅凭其法律专业知识难以做到准确判断。虽然商标司法鉴定最初并未明确纳入知识产权司法鉴定的范畴，① 但是经过多年的实践，对复杂疑难、争议性较大或影响比较广泛的商标案件中的某些事实问题交由司法鉴定机构进行判断已经得到了普遍认同。本书所称的商标司法鉴定均指广义的商标司法鉴定，即采用商标司法鉴定的广义解释。

（二）商标司法鉴定的现状

近年来，知识产权司法鉴定的案件数量逐年上升，商标司法鉴定的案件数量相对较少。而在商标案件审理过程中，法院很少委托鉴定机构进行司法鉴定。即使法院委托鉴定，对于鉴定意见，也很难得到当事人的认可，使得法院难以采信鉴定意见。

目前，侵犯商标权认定分为三个步骤："是否近似"—"是否混淆"—"是否侵权"。具体来讲，（1）"是否近似"，主要是指认定商品是否相同或

---

① 《司法鉴定执业分类规定（试行）》第16条规定，知识产权司法鉴定：根据技术专家对本领域公知技术及相关专业技术的了解，并运用必要的检测、化验、分析手段，对被侵权的技术和相关技术的特征是否相同或者等同进行认定；对技术转让合同标的是否成熟、实用，是否符合合同约定标准进行认定；对技术开发合同履行失败是否属于风险责任进行认定；对技术咨询、技术服务以及其他各种技术合同履行结果是否符合合同约定，或者有关法定标准进行认定；对技术秘密是否构成法定技术条件进行认定；对其他知识产权诉讼中的技术争议进行鉴定。

者类似，商标是否相同或者近似；（2）"是否混淆"，是指"相关公众"是否会产生"混淆的可能"；（3）"是否侵权"，现有的认定标准，只要产生了"混淆的可能"，就必然构成"侵权"。多数学者认为，商标的司法鉴定只能针对"是否近似"进行认定；还有学者认为，商标的保护范围取决于注册商标标识的显著性的强弱，显著性强的给予宽保护。商标的显著性源自先天具有和后天获得，所以没有注册商标的显著性作基础，在诉讼中单纯地去比较两个标识是否近似的意义不大。因此，在实践中对商标司法鉴定争议较大。

1. 商标司法鉴定存在超范围鉴定

一般鉴定机构对知识产权案件存在超范围鉴定，商标司法鉴定也是如此。商标司法鉴定是对专业性的事实问题进行判断，但有的鉴定机构却对法律适用问题进行鉴定。同时，我国对商标司法鉴定尚未建立统一的标准，加之鉴定人员的素质差异，致使不同的鉴定机构出具的鉴定意见不同，降低了鉴定意见的可信度。

通过比对 2013 年修改前的《商标法》和修改后的《商标法》可知，修改后的《商标法》引入了混淆可能性概念。在 2013 年修改《商标法》前，我国判定侵犯商标权使用的是商标近似判断标准，但是在司法实践中，法院均认为此时的近似是包含造成公众混淆的近似，即混淆性近似标准。而在 2013 年修改《商标法》后引入了混淆可能性判断侵犯商标权，此时的商标近似则不应包含混淆可能性因素。如果判断"商标近似"时考虑混淆可能性，在判断侵犯商标权时也要考虑混淆可能性，那么构成商标近似的一定构成侵犯商标权，而目前司法实践中，判断侵犯商标权除了考虑商标近似，还要考虑商标的显著性、知名度等因素。因此，如果商标近似是包含造成公众混淆的近似，在逻辑上是不通的。因此，商标近似应是客观的近似，不应包含混淆可能性判断。

但是，目前商标司法鉴定的法律依据主要是《最高人民法院关于审理商标民事纠纷案件适用法律若干问题的解释》第 9 条①、第 11 条②，其中对"商标相同或近似""商品相同或类似"的概念界定都引入了混淆可能性概念："易使相关公众对商品的来源产生误认或者认为其来源与原告注册商标的商品有特定的联系""相关公众一般认为存在特定联系，容易造成混淆"。这就造成了"商标相同或近似""商品相同或类似"既包含了事实问题，又包含了法律问题。而商标司法鉴定只能对其中的事实问题进行鉴定，由此导致不同的鉴定机构对关于"商标相同或近似""商品相同或类似"的鉴定意见表述存在差异，甚至出现超范围鉴定。

2. 商标司法鉴定意见与法律适用的结果不一致

在司法实践中，商标的司法鉴定意见，即事实认定与商标审判案件中的司法认定结果，即适用法律往往出现不一致的现象。

究其原因，主要是司法鉴定人员根据的商标鉴定标准与审判人员的司法认定标准存在差异。其中，在商标的司法鉴定中，鉴定人员通过原被告争议的商标进行直接比对，从而作出是否相同或近似的鉴定意见。而在商标案件中，我国已经开始采用对于原被告商标是否会引起"混淆"作为侵犯商标权的判断标准。例如，韩国现代汽车商标标识与日本本田汽车的商标标识，从商标司法鉴定的角度来看，两者商标构成近似商标，但是法院却认定不构成侵权。法院认为，汽车是大件商品，消费者在购买时都会广泛收集相关资料，两者不会产生混淆，因此不构成侵权。而对于商标侵权的判断，法院除了参考鉴定机构对商标标识本身是否近似这一事实鉴定意见外，还需要考量商标

---

① 《最高人民法院关于审理商标民事纠纷案件适用法律若干问题的解释》第 9 条规定："商标法第五十二条（现第五十七条）第（一）项规定的商标相同，是指被控侵权的商标与原告的注册商标相比较，二者在视觉上基本无差别。商标法第五十二条（现第五十七条）第（一）项规定的商标近似，是指被控侵权的商标与原告的注册商标相比较，其文字的字形、读音、含义或者图形的构图及颜色，或者其各要素组合后的整体结构相似，或者其立体形状、颜色组合近似，易使相关公众对商品的来源产生误认或者认为其来源与原告注册商标的商品有特定的联系。"

② 《最高人民法院关于审理商标民事纠纷案件适用法律若干问题的解释》第 11 条规定："商标法第五十二条（现第五十七条）第（一）项规定的类似商品，是指在功能、用途、生产部门、销售渠道、消费对象等方面相同，或者相关公众一般认为其存在特定联系、容易造成混淆的商品。类似服务，是指在服务的目的、内容、方式、对象等方面相同，或者相关公众一般认为存在特定联系、容易造成混淆的服务。商品与服务类似，是指商品和服务之间存在特定联系，容易使相关公众混淆。"

知名度或显著性等因素。换句话说，即使商标司法鉴定机构出具了商标标识本身近似的鉴定意见，但是法官在判断是否构成侵权时，仍需考量其他因素，特别是是否存在"混淆"的可能。因此，在一定程度上，商标司法鉴定意见在商标案件审理中的作用就大打折扣。

（三）商标司法鉴定的现实意义

目前，商标司法鉴定的主要内容包括商品/服务类别的鉴定和商标标识的鉴定。但是学术界对商标标识是否相同或近似和商品/服务类别是否相同或者类似交由鉴定机构进行鉴定仍存在很大的争议。随着市场经济的不断发展，市场上流通商品的不断丰富，人们对商品/服务的认知也在不断发生着变化，导致相关公众对商品/服务类别的判断也变得复杂。与此同时，随着社会文化资源的不断丰富，人们知识产权意识的不断增强，越来越多的商家申请商标注册，导致商标标识五花八门，"商标近似"侵权案件层出不穷。

1. "商品/服务相同或类似"的认定

构成相同或类似商品/服务是构成商标侵权的一个前提条件。商品类似是指商品之间的类似、服务之间的类似以及商品与服务之间的类似。商品类似的判断标准在实践中主要参考国家知识产权局（原国家工商行政管理总局商标局）发布的《类似商品和服务区分表》。该区分表体现了标准的一致性、客观性和易于操作性。但是该区分表主要用于商标注册程序中用以界定类似商品，降低行政成本，提供行政效率。该区分表在司法实践中，只能作为认定商品或服务类似的参考依据，而非决定因素。

随着商品种类的不断丰富，对商品种类的认识也趋于复杂。虽然相关法律规范对类似商品或服务的概念进行了界定，该界定看似比较简单具体，实则不然，具体表现在以下两点：一是在基于商品种类的不断丰富，很多商品并未包含在该区分表的分类中，因此，该区分表的参考价值大大降低，客观上造成了认定商品类别的困难；二是《最高人民法院关于审理商标民事纠纷案件适用法律若干问题的解释》明确了认定商品或服务类似应当以相关公众对商品或服务的一般认识综合判断，可是如何准确确定"相关公众"？虽然《最高人民法院关于审理商标民事纠纷案件适用法律若干问题的解释》对"相关公众"的概念进行了界定，即与商标所标识的某类商品或服务有关的消费者和与前述商品或服务的营销有密切关系的其他经营者，但是该"相关公众"的界定仍然过于抽象。于是，科学确定"相关公众"的内涵与外延的问题仍然存在。因此，将难以确定是否属于类似商品或服务问题交由鉴定机构，由具有专门知识和经验的专家凭借其专业知识、技能或特别经验，运用科学的方法和手段组织"相关公众"进行对比，并对各考量要素相同或类似的程度进行统计后得出数据，作出鉴定意见，经过质证后作为法官认定是否构成类似商品或服务的重要依据。这样不仅有利于法官从复杂、繁琐的要素比对中抽离出来，提高诉讼效率，也有助于法官更加专注于法律问题的解决，提高诉讼质量。

2. "商标相同或近似"的认定

虽然《商标法》《中华人民共和国商标法实施条例》（以下简称《商标法实施条例》），以及《最高人民法院关于审理商标民事纠纷案件适用法律若干问题的解释》等法律规范对"商标相同或近似"的构成要件和认定规则作出了比较具体的规定，因此判断"商标近似"应该是个比较简单的问题。实则不然，从商标的属性、功能和形态上看"商标近似"都不仅仅是一个单纯的视觉和法律判断问题，其中涉及的视觉心理学、知觉心理学、设计学、符号学、语言文字学等多学科的领域和内容，是一个综合学科的问题。即便是按照《最高人民法院关于审理商标民事纠纷案件适用法律若干问题的解释》第 10 条的规定①对"商标相同或近似"进行认定，但是如何以"相关公众的一般注意力为标准"测试、比对、检验"商标近似"的方法，如何以科学的方法进行组织测试、比对、检验的问题仍然不具体。② 因此，仍然无法回避甄别"商标相同或近似"的内容和过程中所涉及相应的技术属性和技术支持的问题。基于此，如果没有具有专门知识和经验的专家凭借其专业知识、技

① 《最高人民法院关于审理商标民事纠纷案件适用法律若干问题的解释》第 10 条规定："人民法院依据商标法第五十二条第（一）项的规定，认定商标相同或者近似按照以下原则进行：（一）以相关公众的一般注意力为标准；（二）既要进行对商标的整体比对，又要进行对商标主要部分的比对，比对应当在比对对象隔离的状态下分别进行；（三）判断商标是否近似，应当考虑请求保护注册商标的显著性和知名度。"
② 孙榕宁 . "商标近似"的认定和知识产权司法鉴定接轨的思考［J］. 中国司法鉴定，2006（3）：51—54.

能或特别经验，运用科学的方法和手段组织"相关公众"进行对比和"误认率"的统计得出相关数据，作出鉴定意见，就不可避免地会出现"商标相同或近似"判断的失误。

3. 有利于商标专用权保护

在我国对商标专用权的保护采取行政保护和司法保护双重保护模式。就行政保护而言，在我国查处商标行政违法的法定部门是国家市场交易监督管理总局，而甄别和认定商品是否构成相同或类似、商标是否构成相同或近似的行政违法行为也是国家市场交易监督管理总局。这种执法模式会导致监督的缺位，甚至可能导致权力的滥用和行政腐败。就司法保护而言，将包含综合性、复杂性的"商品相同或类似""商标相同或近似"的认定权和审判权一并交由法院行使，不仅忽视了"商品相同或类似""商标相同或近似"判断所蕴含的技术属性，在一定程度上也不利于司法的公正性和权威性，同时，在一定程度上违背了司法中立的原则，并也有可能造成诉累和降低诉讼效率，损害当事人的权益。①

因此，把具有综合性、复杂性的"商品相同或类似"的认定问题、含有相当专门性问题的"商标相同或近似"的认定问题纳入知识产权司法鉴定范围后，有利于司法机关从繁琐、复杂的问题中抽离出来，更加专注于法律问题的解决和适用，提高行政执法和司法水平，避免陷入专门性问题的旋涡，浪费国家资源。

第二节　商标司法鉴定的范围

一、商标司法鉴定范围的判断方法

商标司法鉴定只能对当事人确有争议且对案件裁判有影响的专门性事实问题进行鉴定，而不能对法律适用问题进行超范围鉴定，法律适用问题的判

---

① 孙榕宁．"商标近似"的认定和知识产权司法鉴定接轨的思考［J］．中国司法鉴定，2006（3）：52.

断属于法官的职能，不能交由除法官外的其他任何人进行判断，这已经在理论界和实务界达成了共识。因此，审判实践中，如何区别"事实问题"与"法律适用问题"成了理论界和实务界比较重要的问题。石必胜律师认为，可以采用两种方法来区分：一是根据待定事实的结论是否随法律规定而变化来区分事实问题与法律问题，二是根据当事人争议的问题是否专属于法官的权力范围来进行区分事实问题和法律问题，从而确定商标鉴定的具体内容。①

二、商标案件司法鉴定的具体内容

侵犯商标权案件中商品相同或类似及商标相同或近似、假冒注册商标罪的同一种商品及相同商标的认定既包含事实问题，也包含法律问题，通过上述两种方法对事实问题和法律问题进行区分，可以将事实问题交由鉴定机构进行鉴定。值得注意的是，在商标案件中，并非所有涉及事实问题的认定都应交由鉴定机构进行鉴定，对于简单的案件，法官可以自行认定，但是对于除了法律知识外，还需要司法鉴定、经济学、心理学等专业知识的复杂案件，应交由鉴定机构进行鉴定。

（一）商品相同或类似程度及商标相同或近似涉及的鉴定

1. 对商品或服务的各要素是否相同进行鉴定

《最高人民法院关于审理商标民事纠纷案件适用法律若干问题的解释》已经对类似商品或服务的概念②进行了界定，但是对"功能、用途、生产部门、销售渠道、消费对象等方面相同""服务的目的、内容、方式、对象等方面相同"的判断，法律没有进一步的规定，也即不存在该事实会随着法律规定变化而变化的可能性，因此，商品在功能、用途、生产部门、销售渠道、消费对象等方面或服务在目的、内容、方式、对象等方面是否相同应属于事实问题。此外，对"功能、用途、生产部门、销售渠道、消费对象等方面相

---

① 石必胜. 知识产权诉讼中的鉴定范围 [J]. 人民司法：应用，2013（11）：24—27.
② 《最高人民法院关于审理商标民事纠纷案件适用法律若干问题的解释》第 11 条第 1—2 款规定："商标法第五十二条第（一）项规定的类似商品，是指在功能、用途、生产部门、销售渠道、消费对象等方面相同，或者相关公众一般认为其存在特定联系、容易造成混淆的商品。类似服务是指在服务的目的、内容、方式、对象等方面相同，或者相关公众一般认为存在特定联系、容易造成混淆的服务。"

同或服务的目的、内容、方式、对象等方面相同"只涉及对客观事实的描述
性判断，并不涉及价值判断。

综上，对"功能、用途、生产部门、销售渠道、消费对象等方面相同或
服务的目的、内容、方式、对象等方面相同"的判断都属于事实问题。对
"功能、用途、生产部门、销售渠道、消费对象等方面是否相同"进行司法
鉴定，准确地说，应对商品或服务相同或类似的程度进行鉴定，例如，在对
功能、用途、生产部门、销售渠道、消费对象或服务目的、内容、方式、对
象等方面进行对比时，鉴定意见只能是要素相同或不相同，至于商品或服务
是否属于相同或类似的综合认定，可以交由法官进行判断。

2. 对商标标志相同或近似进行鉴定

《最高人民法院关于审理商标民事纠纷案件适用法律若干问题的解释》
对商标相同或近似的概念①进行了界定，其中对商标相同的界定为"二者视
觉上基本无差别"，这已然是最基本、最简单的事实，无须由法律进一步界
定，因此对"对商标标识本身进行比较，二者视觉上基本无差别"的判断应
属于事实问题，司法解释对"商标相同"的界定，实则上是推定在此种情况
下必定导致混淆，系属法律问题，因此"商标相同"的认定既包含事实问
题，也包含法律问题。

然而，对"商标标志本身是否近似"的判断主要是通过对商标各构成要
素进行比对，也是对各要素的客观性描述，商标标志本身近似程度并不会随
着法律规定的变化而发生变化。因此"商标标志本身近似"的判断也属于事
实问题。但是从《最高人民法院关于审理商标民事纠纷案件适用法律若干问
题的解释》对"商标近似"的界定来看，"是否易使相关公众对商品的来源
产生误认或者认为其来源与原告注册商标的商品有特定的联系"系法律问
题。因此，"商标近似"的判断既包含了事实问题，也包含了法律问题。

---

① 《最高人民法院关于审理商标民事纠纷案件适用法律若干问题的解释》第9条规定，商标相同是
指被控侵权的商标与原告的注册商标相比较，二者在视觉上基本无差别。商标近似是指被控侵权
的商标与原告的注册商标相比较，其文字的字形、读音、含义或者图形的构图及颜色，或者其各
要素组合后的整体结构相似，或者立体形状、颜色组合近似，易使相关公众对商品的来源产生误
认或者认为其来源与原告注册商标的商品有特定的联系。

此外，对"对商标标识本身进行比较，二者视觉上无差别"的判断可以由鉴定机构或其他第三方中立机构、陪审员等法官以外的人员作出，在同等条件（假设专业素质、知识水平、经验等完全相同）下，按照相同的认定规则进行认定，并不会因为判断主体的不同而得出不同的结论，对"商标标识本身是否近似"的判断同样如此，对商标的构成要素进行比对也属于描述性的事实判断，并不涉及价值判断。

综上，在侵犯商标权行为认定的三个步骤中，"是否近似"，即前面所讲的商品是否相同或者类似、商标是否相同或近似属于事实问题，而"是否混淆"，即商标是否存在"混淆可能性"，这是法律问题。也就是说，司法鉴定只能作出"对商标标志本身进行比较，两者视觉上基本无差别"或"商标标志整体、要素是否相同或不同，商标标志本身是否相同或近似"的意见，而"是否存在混淆可能性"的判定仍应由法官作出。但是，判定是要对"相关公众"的视觉进行判断，主要是指生产经营者、消费者。这个问题直接影响到司法鉴定意见的可信度。

（二）对假冒注册商标罪中的"同一种商品"及"相同商标"的鉴定

假冒注册商标罪，是指违反国家商标管理法规，未经注册商标所有人许可，在同一种商品上使用与其注册商标相同的商标，情节严重的行为。其中"同一种商品"上使用与其注册商标"相同的商标"是否可以委托鉴定，下文将做进一步分析。

1. 商标司法鉴定只能对商品之间的具体要素是否相同进行鉴定

《关于办理侵犯知识产权刑事案件适用法律若干问题的意见》对"同一种商品"的概念①进行了界定，因此，对"同一种商品"的认定属于法律适用问题，但"功能、用途、主要原料、消费对象、销售渠道等方面是否相同或基本相同"都不会随着法律对"同一种商品"界定的不同而改变，因此，对"功能、用途、主要原料、消费对象、销售渠道等方面是否相同或基本相

---

① 《关于办理侵犯知识产权刑事案件适用法律若干问题的意见》第5条规定，名称相同的商品以及名称不同但指同一事物的商品，可以认定为"同一种商品"。"名称不同但指同一事物的商品"，是指在功能、用途、主要原料、消费对象、销售渠道等方面相同或基本相同，相关公众认为是同一种事物的商品。

同"的认定应属于事实认定。

此外，对"功能、用途、主要原料、消费对象、销售渠道等方面是否相同或基本相同"只涉及描述性判断，并不涉及价值判断。对其进行判断并不专属于法官，法官之外的司法鉴定人等也可对该事实作出认定，因此，对"功能、用途、主要原料、消费对象、销售渠道等方面是否相同或基本相同"的认定应属于事实认定。

综上，对"功能、用途、主要原料、消费对象、销售渠道等方面是否相同或基本相同"的认定均属于事实认定，而对于是否属于"同一种商品"应属于法律适用问题。也就是说，司法鉴定机构只能作出要素相同或不同的结论，该鉴定意见经过质证后将作为法官最终适用法律对是否属于"同一种商品"进行判断的重要依据。

2. 商标司法鉴定只能对商标的物理形态特征进行鉴定

根据《最高人民法院、最高人民检察院关于办理侵犯知识产权刑事案件具体应用法律若干问题的解释》第8条①的规定，"相同商标"是指完全相同或基本相同。在实践中，除了"商标完全相同"这一类容易判定外，对"视觉上基本无差别、足以对公众产生误导"的基本相同商标的认定仍然显得抽象。《关于办理侵犯知识产权刑事案件适用法律若干问题的意见》第6条②对"基本相同商标"进了解释。因此，商标相同的认定应属于法律问题，其内涵与外延会随着法律规范界定的不同而发生变化，但是"字体、字母、数字等之间的间距、排列、颜色等物理特征"属于客观存在的状态，不会随着法律规范的变化而发生物理形态的变化。因此，"字体、字母、数字等之间的间距、排列、颜色等物理特征"属于事实问题。

---

① 《最高人民法院、最高人民检察院关于办理侵犯知识产权刑事案件具体应用法律若干问题的解释》第8条规定，《刑法》第213条规定的"相同商标"是指与被假冒的注册商标完全相同，或者与被假冒的注册商标在视觉上基本无差别、足以对公众产生误导的商标。

② 《关于办理侵犯知识产权刑事案件适用法律若干问题的意见》第6条规定，具有下列情形之一，可以认定为"与其注册商标相同的商标"：（1）改变注册商标的字体、字母大小写或者文字横竖排列，与注册商标之间仅有细微差别的；（2）改变注册商标的文字、字母、数字等之间的间距，不影响体现注册商标显著特征的；（3）改变注册商标颜色的；（4）其他与注册商标在视觉上基本无差别、足以对公众产生误导的商标。

此外，"字体、字母、数字等之间的间距、排列、颜色等物理特征"的判断是一种客观性事实描述，对其进行判断无须任何价值判断，也并非专属于法官的权利。因此，对"字体、字母、数字等之间的间距、排列、颜色等物理特征"的认定属于事实认定。

综上，对构成假冒注册商标罪要件中的"相同商标"的认定既包含法律问题，也包含事实问题。其中，对是否属于假冒注册商标罪要件中的"相同商标"这一构成要件的判断是法律问题，应由法官依法作出判断，而对是否属于只改变了注册商标的具体表现形式，即是否只改变了"字体、字母、数字等之间的间距、排列、颜色等物理特征"的判断应属于事实问题。

值得关注的问题是，《关于办理侵犯知识产权刑事案件适用法律若干问题的意见》对可认定为"与其注册商标相同的商标"进行了列举式规定，但并未明确在注册商标的文字、字母、数字等之间插入其他标识能否认定为"与注册商标相同的商标"。因此，在注册商标的文字、字母、数字等之间插入其他标识，实际上已经改变（增加）了注册商标的构成要素，导致商标的显著性发生变化，而不仅只是改变了注册商标的具体表现形式，因此这种情况不应认定为"与注册商标相同的商标"，则不能追究被告的刑事责任，但仍然可能根据《商标法》第57条的规定追究被告的民事责任。

在实际工作中，我们接受了许多相关案件的咨询，往往会遇到一些比较奇葩的案件。通过对这些案件的分析，需要提醒商标权利人在商标注册和使用中加以重视。

一是商标注册时需要考核对注册商标的防护。例如，甲公司主要从事减肥产品的生产经营业务，并申请注册了一个图形商标，一个文字商标。乙公司也同样从事生产经营减肥产品业务，使用的商标就是甲公司的两个注册商标的组合：将甲公司注册的图形商标镶嵌在甲公司注册的文字商标中间，形成一个组合商标。甲公司以乙公司涉嫌假冒商标为由，向公安机关报案。公安机关要求，必须首先提供是否是"相同商标"的鉴定意见，才能考虑立案。对于这个案件，我们内部也有争议：使用他人一个注册商标，就构成假冒。现在使用了他人两个注册商标，不构成假冒，情理上说不过去。但是，我们对照假冒商标犯罪的构成要件，并结合《关于办理侵犯知识产权刑事案件适用法律若干问题的意见》，就不难发现，将两个注册商标组合起来，已经形成一个新的组合商标，分别与原注册商标比较，只是构成近似，但是不能认定为"相同商标"。这就要求权利人在申请商标注册时，不仅需要考虑注册图形商标、文字商标，还需要考虑将两者组合起来注册，如果条件允许，还要考虑相近的文字、字母等一起申请注册，甚至在不同产品类别上申请注册，从而形成全方位的商标保护体系。

二是权利人应当规范使用注册商标。例如，某地公安局咨询，A公司主要生产经营螺纹钢的业务，申请注册了商标，并获得著名商标称号。A公司发现B公司在市场上销售的螺纹钢产品涉嫌假冒A公司的注册商标，于是向公安局举报。公安机关发现，A公司在螺纹钢上面标注有企业名称（字母PG）、商标、产品规格（数字）；B公司在螺纹钢上面标注有企业名称（字母PG）、商标、产品规格。经比较发现，两者产品上标注的企业名称字母均为字母PG，属于相近似的商标、产品规格（包括各种规格的数字，可以认定相同）。但是对于假冒商标犯罪的案件，其构成的前提条件是"在同一种商品"上使用"与注册商标相同的商标"，需要注意的是，这是与注册商标比较，而不是与权利人使用的商标比较。本案中，权利人在自己产品上使用的商标，是其注册商标的"图形"部分，省略了"文字"部分。加之使用在螺纹钢上，由于产品在加热状态下，使用的注册商标的"图形"部分产生变形，与注册商标的"图形"部分近似。而嫌疑人在产品上使用的商标，与权利人自己使用在产品上"图形"部分商标近似，但是与权利人的注册商标相差很大，认定为近似都很难，更不要说相同。由此可见，由于A公司没有规范使用注册商标，而嫌疑人涉嫌使用的商标只是与A公司使用的商标近似，但是与注册商标相去甚远。所以，对企业而言，规范使用注册商标有助于维护自己的合法权益。

在接到的假冒商标案件中，公安机关往往需要权利人提供鉴定报告。对于"高仿真"的产品而言，一般直接认定，如假冒"中华"香烟、"五粮液"酒等名烟名酒产品，很容易认定相同。实践中，需要鉴定的往往是假冒名烟名酒系列产品，侵权商品中使用的商标或多或少都有一些改动，如鄂尔多斯市中级人民法院在"钱某霞假冒注册商标案"中认定被告钱某霞假冒的"鄂尔多斯奥羊"商标与"鄂尔多斯"注册商标属于"相同商标"[1]。在我们

---

① 裴显鼎，等. 知识产权刑事案件办案指南 [M]. 北京：法律出版社，2015：52.

接受咨询的河北养元智汇饮品股份有限公司打假维权活动中，遇到两起相似的案件，但是鉴定意见却存在很大的差异。该公司注册了"养元"图形及文字组合商标、"六个核桃"两个注册商标。本案涉及两个侵权人，我们暂且称为 A 公司、B 公司，这两个公司分别在产品外包装上突出使用了包括"六个核桃"字体的"六个核桃花生露"，但是 A 公司还在包装上使用了自己的注册商标，B 公司在包装上没有使用其他商标。针对 A 公司鉴定意见是：争议商标使用的商品类别相同，A 公司使用的商标与"养元""六个核桃"注册商标不相同，也不构成近似。而针对 B 公司鉴定意见是：争议商标使用的商品类别相同，B 公司使用的商标与"六个核桃"注册商标构成相同。由此可见，鉴定意见有明显差异，主要问题就是对于假冒商标犯罪的案件，其构成的前提条件是"在同一种商品"上使用"与注册商标相同的商标"，而 A 公司使用了自己的注册商标，在比对时只能是 A 公司使用的注册商标与权利人的"养元""六个核桃"注册商标相比；而 B 公司没有自己的商标，在包装上使用的是"六个核桃花生露"，并且突出使用了"六个核桃"四个字，与"六个核桃"注册商标构成相同商标。通过该案的鉴定，需要提醒鉴定人，应该特别关注商品外包装上的商标，或者商品标识。也有人提出，A 公司在包装上使用自己的注册商标，与"六个核桃"标识相比太小，不明显，不应当认可该商标的存在。大家知道，商标法并没有明确规定商标的尺寸。我们认为，从相关公众的视角来看，消费者在购买商品时，能察觉到该商标，就应当认可该商标的存在。

第三节　商标同一性司法鉴定

一、商品或服务相同或类似、商标相同或近似鉴定的基本原则

（一）商品或服务相同或类似的认定

鉴定商品或服务相同或近似的程度应遵循以下基本原则：（1）以相关公

众的一般注意力为标准；（2）分别对商品功能、用途、生产部门、销售渠道、消费对象等或服务目的、内容、方式、对象等各要素进行对比，对比应当充分考虑消费者认知习惯。

（二）商标相同或近似的认定

在商标民事案件中，鉴定商标相同或近似的程度应遵循以下基本原则：（1）以相关公众的一般注意力为标准；（2）既要进行对商标的整体对比，又要进行对商标主要部分的对比；（3）对比应当在对比对象隔离的状态下分别进行。而在商标刑事案件中，将争议商标与注册商标进行对比，则不需要在隔离状态下进行，直接比对商标即可。

二、商品或服务相同或类似、商标相同或近似鉴定的基本方法

（一）商品或服务相同或类似的认定

1. 准确确定对比对象，即检材和样本

检材是指被控侵权的商标使用的商品或服务项目；样本是指注册商标核定使用的商品或服务项目（以商标注册证所载明的内容为准）。

2. 将检材和样本的分类进行比较

将检材和样本在《商标注册用商品和服务国际分类表》《类似商品和服务区分表》中的分类进行比较，判断两者是否归于同一类似群，该判断结果可以作为最终判断"商品相同或类似"的参考。

3. 将检材和样本各要素进行比较

在司法鉴定中，将检材和样本在（商品）功能、用途、主要原料、销售渠道、消费对象或者在（服务）目的、内容、方式、对象等要素进行比较。鉴定人员只能在对各要素分别进行比较后，得出"某个要素相同或不同"的结论，而不能代替法官得出属于"商品或服务相同或类似"的结论。例如，"非诚勿扰"案件，在服务目的方面，金阿欢注册的"非诚勿扰"商标的服务目的是提供"交友服务、婚介服务"，为有交友婚恋需求的人士提供交友、婚恋的平台；江苏电视台《非诚勿扰》是以婚恋为主的电视娱乐节目，主要目的是娱乐，同时为节目参与人提供交友、婚恋的平台，因此，两者服务目

的不同。在服务内容方面，金阿欢注册的"非诚勿扰"商标的服务内容是"交友服务、婚介服务"，江苏电视台《非诚勿扰》是电视娱乐节目，主体内容是婚恋服务，因此，两者服务内容不同。在服务方式上，金阿欢注册的"非诚勿扰"商标服务方式，是向有交友、婚恋需求的人士提供交友、婚恋信息，以及延伸服务；江苏电视台《非诚勿扰》是以电视转播（直播）的方式为广大的电视观众提供娱乐节目，同时为参与节目的人士提供交友、婚恋服务。在服务对象的范围方面，金阿欢注册的"非诚勿扰"商标服务对象是有交友、婚恋需求的人士，江苏电视台《非诚勿扰》的服务对象是广大的电视观众，包括参与节目的人士、具有交友或婚恋需求的人士，因此，两者的服务对象范围不同。

（二）商品或服务相同或类似程度鉴定的基本方法

1. 准确确定对比对象，即检材和样本

检材是指被控侵权的商品标识；样本是指注册商标（以商标注册证所载明的内容为准）。

2. 确定对比商标的构成要素

在隔离状态下，分析对比对象在整体和主要部分的构成要素，即分析对比对象在文字的字形、读音、含义或者图形的构图及颜色，或者其各要素组合后的整体结构，或者其立体形状、颜色组合。

3. 将检材和样本的构成要素分别进行对比

在隔离状态下对检材和样本的构成要素进行整体比对和拆解分析比对后，分别对检材和样本的各要素进行对比，得出"要素相同或不同"的结论。

需要进一步指出的是，在商标刑事案件中，不要求在隔离状态情况下进行对比，将检材和样本整体及构成要素直接对比即可。

例如，陈某明诉海南省人民医院侵犯商标专用权纠纷案。在造型上，陈国明的商标由心形和双手相握组成，心形中间拇指相交；海南省人民医院的徽标则是由圆点、心形及"HPPH"三部分组成，心形的左边线条组成一只手，右边的心形和上方红点构成人形。在颜色上，陈某明的商标为白底，外框加书阳

文；而海南省人民医院的徽标圆点、心形为红色，"HPPH"
为黑体。在含义上，陈某明的商标蕴含"手牵手、心连心"
的含义；而海南省人民医院的徽标犹如手抚慰心，隐喻其的
服务理念"以人为本、关爱健康、呵护生命"。在整体结构
上，陈某明的商标外围为封闭的"心形"，内围双手相握；海南省人民医院
的徽标主要部分为圆点加心形（未封闭），"HPPH"是海南省人民医院名称
的英文缩写。[①] 因此，陈某明的商标与海南省人民医院的标徽在造型、颜色、
整体结构等主要部分均不相同，两者商标不构成近似商标。

值得注意的是，在商品相同或类似的前提下，商标标识本身近似不一定
构成侵犯商标权，商标标识本身不近似也不一定不构成侵犯商标权。判定是
否构成侵犯商标权，除了考量商标标识本身的近似性外，还应考虑商标显著
性、知名度等，从而判断是否存在混淆可能性。总之，对于混淆性的商标近
似，必然构成侵犯商标权；对于非混淆性的商标近似，一定不构成侵犯商
标权。

三、商标司法鉴定意见书的撰写规范

鉴定意见作为民事诉讼法中的证据种类之一，鉴定意见经过质证后方可
作为认定案件事实的证据，因此，司法鉴定意见的规范性在认定案件事实中
显得尤为重要。而商标司法鉴定意见书作为司法鉴定意见书中的一种，是指
司法鉴定机构和司法鉴定人员在鉴定范围内接受委托后，由鉴定人员运用专
业知识、凭借专业技能或特别经验对委托人提供的鉴定材料进行鉴别和判断，
并提供鉴定意见的书面文件。

（一）商标司法鉴定意见书的内容构成

一般来说，商标司法鉴定意见书包括以下几个部分。

第一部分为首部。首部包括标题与编号，其中标题要写明司法鉴定机构
的名称和法律文书类型，如西南政法大学司法鉴定中心司法鉴定意见书；编

---

① 胡娜，刘振勇. 商标近似的判断标准及具体认定［J］. 人民法院报，2011—11—04（8）.

号要写明司法鉴定机构缩略名、年份、专业缩略语、文书性质缩略语及序号。①

第二部分为正文。正文包括：（1）基本情况——委托人、鉴定材料（检材、样本）、受理日期、鉴定事项、鉴定日期、鉴定地点、在场人员等；（2）检案摘要，即写明商标案件的基本情况，以及委托事项——"商品或服务相同或类似""商标相同或近似"；（3）检验过程，即写明商品或服务、商标的各构成要素；（4）分析说明，即比对商品或服务的各构成要素、商标的各构成要素的异同；（5）鉴定意见，鉴定意见是唯一的，不能出现"或""应该是"等词汇，例如作出"商品功能、用途、生产部门、销售渠道、消费对象各要素相同"的结论。

第三部分为尾部。尾部包括落款、制作日期、附注，其中落款需由司法鉴定人员签名或者盖章，并写明司法鉴定人的执业证号，同时加盖司法鉴定机构的司法鉴定专用章；附注是指需要对司法鉴定意见书解释的内容，或者形成司法鉴定意见书所依据的资料，一般包括鉴定材料（检材和样本）的图片等资料、司法鉴定人员的执业证件、引用的资料、参考的文献等。

（二）撰写商标司法鉴定意见书的注意事项

鉴定意见是委托人委托鉴定的目的，是委托人关注的重点。目前，在商标司法鉴定中，很多商标司法鉴定意见书都不规范，主要表现在以下几点。

1. 超范围下结论

鉴定意见出现超范围鉴定。例如，有的鉴定意见表述为"××商标构成近似，构成侵犯商标权"。有的鉴定意见表述为"××商品与注册商标核准使用的商品是同一种商品"。

2. 鉴定意见模棱两可、不明确

鉴定意见不明确。例如，有的鉴定意见表述为"××商标构成相同或近似"。有的鉴定意见表述为"××商品与注册商标核准使用的商品属于同一种商品或者类似商品"。

---

① 参见西南政法大学司法鉴定中心〔2016〕鉴字第3236号。

四、商标司法鉴定对鉴定材料的送检要求

在商标司法鉴定实践中，一般情况下，委托人都知晓应将侵权商标或者商品送检时，同时提供注册商标证书作为对比样本。一般来说，样本符合司法鉴定的要求，但是有的被控告侵权的商标不清晰或者被控侵权的产品体积过大、过重难以移动而只能送检产品照片，导致司法鉴定出现比对困难。

（一）送检的被控侵权的商标标识应尽量清晰

一般来说，如果被控侵权产品采用的是印刷商标，商标标识一般都比较清晰，满足司法鉴定比对的要求。但是对于特殊的产品上使用的商标不是采用印刷商标，而是采用其他方式标注的商标，如在机动车部件上的铸造标识；在质量监督局强制要求下，在螺纹钢上标注的产品标识；在陶瓷产品上标注的是阳文、阴文方式的标识等，由于商标标识的不清晰或者商标标识因铸造工艺变形等原因，使得司法鉴定在将检材与样本进行对比时，存在一定的比对困难。

以汽车铸造件为例，由于商标标识是铸造于零部件上的，基于铸造工艺的特性，商标标识的易变形导致被控侵权人自身的铸造件产品标识不清晰，从而导致送检的侵权产品的商标标识不清晰，难以与注册商标样本进行比对，导致司法鉴定比对出现困难。

因此，委托人在送检侵权产品的商标标识时，应尽量保证标识清晰，便于司法鉴定人员做对比，保证司法鉴定的可行性。

（二）检材的照片与实物的比例尺与样本相同

在商标司法鉴定实务中，除了将注册商标证书作为样本外，往往还需要将被控侵权产品以及注册商标使用的产品送检，但是有的产品因体积过大、质量过重，则只能将产品照片送检，此时为了对比的精确性，在对产品进行拍照时，应注意拍照的角度，以及保证被控侵权产品的照片与产品实物的比例尺与注册商标使用的产品与产品实物的比例尺相同。

第四节　其他商业标识的司法鉴定

一、"其他商业标识"的含义

本书所称的"其他商业标识"指的是，除了商标以外，其他能区分商标生产者或者经营者的标识，包括但不限于知名商品特有的名称、包装、装潢、商品形状、企业及企业集团的名称及其简称、字号、域名主体部分、网站名称、网页、姓名、笔名、艺名、频道节目栏目的名称、标识等。

二、"其他商业标识"的鉴定范围

《反不正当竞争法》第6条①对利用他人商业标识进行不正当竞争的行为进行了规制，若对于复杂疑难的、影响比较大的案件进行司法鉴定也必须明确司法鉴定的边界范围。司法鉴定只能对事实问题进行鉴定，该原则同样适用于对"其他商业标识"的鉴定。确定"其他商业标识"的司法鉴定范围，判断方法与确定商标案件的鉴定边界范围一致。

在对商品名称、包装、装潢是否相同或近似进行鉴定时，只能对商品名称、包装、装潢本身进行比较。被控侵权的商品名称、包装、装潢商业标识本身是否与有一定影响的商品名称、包装、装潢相同或近似的判断，属于客观状态的比对判断，并不会随着法律规定的变化而变化。同时，被控侵权商品的名称、包装、装潢本身是否与有一定影响的商品的名称、包装、装潢相同或近似的判断不属于法官的专属权利，并不涉及价值判断，除了法官，司法鉴定人员或陪审员均可作出判断，在同等条件下（假设专业素质、知识水平、经验等完全相同），法官、司法鉴定人员、陪审员等作出的判断应该是一致的。因此，被控侵权的商品名称、包装、装潢本身是否与有一定影响的

---

① 《反不正当竞争法》第6条规定，经营者不得实施下列混淆行为，引人误认为是他人商品或者与他人存在特定联系：(1) 擅自使用与他人有一定影响的商品名称、包装、装潢等相同或者近似的标识……

商品的名称、包装、装潢相同或近似的判断应属事实问题。

值得注意的是，上述商品名称、包装、装潢等商业标识混淆性的近似构成不正当竞争，"有一定影响的商品""混淆可能性"应属于法律适用问题。司法鉴定只能对"与有一定影响的商品名称、包装、装潢等商业标识本身是否相同或近似"进行鉴定，而不能对"是否属于有一定影响的商品""是否会混淆"进行鉴定。

三、"与有一定影响的商品名称、包装、装潢是否相同或近似"的鉴定

《最高人民法院关于审理不正当竞争民事案件应用法律若干问题的解释》第 4 条第 3 款规定："认定与知名商品特有名称、包装、装潢相同或者近似，可以参照商标相同或者近似的判断原则和方法。"

对于仿冒标识和虚假标识案件中，目前比较公认的司法鉴定方法，与商标司法鉴定相同，即将检材与样本进行比对，认定被控侵权商品或服务的名称、包装、装潢等商业标识本身是否与有一定影响的商品的名称、包装、装潢相同或近似。以下以对比包装为例。

（一）准确确定对比对象，即检材和样本

检材是指被控侵权的商品的包装；样本是指有一定影响的商品的包装。

（二）从整体上比对检材和样本包装的设计

从整体上对比检材和样本的包装，判断包装整体设计上的异同。

（三）从构成部分上对比检材和样本的包装的设计

对比检材和样本的构成部分，包括对比字体、图形、字母等之间的间距、排列、大小、颜色等的差异。

第五节　商标司法鉴定发展趋势

在商标司法鉴定实务中，目前争议较大的是"是否混淆"的判断能否引入市场调查法，交由司法鉴定机构进行。目前学术界和司法界都对引入市场

调查法对不同的群体"是否导致混淆"进行判断的呼声高涨。但是，在认定商标是否侵权的三步骤，即"是否近似"——"是否混淆"——"是否侵权"中，我们主张"是否混淆"还是应该由法官来判定，但是基于商标司法鉴定的技术属性以及司法鉴定人员知识结构的多元化，可将"是否混淆"分解为不同的维度，交由鉴定人员通过市场调查进行量化，从而保证市场调查数据的有效性、可信性，也为法官对"是否混淆"综合判断提供有力的技术支持。①

一、引入市场调查法判断"是否混淆"的必要性

在侵犯商标权案件中，法官根据"商标近似性—混淆可能性—侵犯商标权"的判断顺序进行。但是随着社会发展速度的加快和市场竞争的开放性，带来的新情况也越多。实践中出现一些特殊情况，造成法官在审判中很多的不确定。下面举两则例子来说明。

通常情况下，在商品相同或者类似时，标识的近似足以导致相关公众产生混淆，也即两者此时是等同的。但是也会出现特殊情况，即"商品相同或类似 + 商标近似"，但是"不造成混淆"。在这种情况下，虽然在视觉上，系争商标是近似的，但是在市场环境中，因为种种原因，消费者不会造成混淆，不会造成商标权利人的利益损失，没有侵犯《商标法》所保护的利益，也就不构成侵犯商标权。例如，本田公司汽车的商标是一个方形框正写的"H"，现代汽车公司的商标是椭圆形的框中一个斜向写的"H"。两家汽车公司的商标在元素使用上都是一个几何图形加一个相同的英文字母。两商标在颜色上都使用的是同一种颜色即银色。在结构布局上都使用图形包含字母，并且连接的结构。从视觉上看，本田商标与现代商标是近似的。但是在市场中，消费者不会对这两个公司的商标混淆。在实践中并没有关于本田与现代商标在商标混淆方面的司法判例，从这个角度也可以在一定程度上说明没有造成消费者混淆。这是因为存在某些因素造成这种结果。首先，由于汽车相比于一般的生活消费品，消费者会尽到比较高的注意义务，一般家庭或个人在购买

---

① 王品．市场调查法在侵犯商标权案件司法鉴定中的运用研究［D］．西南政法大学硕士学位论文，2016.

汽车前会有比较长的时间了解汽车品牌的过程，他们通过车展、导购介绍、资料搜索等渠道会尽可能多地了解关于汽车的信息。其次，大多数汽车店的经营模式都是以单个品牌或者单个企业集团为单位，也就是说汽车都是根据品牌分开销售的，并且在购买时会有导购进行详细的指引。在这种情况下，使消费者混淆的概率是比较低的。在商品类似或相同 + 商标近似的情况下，要判断出不造成消费者混淆，法官需要考虑的因素更加复杂，不确定的因素更多。此时消费者在市场环境中的真实态度法官难以把握。

第二种特殊情况是在"商品相同或类似 + 商标近似程度低"时，"造成混淆"的情况。例如，在嘉裕公司与中粮公司侵犯商标权纠纷案中，中粮公司拥有"长城牌"商标，嘉裕公司拥有"嘉裕长城"商标，使用商品类别均为葡萄酒等。"长城牌"商标和"嘉裕长城"商标均为文字和图元素构成的组合商标。"长城牌"商标的上边写有"长城牌"三个字，中间是一个圆形图案，圆形图案里面为延绵不断的长城景象，下边是英文"GREATWALL 和BRAND"。"嘉裕长城"商标是四个汉字"嘉裕长城"套印了黑底长方形的城垛子。"长城牌"商标比"嘉裕长城"商标先注册，在市场上具有较高的知名度，曾被有关部门认定为驰名商标。这起历时近两年的商标侵权案，从一开始提起诉讼就备受关注：原告方中粮公司是世界 500 强的特殊背景；长城葡萄酒的驰名度；一亿元赔偿的诉讼请求；最高人民法院首次在商标侵权案中作出财产保全的裁定。以上诸多要素的集合，使得此案影响力大。尽管该案最后判决赔偿的数额是一千余万，但仍创下了当时我国商标侵权诉讼赔偿额的最高纪录。此案的终审判决由最高人民法院作出，案件最核心的争议点为"嘉裕长城"商标与"长城牌"商标是否构成商标近似，以及前者是否侵犯后者商标专用权。对两个商标的文字的字形、读音、含义或者图形的构图及颜色，或者其各要素组合后的整体结构进行比对，最高人民法院认为两商标的整体外观有一定的区别。可以看出"长城牌"商标和"嘉裕长城"商标在整体上近似程度低。法院认为整体商标或者商标的主要部分具有混淆可能性时，即可认定构成商标近似。由于案件发生在 2013 年《商标法》修改之前，商标的侵权判定是以近似为标准，此时的近似是一种混淆性近似标准，而 2013 年《商标法》修改以后采用的是"商标近似性 + 混淆可能性"标准。

因此，在这里法院所说的可以理解为若商标整体或主要部分具有市场混淆可能性，可以认定为侵犯商标权。在商标法意义上，商标的主要部分是指商标的主要构成要素，主要构成要素需要具有来源识别性且易使相关公众将商标和商品联系起来。"长城牌"商标中的文字要素"长城"或"长城牌"具有较强的识别能力，能够使相关公众将其与中粮公司的葡萄酒产品或者是"长城牌"商标联系起来。因此，这两个词语是"长城牌"商标的主要构成要素，是其主要部分。"嘉裕长城"商标中因具有"长城"两字，且"长城"或"长城牌"这两个词语具有较强的知名度和显著性，很容易导致相关公众会对两商标产生混淆或者认为两者之间存在某种联系。因此，法院认为"嘉裕长城及图"商标使用了"长城牌"商标最具显著性的文字构成要素"长城"，并容易导致相关公众混淆。[①] 在一般情况中相似度低的两个商标不易造成相关公众混淆，但是并不能排除发生混淆的情况。在这个案件中，"长城牌"商标和"嘉裕长城"商标在隔离环境中进行比对，两个商标的图案虽然都是以长城为背景设计，但是设计风格、颜色排列、布局图案等方面不相同。但是在名称方面，一个是"长城牌"，另一个是"嘉裕长城"，两者是近似的。大多数的考量标准下不构成商标近似，但是在少部分考量标准下构成商标近似，可以认为这是近似性程度低的情况。在这种情况下，并不必然得出近似性程度低的商标不会造成相关公众的混淆的结论。在这种情况下的近似与混淆可能性之间缺乏直接过渡的标准。因此，在这种情形下，将相关公众对商标的真实心理状态数据化能够将商标近似和混淆可能性有效衔接。

从以上两个案例可以看出，在一些特殊案例中，"近似性"判断和"混淆可能性"判断之间出现断层，法官或者个人无法准确判断市场环境中消费者的真实反映。这是因为侵犯商标权判定的关键在于是否具有混淆可能性，商标是在市场环境中发挥作用，市场环境的另一方就是在与商标附着的商品有关联的相关公众，被控侵权商标利用市场上的相关公众对原告商标的一种认知误导他们，从而导致相关公众对商标产生误认、错误联系等的心理状态。因此，判断混淆的主体为相关公众，其中最主要的是消费者。混淆是指相关

---

① 　中华人民共和国最高人民法院〔2005〕民三终字第5号民事判决书。

公众对附有商标的商品和服务的来源发生错误判断，并作出相反的购物决策，可以说相关公众是侵犯商标权判定的核心主体。相关公众对商标的混淆，反映的是被控侵权商标存在误导相关公众的因素，使相关公众对商标产生模糊不确定的认知。这种认知往往是比较复杂的心理活动，受到许多方面因素的影响，在侵犯商标权的审判中是比较难确定的。虽然法官可以置于消费者的立场，其本身也是消费者群体中一员，综合各方考量，可以作出是否造成混淆的判定，实践中大多数的审判也是这种做法。但是，由于法官认知、背景等因素的限制，例如，法官在生活中没有接触过系争商标的商品，或者法官判断出现偏差，这时，法官就很难代表相关公众，很难深入了解每一位相关公众的心理状态，更何况是市场中成千上万的消费者。因此，法官在这样的情况下较难准确的作出判断。并且，相关公众是一个群体，而不是单个的个体，能够最直接反映群体的心理认知的方法就是市场调查的方法。市场调查能够通过科学的问卷设计，收集原始数据，这些原始数据是市场中反映相关公众对商标真实的心理认知状态。市场调查是对相关公众心理认知的最直接的反映，运用市场调查法进行相关公众调查是获得是否造成相关公众混淆的第一手资料的有效手段。市场调查法作为一种科学成熟的调查手段引入侵犯商标权判定中能够真实反映市场环境中相关公众的选择，能够使以上困境迎刃而解。①

二、引入市场调查法判断"是否混淆"的可行性

（一）新法律现实主义的兴起的理论背景

美国法与社会研究领域出现了一个新的法学流派，正在蓬勃发展，被称之为新法律现实主义。② 新法律现实主义之新是用于区别传统的法律现实主义。传统的法律现实主义的基础是庞德的法社会学，强调要充分认识理论与实践的差距。传统的法律现实主义主张通过司法实践这一途径来认识法与社

---

① 曾德国. 商标的司法鉴定标准及指标体系建设初探［J］. 哈尔滨师范大学学报，2013（6）：46—48.
② 范愉. 新法律现实主义的勃兴与当代中国法学反思［J］. 中国法学，2006（4）：40—46.

会、法与公共政策之间的关系。从法学的发展轨迹来看，随着思想的不断解放，现实主义理论和客观事实的认知逐渐成为主流，早期法律现实主义者的政治目的也逐渐演变为现在的科学立场。由于法与社会的基础理论研究早已成熟，加之其他各法学流派积累的丰富理论研究，推动了新法律现实主义流派的诞生。此外，社会多元化发展趋势和司法机制弊端的逐渐显露，并且法学不再只是单一的学科，法学与社会科学多学科相互渗透、相互交叉。这些因素和条件均是新法律现实主义诞生、发展的现代土壤和社会背景。新法律现实主义与传统的法律现实主义的相同点在于，均强调法律与社会之间存在紧密的联系。法会随着社会的变化而变化。两者之间也存在很大的区别，主要表现在以下方面：第一，传统法律现实主义实际上主要立足于司法金字塔的上层，主要的立足点是司法的顶端。大多数学者立足于精英主义立场，致力于研究一些经典的诉讼判例和法官的行为，而这种做法常常忽略一些与实际有密切关系的重要问题。这样的一些重要问题一般很难进入法律体系的上层，即使进入了，在经历一系列的"周折"之后，大多数时候问题与事实往往变得和原来的"样貌"不一样了。① 但是新法律现实主义却相反，它倡导的研究是自下而上的经验性研究，主张以社会生活和社会基层为立足点，关注与实践有紧密关系的重要问题，探讨法律与社会的关系。第二，新法律现实主义将经验性研究作为区别于其他流派的鲜明特征。新法律现实主义倡导实事求是的现实主义态度，不提倡根据传统法律意识形态和抽象理念推演出的普适性规律，用这种态度检讨各种法律理念和制度，揭示被意识形态和理想主义掩盖或模糊化的事实。② 第三，法律现实主义主张将社会科学及其他学科引入法学学科，新法律现实主义将这一主张推向新阶段。新法律现实主义结合了德国法学家埃利希的"活法"和美国法社会学家庞德的"行动中的法"的概念，将法社会学传统与实用主义精神融为一体。③ 新法律现实主义结合各种社会科学，主张与各社会科学的整合，包括社会学、统计学、人种学、行为科学、心理学、经济学等。新法律现实主义关注法律与各社会科学

---

① 范愉. 新法律现实主义的勃兴与当代中国法学反思［J］. 中国法学，2006（4）：40.
② 同上注，第41页。
③ 同上注，第42页。

的交流，需要不断寻求整合法与社会科学的模式。① 因此，市场调查法引入侵犯商标权案件的司法鉴定是以一种科学的社会学方法调查社会公众对系争商标是否造成混淆，得到真实的经验性研究数据和报告。将市场调查法引入侵犯商标权案件的司法鉴定中完全契合新法律现实主义的主张，而新法律现实主义的发展为市场调查法在侵犯商标权司法鉴定中的引入提供理论基石。

（二）市场调查法的必要性和科学性

市场调查法通过模拟相关公众在实际购买过程中的心理来确定使用在先注册商标的商品是否与在后商标使用者的商品在市场上足以造成混淆，从而给出符合实际的调查结论。② 市场调查法提供了一种收集大量个体或者社会群体相关信息的经济、系统的方式。市场调查法能够将相关公众对商标的心理认知反映到具体的数据上。商标近似性只是判断混淆可能性的前提，影响混淆可能性的因素还有很多，市场调查法是对影响混淆可能性的各个因素的综合调查。因此，市场调查结论是判断混淆可能性的重要参考，也是将商标近似性与混淆可能性连接的关键。

20 世纪 30 年代以后，市场调查法在应用领域和调查技术、调查方法得到新的发展。一方面，随着统计学、会计学、社会学、心理学等学科和计算机网络技术的发展，市场调查法在多学科的支撑下理论趋于完善，在面对海量的数据时得出的结论具有效率性和准确性，市场调查法有了可靠的理论基础和技术支撑。另一方面，随着调查技术和方法的不断进步，由普查向抽样调查转变。抽样调查是一种按照随机原则抽取样本的调查，是一种可以事先估计和控制抽样误差的调查，是一种得到广泛应用并具有高准确性的调查。③ 挪威统计学家凯尔指出："调查结果的准确性不取决于调查单位的多少，而取决于取得正确代表性的方法。"在大数定理（通常称为大数定律）、中心极限定理等数学理论的支持下，抽样调查在结果上就能够精确反映整体的情况。因此，在理论和技术的背景支撑下，市场调查法具有科学性。

① 范愉. 新法律现实主义的勃兴与当代中国法学反思 [J]. 中国法学，2006 (4)：43.

② 谢晓尧，陈贤凯. 商标混淆的科学测度：调查实验方法在司法中的运用 [J]. 中山大学学报：社会科学版，2013 (5)：36—38.

③ 罗勇. 论市场调查在侵犯商标权诉讼中的导入 [D]. 苏州大学硕士学位论文，2009.

1. 调查数量的保障

在侵犯商标权案件中，混淆的主体是相关公众，相关公众是一个庞大的群体，每一位相关公众都调查到是不现实的，只能在相关公众中选取一部分有代表性的群体。但是选取的部分调查群体必须在数量上有所保障，需要保障调查对象在数量上达到一定的程度，才能使调查结果更接近总体的特征，才能使调查结果反映真实的市场情况。在很多案件中，法官之所以没有采纳市场调查的证据就是因为调查的数量太少，不能真实反映市场情况和相关公众的心理认知。数量上如何保障，是一个复杂的问题。这需要从定性和定量两方面来考虑。具体来说，要考虑的因素包括调查的目的、抽样误差、实际操作的可实施性、经费的预算等。司法鉴定机构或者其他调查机构会根据各方面的考虑，综合权衡，选择一个最优的样本容量，来保证调查结果的可信度。

2. 科学的调查方法和工具

市场调查的科学性主要体现在运用科学的调查方法，科学的安排整个调查活动，并采用科学的工具对数据进行分析。而这些方法和工具并不是想当然的，而是经过时间的检验被专家、学者、大众认可的，例如，市场调查包括普查和抽查。采用抽样调查是最常见的。抽样调查，也称样本调查，是遵循随机原则，是从总体调查范围中抽取部分范围作为样本，然后以样本的调查结果对总体的特征进行估计和推断的一种调查方法，这种推断或估计具有一定程度的可靠度和精确程度。而且还有其他自然科学和社会科学领域引入的方法和工具。20 世纪 60 年代以后，随着描述和预测的数学模型的发展以及计算机科学的快速发展，调查数据的分析、储存、提取能力都得到了大幅度的提升。在科学的方法和工具的保障下才能提高结果的可信度和精确度。

3. 专业的问卷设计

问卷设计是市场调查中非常关键的一个环节。问卷调查相当于向被调查者收集资料的问题表格，是一种调查工具。经过长时间的探索和实践，总结出了问卷设计的原则和方法。从整体上看，专业的调查问卷需要遵循合理性、一般性、逻辑性、明确性、非诱导性、便于整理和分析的原则。问卷设计方法、问卷设计的程序、问卷设计的要点方面也都形成了专门的规定和规则。

问卷设计的范围、方法、结构等方面都在不断地加强和改善，不仅自身不断走向成熟，还不断引入新思维提升问卷设计的水平。在商标司法鉴定中，调查问卷设计的目的是调查相关公众对商标的心理认知。专业的问卷设计能够最大限度地获取相关公众内心的真实想法，高程度地还原相关公众的认知状态，问卷设计需要融入商标法中对混淆认定的考量因素，如不同地区、不同年龄、不同职业、不同收入、不同学历等对两个商标是否产生误认，通过调查了解不同群体的误认度。如在"永和大王"与"永和豆浆"商标纠纷案件中，在最初的问卷设计中，就没有考量商标法关注的这些要点问题。

4. 用数据说话

通过调研收集的数据，应客观真实地反映调查结果。不可回避的一个事实，就是我们的调研往往都是受一方当事人委托，在对数据分析整理中，只能用数据说话，尽量减少评论。因为受委托人的影响，评论往往会有一定的主观倾向。调查人员应站在第三方中立的立场，对两个商标是否产生误认的调查数据如实记录，提供法官参考。尽管市场调查报告现阶段还不能作为鉴定意见使用，但是多数法官都会作为参考，有的会在说理部分采信某些观点（当然不会明确表明）。

第六节　商标司法鉴定案例

一、商标司法鉴定案例简介

【案例 4—1】侵害注册商标专用权纠纷案①

1. 案情简介

案件事实：叶某洪经营的某个体工商户经商标局核准，拥有第 12 × × × × × 号的"GENUINEEASTMAN"注册商标，核定使用商品第三类：砂布、砂纸、

---

① 参见最高人民法院〔2012〕民提字第 97 号。

金刚砂、研磨剂、砂条、砂带、砂瓦、玻璃砂（研磨用）、研磨用刚玉砂、白刚玉，注册有效期限自 1999 年 4 月 21 日至 2019 年 4 月 20 日。

伊士曼公司经商标局核准，获得第 58×××× 号"EASTMAN"注册商标专用权，核定使用商品第七类：裁布机及其零部件，注册有效期限自 1992 年 3 月 10 日至 2012 年 3 月 9 日。伊士曼公司书面同意伊士曼宁波公司再许可捷亿达公司使用"EASTMAN"商标，后捷亿达公司委托伟群公司贴牌加工"EASTMAN"牌裁布机用砂带。

在《类似商品和服务区分表》中，"砂带、砂布"属于第三类 0304 "研磨用材料及其制剂"类似群，"裁布机用砂带"并非该区分表所列明的商品。商标局在 2010 年 12 月以前，将"裁布机用砂带"在第三类"砂带"商品及第七类"裁布机及零部件"商品上均予注册，"裁布机用砂带"既被划分到第 0304 类似群，又有被划分到第七类 0713 "缝纫、制鞋工业用机械"类似群的情况。

叶某洪以伟群公司生产、销售的砂带包装盒及砂带上突出使用"EASTMAN"商标，侵犯其商标专用权，提起诉讼。

争议焦点：（1）"EASTMAN"商标与涉案注册商标"GENUINEEASTMAN"是否构成近似；（2）被诉侵权产品与涉案注册商标核定使用的商品是否属于类似商品。

法院判决：一审法院认为伟群公司在其生产、销售的砂带包装盒以及产品上使用"EASTMAN"字母商标，侵害了叶某洪注册商标专用权。二审法院认为伟群公司不侵犯叶某洪主张的涉案注册商标专用权。再审法院认为伟群公司在其生产、销售的砂带包装盒以及产品上使用"EASTMAN"字母商标，侵犯了叶某洪注册商标专用权。

2. 案件点评

本案审理过程中都没有委托进行司法鉴定。本案一波三折，判决结果反复。从中可以看出，对"商标近似""商品相同"判断的复杂性、综合性。因此，对于此种争议复杂的商标案件可以考虑交由商标司法鉴定机构进行判断，提高诉讼效率与质量，提升判决公信力。

从法院认定"商标是否近似"来看，一审法院通过比对"EASTMAN"与

"GENUINEEASTMAN"商标的显著性、结构上、主要部分构成等,认定"EASTMAN"与"GENUINEEASTMAN"商标主要部分相同,整体视觉效果相近似,属于近似商标。二审法院从"EASTMAN"与"GENUINEEASTMAN"商标的字形、读音及整体结构上、显著性比较上,认为两者在字形、读音及整体结构上均存在较大差异,两者不构成近似商标。再审法院从"EASTMAN"与"GENUINEEASTMAN"商标的字形、读音、含义、使用位置、混淆可能性等认定两商标构成近似商标。一审法院、二审法院在认定"商标相同或近似"时,未考虑混淆可能性,而再审法院考虑了混淆可能性。从上述法院的认定分析来看,对"商标是否近似"的判断是否应该考虑混淆可能性,不同的法院存在不同的理解。同时,不同的法院对商标标识是否近似判断具体较强主观性,不同的法官认定结果不同,这也反映出法官很难真正把握相关公众的真实态度。因此,引入市场调查法对"商标是否近似"进行判断,通过调查问卷获取相关公众内心的真实想法,高程度的还原相关公众的认知状态,更有利于法院判决的一致性,维护判决的稳定性。

从法院认定"商品是否相同"来看,一审法院仅从砂带、裁布机用砂带两者之间名称的种属概念认定构成类似商品,二审法院通过裁布机用砂带是否属于裁布机的组成部分来判断两者是否构成类似,再审法院从裁布机用砂带与砂带在功能、用途、生产部门、销售渠道、消费对象等方面进行认定,但是具体分析较少,未充分阐述。法院未从商品的功能、用途、生产部门、销售渠道、消费对象等方面进行充分分析,在一定程度上使得不同的法院对该认定存在差异,大大降低了判决的说服力。

【案例4—2】福建×公司涉嫌假冒注册商标罪案

1. 案情简介

美国UL安全实验所拥有第12××××号注册商标 $\mathbf{\mathcal{R}}$,核定使用的商品是《类似商品和服务区分表》第九类:电容器,变压器,电缆,功率变换设备,电源,电缆中断线套筒等。该商标注册的当前有效期限自2008年10月28日至2018年10月27日,现处于有效保护状态。

福建×公司在生产、销售的自动电压调节器"GENERATOR AvR"及包装盒上使用上述注册商标 ®。第一次，由当地公安局委托北京××鉴定机构，对福建×公司在生产、销售的自动电压调节器"GENERATOR AvR"与权利人注册商标所核定使用的商品项目是否相同进行鉴定。北京××鉴定机构的鉴定意见是：福建×公司生产、销售的自动电压调节器"GENERATOR AvR"与12××××号注册商标核定使用的变压器属于同一种商品。当地公安机关依据该鉴定意见，立案侦查。犯罪嫌疑人被批捕，案件已移送当地检察院。犯罪嫌疑人律师通过律师事务所，委托西南政法大学司法鉴定中心对"福建×公司生产、销售的自动电压调节器'GENERATOR AvR'与12××××号注册商标核定使用的变压器是否是同一种商品"进行鉴定。西南政法大学司法鉴定中心根据提供的检材和样本，作出了不同的鉴定意见。律师向检察院提交了新的鉴定意见书，[①] 后被采纳，检察院作出了不起诉决定。

2. 案件点评

通过对自动电压调节器与变压器两者的涵义进行比较得出两者的涵义不同，再参照《商标注册用商品和服务国际分类表》《类似商品和服务区分表》、借鉴《2014 年度 HS 海关商品编码表》进行分类比较，得出两者归属品目不同，编码分类也不同，最后再通过比对两者功能、用途、主要原料、消费对象、销售渠道等要素，得出两者在功能、用途、主要原料、消费对象、销售渠道等方面的不同。

一般案件中，对是否是同一种商品的判定，参照《商标注册用商品和服务国际分类表》《类似商品和服务区分表》就能认定。但是这个案件中的"自动电压调节器"，《商标注册用商品和服务国际分类表》《类似商品和服务区分表》没有相应的名称，通过"自动电压调节器"的定义，也很难确定类别。但是，在《2014 年度 HS 海关商品编码表》中有确定的类别。这是因为《2014 年度 HS 海关商品编码表》更新速度快。为此，借鉴《2014 年度 HS 海关商品编码表》进行分类比较，并通过对商品的功能、用途、主要原料、销售渠道、消费对象等方面进行比对，从而得出鉴定意见。

---

① 参见西南政法大学司法鉴定中心〔2014〕鉴字第 3236 号鉴定意见书。

【案例4—3】与知名商品特有的包装装潢的不正当竞争纠纷案①

1. 案情简介

案件事实：烟台欣和味达美食品有限公司（以下简称味达美公司）拥有味极鲜瓶贴的外观设计专利的使用权，其投入了大量的财力、物力进行产品研发、宣传和推广，使"味达美"味极鲜酱油等产品成为调味品的杰出代表。味达美公司以山东沙土食品工业有限公司（以下简称沙土公司）生产、销售的"嘉兰"味极鲜酱油使用了与其"味达美"味极鲜酱油相近似的包装、装潢，足以使消费者在以一般注意力的情况下产生混淆构成不正当竞争为由，提起诉讼。

争议焦点：（1）味达美公司涉案"味达美"味极鲜酱油标贴是否属于知名商品特有的包装装潢；（2）被控产品的包装、装潢与味达美公司产品的包装、装潢构成近似。

法院判决：一审法院认为，味达美公司的"味达美"味极鲜酱油为知名商品。味达美公司长期使用的"味达美"标贴，该标贴亦被授予外观设计专利权，属于味达美公司商品特有的包装、装潢。被控产品的包装、装潢与味达美公司产品的包装、装潢构成近似。因此，沙土公司在其产品上擅自使用与味达美公司知名商品近似的包装、装潢，其行为构成不正当竞争。沙土公司不服一审判决，提起上诉。二审法院驳回了上诉，维持原判。后沙土公司申请再审，再审法院驳回了沙土公司的再审申请。

2. 案件点评

关于"味达美公司涉案'味达美'味极鲜酱油标贴是否属于知名商品特有的包装装潢"这一争议应交由法官进行个案判断。司法鉴定机构只能在"构成知名商品特有的包装装潢"这一前提下对"沙土公司的'嘉兰'味极鲜酱油的包装、装潢与味达美公司味极鲜酱油的包装、装潢是否构成近似"这一事实问题进行鉴定。

司法鉴定机构对沙土公司的"嘉兰"味极鲜酱油的包装、装潢（以下简称检材）与味达美公司味极鲜酱油的包装、装潢（以下简称样本）的比对应

---

① 最高人民法院〔2016〕最高法民审170号民事裁定书。

参照商标近似的判定原则和方法进行比对，并将检材与样本在隔离状态下进行比对，存在以下特征。

（1）在图案设计方面。检材的标贴以上半部分的黄色和下半部分的红色为基色，黄色和红色以波浪线状交汇，上下配以金色线条镶边；样本的标贴以上半部分的黄色和下半部分的红色为基色，黄色和红色以波浪线状交汇，上下配以金色线条镶边。检材的颜色搭配与样本的颜色搭配近似。

（2）在字体设计方面。字体设计是标贴的主要组成部分。检材的标贴使用蓝色、红色排列的方形标识，方形图形中文字均采用白色字体，商标下方用白色字体标明品名"味极鲜酱油"并有黄色英文字样，英文下方有笑脸标识。样本的标贴使用蓝色、红色、绿色叠加排列的方形注册商标，方形图形中文字均采用白色字体，商标下方用白色字体标明品名"味极鲜酱油"并有黄色英文字样，英文下方有笑脸标识。两标贴的字体设计基本一致，唯一的不同在于两者标注的文字不同，检材标注的字样为"嘉兰"，样本标注的字样为"味达美"，但是因字体较小，不会引起相关公众的注意。因此，两标贴的字体设计近似。

综上，检材的标贴在整体图案设计上与样本近似；检材的标贴在字体设计与样本近似。

二、商标司法鉴定存在的问题

（一）司法鉴定程序的启动

前文已经介绍了司法鉴定启动的程序，但是在实践中还会遇到许多特殊的情况。如福建×公司在生产、销售的自动电压调节器"GENERATOR AvR"擅自使用了他人的注册商标。第一次，由当地公安局委托北京××鉴定机构，对福建×公司在生产、销售的自动电压调节器"GENERATOR AvR"与权利人注册商标所核定使用的商品项目是否相同进行鉴定。当地公安机关依据该鉴定意见立案侦查。犯罪嫌疑人被批捕，案件已移送当地检察院。犯罪嫌疑人的律师向检察院提请重新鉴定。众所周知，在此情况下，检察院很难启动重新鉴定程序。为此，只有通过律师事务所提出鉴定。但是，作为刑事案件，律师事务所委托的鉴定，其鉴定意见如何被采信的问题，还存在很大的争议。但是在实践中却经常会遇到这种现象。

（二）鉴定机构的选择

2005 年 11 月 14 日，国家工商总局商标局商标案字〔2005〕第 172 号规定，"在查处商标违法行为过程中，工商行政管理机关可以委托商标注册人对涉嫌假冒注册商标商品及商标标识进行鉴定，出具书面鉴定意见，并承担相应的法律责任。被鉴定者无相反证据推翻该鉴定意见的，工商行政管理机关将该鉴定意见作为证据予以采纳"。但是，在实践中发现，有的企业为了自身利益的需要，将经济合同纠纷以涉嫌假冒注册商标商品及商标标识报案。例如，在四川宜宾发生的一起商标纠纷案。权利人是一家在全国知名的生产塑料管件的企业，在企业发展高峰时，在许多地区开设有生产基地，发展了许多经销商。经过几年的发展，该企业发现一些经销商涉嫌假冒注册商标及商标标识、销售假冒产品。当地工商局委托权利人自己鉴定，其结果可想而知。经销商认为企业过河拆桥，企业认为经销商涉嫌假冒。由此可见，为了公正的解决争端，鉴定机构的选择尤其重要。

第五章

著作权司法鉴定

第一节　著作权的基础知识

一、侵犯著作权的责任类型

著作权是保护文学、艺术、科学作品产生的权利，包括人格权和财产权，文学、艺术、科学作品是著作权法产生、发展的依据，是著作权法律关系指向的对象。著作权最早产生于 15 世纪的英国，目的是限制危及王室政权的书报刊印，将出版特权变为政府专利，后著作权在英、美、法、德、日等国得到发展，出台著作权法律，并将著作权保护的范围从出版权扩大到音乐作品、戏剧作品等方面。① 著作权法是指调整因著作权的产生、控制、变动而产生的财产关系和人身关系的法律规范的总称。我国著作权立法始于清末，经过多次立法变迁，于 2010 年对《著作权法》进行第二次修正，成为现行著作权的法律依据，目的是有益于社会主义精神文明、物质文明建设的作品的创作和传播，促进社会主义文化和科学事业的发展与繁荣。

根据《著作权法》（2010 年修正）第 2 条，我国著作权法实行自动保护主义原则，作品完成之日即获得著作权。它保护的是独创性的表达，因此，根据《最高人民法院关于审理著作权民事纠纷案件适用法律若干问题的解

---

① 张玉敏. 知识产权法学：第 2 版［M］. 北京：法律出版社，2011：5.

释》第 15 条，即使某一作品相类似甚至相同，但只要由不同作品独立完成并具有创作性，应当认定作者各自享有独立的著作权。

　　侵犯著作权的法律责任包括三种，民事责任、行政责任和刑事责任。民事责任包括停止侵害、消除影响、赔礼道歉、赔偿损失等，《著作权法》第47 条规定了承担民事责任的十余种情形。① 行政责任包括责令停止侵权行为，没收违法所得，没收、销毁侵权复制品，并可处以罚款；情节严重的，著作权行政管理部门还可以没收主要用于制作侵权复制品的材料、工具、设备等。根据《中华人民共和国著作权法实施条例》（以下简称《著作权法实施条例》）承担行政责任要求实施了侵权行为，同时损害社会公众利益，非法经营额 5 万元以上的；没有非法经营额或者非法经营额 5 万元以下的，著作权行政管理部门负责查处。刑事责任是指违反刑法相关规定，侵犯著作权罪，根据《著作权法》第 48 条的规定，具体包括八种行为。②

----

① 《著作权法》第 47 条规定："有下列侵权行为的，应当根据情况，承担停止侵害、消除影响、赔礼道歉、赔偿损失等民事责任：（一）未经著作权人许可，发表其作品的；（二）未经合作作者许可，将与他人合作创作的作品当作自己单独创作的作品发表的；（三）没有参加创作，为谋取个人名利，在他人作品上署名的；（四）歪曲、篡改他人作品的；（五）剽窃他人作品的；（六）未经著作权人许可，以展览、摄制电影和以类似摄制电影的方法使用作品，或者以改编、翻译、注释等方式使用作品的，本法另有规定的除外；（七）使用他人作品，应当支付报酬而未支付的；（八）未经电影作品和以类似摄制电影的方法创作的作品、计算机软件、录音录像制品的著作权人或者与著作权有关的权利人许可，出租其作品或者录音录像制品的，本法另有规定的除外；（九）未经出版者许可，使用其出版的图书、期刊的版式设计的；（十）未经表演者许可，从现场直播或者公开传送其现场表演，或者录制其表演的；（十一）其他侵犯著作权以及与著作权有关的权益的行为。"

② 《著作权法》第 48 条规定有下列侵权行为的，应当根据情况，承担停止侵害、消除影响、赔礼道歉、赔偿损失等民事责任；同时损害公共利益的，可以由著作权行政管理部门责令停止侵权行为，没收违法所得，没收、销毁侵权复制品，并可处以罚款；情节严重的，著作权行政管理部门还可以没收主要用于制作侵权复制品的材料、工具、设备等；构成犯罪的，依法追究刑事责任："（一）未经著作权人许可，复制、发行、表演、放映、广播、汇编、通过信息网络向公众传播其作品的，本法另有规定的除外；（二）出版他人享有专有出版权的图书的；（三）未经表演者许可，复制、发行录有其表演的录音录像制品，或者通过信息网络向公众传播其表演的，本法另有规定的除外；（四）未经录音录像制作者许可，复制、发行、通过信息网络向公众传播其制作的录音录像制品的，本法另有规定的除外；（五）未经许可，播放或者复制广播、电视的，本法另有规定的除外；（六）未经著作权人或者与著作权有关的权利人许可，故意避开或者破坏权利人为其作品、录音录像制品等采取的保护著作权或者与著作权有关的权利的技术措施的，法律、行政法规另有规定的除外；（七）未经著作权人或者与著作权有关的权利人许可，故意删除或者改变作品、录音录像制品等的权利管理电子信息的，法律、行政法规另有规定的除外；（八）制作、出售假冒他人署名的作品的。"

二、著作权法的侵权认定

著作权法保护的对象是作品,其是指文学、艺术和科学领域内具有独创性并能以某种有形形式复制的智力成果。具体包括四个方面的条件:第一,属于文学、艺术和科学领域。此处所谓"文学、艺术和科学领域"应当理解为文化领域,可以满足人类的精神文化需求,其与工业领域相区别,工业产品一般不属于著作权法的保护对象,但若其满足一定的独创性,可以纳入著作权法的保护范围;第二,具备独创性。作品的独创性要求与专利的新颖性不同,作品仅要求最低限度的独创性,即作品是独立创作的,表达形式与众不同、具有独创性,而不要求作品的内容具有独创性,因为文化具有传承性、公共性,内容的独创性将对文化的传播产生不良影响,甚至造成文化垄断。正因如此,在我国存在大量的类似作品,权利人主张对方涉嫌抄袭,但在法律实践中往往难以认定是否涉嫌抄袭,此时需要借助司法鉴定的手段协助法官审理相关案件;第三,能以某种有形形式复制。复制包括多种,如印刷、复印、录音、录像、翻拍、扫描。但是"有形形式"不等同于"有形载体",并非指作品必须以某种有形形式固定,授课、辩论等口述作品也属于作品,受著作权法的保护,另外,产品设计图、工程设计图虽属于著作权法的保护范围,但根据产品设计图制造的产品、根据工程设计图建造的建筑物不属于作品的复制行为;第四,作品需表达一定的思想。思想属于意识范畴,属于主观范围,不受著作权法保护,思想要想被人感知,需通过一定的载体表达出来,作品是承载了思想的表达,故现代著作权法采用思想和表达二分法,规定著作权法保护的对象是表达,而非思想。

侵犯著作权是指创作作品的人的人身权或财产权被侵犯的行为,属于知识产权侵权范畴,侵权对象包括文学作品、美术作品、软件及科学作品等,侵犯著作权是知识产权侵权中认定侵权难度最大的一类。认定侵权首先要确定的是著作权的保护范围,而思想和表达二分法是识别保护范围的核心原则。侵犯著作权的判断方法是"接触+实质性相似","接触"是指被控侵权人与著作权人的作品有过接触,"实质性相似"是指被控侵权产品与著作权人的作品的相似度,不要求被控侵权人有百分之百的抄袭或复制著作权人的作品的行为，是否构成实质性相似，在两个相似作品比对过程中，需要注意排除公知部分，即两作品具有独创性的部分是否实质性相似。在实践中，认定被控侵权人是否与著作权人的作品有接触，法官可以根据被控侵权人的生活轨迹推论得出，但两作品实质性相似的认定是一大难题，法律中没有两作品构成实质性相似的标准，法官根据其自身经验，也常常难以作出认定，因此委托司法鉴定协助法官认定案件真相成为侵犯著作权案件的常态。

三、著作权的司法鉴定现状

（一）著作权司法鉴定发展迅速

侵犯著作权纠纷近几年逐渐增多，根据我国最高人民法院公布的数据，2011 年新收著作权一审案件 35 185 件，比上年增长 42.34%，占新收案件总数的 59.02%；2012 年新收著作权一审案件 53 848 件，比上年增长 53.04%，占新收案件总数的 61.59%；2013 年新收著作权一审案件 51 351 件，同比下降 4.64%，占新收案件总数的 57.96%；2014 年新收著作权一审案件 59 493 件，同比上升 15.86%，占新收案件总数的 62.28%；2015 年新收著作权一审案件 66 690 件，同比上升 12.1%，占新收案件总数的 60.97%。[①] 从 2015 年以后的发展来看，著作权纠纷案件在知识产权案件中所占的比例均呈上升态势，且在每年新收知识产权一审案件总数中占据重要地位。著作权案件激增，增加了审判压力，其中也有不少引起社会广泛关注，如琼瑶诉于正案、《红色娘子军》案、《梦幻西游》与《神武》之争、《葫芦兄弟》与《十万个冷笑话》著作权纠纷案。各类案件中涉及专门性问题的不在少数，尤其是知识产权侵权案件专业性更强，法官不是万能的，面对案件中的专门性问题，法官往往需要借助司法鉴定的手段查明案件事实和真相，鉴定意见作为认定事实的证据，是证据规则的重要组成部分。但是由于鉴定人员自身素质良莠不齐，鉴定机构超范围鉴定的情况屡见不鲜，只要委托方提出要求，一些鉴定机构什么事项都纳入鉴定范围，甚至大包大揽，导致鉴定意见的可信度下降，并直接影响了案件的审理和法院调解工作的进行。

---

① 数据来源于最高人民法院《中国法院知识产权司法保护状况（2011—2015）》。

侵犯著作权案件数量的大幅增加，有限的知识产权法官越来越难以应付错综复杂的侵犯著作权案件，也越来越依赖司法鉴定。司法鉴定意见在著作权案件中发挥着其他证据不可替代的作用，鉴定意见作为关键证据，凸显了司法鉴定在判案中的重要性。但是，由于相关制度的不完善和鉴定市场的不规范，严重影响了鉴定的科学性、公正性、严肃性，并在一定程度上妨碍了司法公正，同时也在人力、物力、财力上造成极大浪费，因此规范著作权的司法鉴定有重要的意义。

1. 明确著作权司法鉴定定位

司法鉴定是综合运用技术手段、专业知识、职业技能和执业经验为诉讼活动提供技术保障和专业服务的一种司法证明活动。① 司法鉴定既不属于司法范畴，也不属于行政范围，而是一种科学实证活动，具有法律性与科学性统一的基本属性，在案件审理中往往作为核心证据起到关键作用。从社会公共管理层面来看，司法鉴定机构是提供社会公共服务的部门，与司法机关、行政机关不存在隶属关系，也与诉讼双方无利益纠葛，司法鉴定提供的是一种公共产品，司法鉴定人提供司法鉴定活动时，既不是对委托人负责，也不是对当事人负责，而是对法律负责，对鉴定事项负责，鉴定意见也只表明客观事实。

2. 规范著作权司法鉴定

实践中司法鉴定人员大多是技术专家，但是法律知识却知之甚少，但在著作权案件的司法鉴定中，要求鉴定人员不仅需要具备专业技术知识，还需要具有一定的知识产权法律基础，因为著作权采用"思想＋表达二分法"，不保护权利人思想，只保护思想的表达。对于此，不具有知识产权法律基础的鉴定人员很难理解，也容易在鉴定中出现超范围鉴定等问题。著作权司法鉴定中作品类型多样，鉴定范围、方法、标准不统一，就著作权案件而言，司法鉴定主要包括两个部分，一是作品的独创性，二是作品是否具有同一性。针对作品是否具有独创性，学界有两种不同的看法，一种是认为独创性属于司法鉴定的范围，另一种是认为独创性应当由法院认定，不属于司法鉴定的

---

① 霍宪丹. 加强司法鉴定管理，完善知识产权鉴定制度［J］. 科技与法律，2008（3）：12—14.

范围，所以在实践中，部分鉴定机构对作品的独创性进行鉴定，部分鉴定机构不将独创性纳入鉴定范围。鉴定方法和标准上，不同的作品鉴定方法不同，同一作品不同机构的鉴定方法也存在不同，统一的鉴定方法和标准能够规范著作权司法鉴定，降低鉴定意见不被采信的风险。

3. 创新著作权司法鉴定的方法

在著作权司法鉴定中，作品类型繁多，不同类型作品有不同表现形式，有不同的鉴定方法。虽然著作权司法鉴定尚未形成统一的标准、方法，但目前各种类型作品的司法鉴定都存在一套公认的鉴定方法。不过这些鉴定方法存在一些缺陷，例如，文字作品的司法鉴定，主要是将检材与样本进行对比，尤其是错别字对比，忽视了文字作品的创造性，过于僵硬；美术作品的司法鉴定，将检材与样本的整体和局部进行对比，忽视美术作品的内涵、创造性等。著作权司法鉴定需要不断反思，变革鉴定方法，统一鉴定标准，渐渐规范著作权的司法鉴定。

（二）著作权司法鉴定范围的界定

著作权司法鉴定是指在侵犯著作权案件中，为了解决案件中的专门技术问题，当事人或者人民法院委托有资质的司法鉴定机关进行鉴别和判断并提供司法鉴定意见。在司法鉴定过程中，必须区分事实问题与法律问题的界限，即著作权司法鉴定的范围，这是司法鉴定的基础，也是鉴定意见是否具有可参考性、可采性的关键。通常来讲，法律问题是指与法律相关的、可以利用法律或者法律逻辑来解决的问题，法律是随着社会的发展而不断变化的，事实问题是客观存在的，不包含在法律之内，无论法律如何变迁，只要没有出现足以颠覆现有事实的新的因素，事实问题的结论即是同一的。

侵犯著作权案件审理遵循"接触＋实质性相似"原则，这是判断侵犯著作权是否成立的核心标准。接触，是指被控侵权作品的创作者以前曾研究、复制对方独立创作的作品或者有研究、复制对方作品的机会，即创作成果不是源自创作者本人，这实际上是对被告存在抄袭等侵权行为的进一步佐证。对"接触"的认定，主要从接触的主体、接触行为本身以及接触人的心态等方面进行认定。主要通过以下两种方式证明，一是以直接证据予以证明，例如，被告曾阅读、见到、购买原告的作品或者被告曾在原告处工作等方式接触原告的作品；二是通过间接证据予以证明，例如，原告作品在被告作品之前就已经通过发行、展览、表演、放映、广播等方式公之于众，原告之前已经对其作品办理注册或者登记，而注册或登记档案可供公众查阅。在具体实践中，由于接触方式存在多种可能性，对于行为人是否有机会接触或者已经实际接触，不能通过司法鉴定来解决。

实质性相似，是指侵权作品中体现创作者个性的部分与原作的独创性部分实质性相似，系一种把他人作品据为己有，仅将个别部分略作变动，没有创造性劳动的侵权行为。在认定作品是否"实质性相似"时，应将作品中受著作权法保护的部分与被控侵权作品的相应部分进行比对。对美术作品比较时，应以整体上的相似和局部上的相似作为美术作品之间实质性相似的根据。著作权司法鉴定是由专门的鉴定人员针对案件中的专业性技术问题作出判断，作为法院审理著作权案件的关键证据，司法鉴定的鉴定对象是事实问题而非法律问题。

独创性是否属于司法鉴定的范围，学界一直存在两种声音，一种认为独创性属于司法鉴定的范围，可以进行鉴定；另一种认为独创性不属于司法鉴定范围，是司法权力的运用。判断独创性是否属于司法鉴定的范围，首先要判断独创性是事实问题还是法律问题。作品的独创性核心是作品由作者独立创作，并且具有一定创造性。作品必须是作者独立完成的，按照作者自己的设计、安排进行创作，是作者个性的表达，并且著作权独创性不要求作品创作水平的高低，作品创作水平的高低与作品的艺术性、价值高低有关，与是否具有独创性无关。认定作品是否具有独创性，不同的国家有不同的标准，结果也不尽相同，作品是否由作者独立完成，法官根据当事人双方提供的证据材料，运用法律逻辑进行分析，再加上双方当事人质证即可作出判断，故作品是否具有创造性不是客观事实认定，而是司法认定的范畴，作品的独创性不属于司法鉴定的范围。

针对作品是否构成侵权，即是否采取抄袭、复制等方式侵犯了著作权人具有独创性的作品内容，是事实问题和法律问题的混合，应当具体问题具体分析，作品构成侵权的条件是"接触＋实质相似"，即被控侵权人能够实际

"接触"到作品，并且两作品构成实质相似。法官根据案件证据材料，运用法律逻辑推理能够对被控侵权人是否接触作品作出判断，不属于司法鉴定范围。针对作品的相似程度（同一性），大量涉及专门性技术知识，例如，软件源代码的异同，法官并不熟悉各种计算机高级语言，需要熟知计算机高级语言的专家进行判断，不止软件作品，随着时代的发展，网络的泛化，文字作品、美术作品侵权案件逐渐复杂化，法官常常难以对作品的同一性作出主观判定，往往需要借助司法鉴定的手段协助认定作品的相似度，再结合该案其他证据，判断是否构成侵权。

综上所述，司法鉴定是具有专门技术的人员利用专业技术手段对案件中的事实问题进行判断，即著作权司法鉴定的范围是两作品的相似度（是否具有同一性），具体在案件中著作权归属于谁、被控侵权人是否与作品接触、作品是否构成实质性相似、侵权是否存在等问题，均应由人民法院作出判断，不属于著作权司法鉴定的范围。司法鉴定主要是对检材与样本进行对比，从而认定两作品是否相同或者近似，不同类型的作品有不同的表现形式，因此也就存在不同的判断方法，需根据具体作品类型进行认定。

（三）著作权司法鉴定类型

《著作权法》第3条规定了作品的种类，包括文字作品，口述作品，音乐、戏剧、曲艺、舞蹈、杂技艺术作品，美术、建筑作品，摄影作品，电影作品和以类似摄制电影的方法创作的作品，工程设计图、产品设计图、地图、示意图等图形作品和模型作品，计算机软件以及法律、行政法规规定的其他作品等。著作权包括的内容比较多，但并非所有作品都需要进行司法鉴定，文字作品、美术作品是著作权司法鉴定的主要领域，但近几年软件侵犯著作权案件大量增加，成为司法鉴定的一个新兴领域，尤其是网络游戏的司法鉴定，案件多且鉴定方法、程序复杂。其他如摄影作品、视听作品、建筑作品等司法鉴定，实践中出现较少。因此本章重点介绍文字作品、美术作品、软件作品以及网络游戏的司法鉴定。（1）在文字作品的司法鉴定中，目前主要采取的是对检材与样本进行比较，认定相同的字数的方法。但实践中存在一些问题需要完善，例如，机械比较字数的相同率，没有突出文章创新部分的重要性；采取人工比对的方法，降低了鉴定效率。（2）对美术作品的司法鉴定，当前主要采取的鉴定方法是从整体和局部来进行比较判断，首先比较检材与样本的整体结构，其次对局部特征进行详细的比对，从而得出鉴定意见。（3）软件作品的鉴定方法有四种，第一种是逐句对照法，第二种是 SSO 规则，第三种是全部观念及感觉法，也是目前应用比较广泛的鉴定方法，第四种是抽象—过滤—比较三步检测法。不同的鉴定机构鉴定方法有所不同，甚至有些鉴定机构存在胡乱鉴定的现象，这种情况下，法院对鉴定意见的审查判断至关重要，它决定了案件审理的走向和最终诉讼结果的形成。（4）网络游戏的本质是软件作品，但其包含了文字作品和美术作品，鉴定方法复杂，鉴定中主要从游戏的外部元素和内部元素两个方面进行比较鉴定。游戏外部元素包括游戏人物形象设计、游戏界面、游戏规则三个方面，游戏内部元素主要是指游戏的本质是计算机软件，因而对网络游戏的计算机软件进行鉴定。

第二节　文字作品的司法鉴定

一、文字作品司法鉴定范围

文字作品侵权案件是侵犯著作权案件的传统领域，一直以来案件数量都比较多，近几年网络文学的飞速发展，大量的文字作品侵权案件进入法院，比较知名的有琼瑶诉于正案、金庸诉江南案等。文字作品种类繁多，根据题材可以分为历史、军事、管理、学术、文学等，每种作品各有其特点，认定作品是否构成侵权应当综合考虑该作品的写作背景、历史渊源、作者经历等，根据"接触＋实质性相似"综合进行判定。因为不同作者的经历、思维方式各不相同，在相似作品的结构、目录、编排顺序等方面也不尽相同，故文字作品的司法鉴定主要是将检材与样本从结构、目录、内容三方面进行比对，认定两作品中相同的字数，特别是对错别字的比较，从而认定两作品的相似度。

历史题材作品的司法鉴定需要特别注意，因为历史是过去发生的事实，具有唯一性，根据同一历史事实或者人物生平创作的作品，必然在故事情节、事件发展等方面存在一定的相似性，如果对其中某一部分事实进行改动，则是对历史的篡改，失去其真实性。在历史题材作品的司法鉴定中，对于史料的原文部分，应当尊重历史不能改动，即使相同，也是合理使用，鉴定的重点主要针对的是注释和译文两部分，这是作品受保护的基础，即这两部分包含创新的内容，对此类作品独创性的判定，应当从作品整体入手，着重将检材与样本的注释和译文两部分分别进行比对，不必拘泥于某个特定情节类似，从而认定两作品是否相同或者实质性相似。

【案例5—1】 三民书局股份有限公司与韩某琦、中华书局有限公司侵害著作权纠纷案

1. 案情简介

案件事实：2003年6月2日，三民书局股份有限公司（以下简称三民书局）与韩某琦签订了著作财产权转让协议，依法受让韩某琦译注文字作品《新译史记读本》（又名《新译史记一至八》）的全部著作财产权。2010年11月12日，中华人民共和国国家版权局向三民书局颁发《著作权登记证书》（登记证号：2010—A—033116）。2011年前后，三民书局在大陆地区发现由中华书局有限公司（以下简称中华书局）出版、署名韩某琦译注的全本全译全注《史记》（共九册）（以下简称三全本《史记》），并在灿然书屋处购得该涉案侵权图书。经比对，涉案侵权图书与三民书局受让韩某琦的前述作品内容一致。三民书局据此向中华书局等交涉，但无果。为维护自身合法权益，三民书局诉至法院。

争议焦点：因该案中《新译史记一至八》和三全本《史记》均为同一作者韩某琦译注，"接触"条件成立，故该案争议的焦点是两作品是否构成实质性相似，这是该案侵权是否成立的基础。

法院判决：一审法院裁判，（1）三民书局立即停止出版发行侵害中华书局著作权的涉案《新译史记一至八》；（2）三民书局赔偿中华书局经济损失人民币80万元及诉讼合理支出费用人民币2万元；（3）驳回中华书局的其他诉讼请求。三民书局不服一审判决提起上诉。二审法院裁判驳回上诉，维持原判。

该案中，法院组织三民书局和韩某琦、中华书局、灿然书屋就《新译史记一至八》和三全本《史记》的近似性问题进行勘验。三民书局和韩某琦、中华书局、灿然书屋均认可两作品的结构基本一致，均主要由《史记》原文、注释和译文三大部分构成。就两者的内容部分，三民书局和韩某琦、中华书局、灿然书屋均认可两者关于"《史记》原文"部分基本一致；也均认可三全本《史记》中的《秦始皇本纪第六》在基本采用《新译史记一至八》中《秦始皇纪第六》"注释"内容的基础上，增加了部分内容；三民书局认为两者的"译文"部分基本一致，韩某琦、中华书局、灿然书屋则认为两者"译文"部分至少 30% 不近似。

法院认为，首先，三全本《史记》中新增的内容多数系其他史学家观点的记载，新增内容中属韩某琦本人的独创性表达的仅占很小比例，因此两者"注释"部分已构成实质性相似。关于两者的"译文"部分，中华书局主张两者至少有 30% 不近似，并且进行了相应的对比。中华书局在提交的材料附表 2 中所列 8 处"不同"之处，均系表达上的细微差别，不影响两者"译文"部分已构成实质性相似。其次，三民书局、韩某琦、中华书局均认可，《新译史记一至八》和三全本《史记》中《本纪》其他部分的比对意见同《秦始皇本纪第六》部分的比对意见。因此，在《新译史记一至八》和三全本《史记》中的《秦始皇本纪第六》构成实质性相似的基础上，《新译史记一至八》和三全本《史记》中《本纪》的其他部分亦构成实质性相似。再次，三民书局、韩某琦、中华书局均认可，《新译史记一至八》和三全本《史记》中《本纪》的比对意见可以类推至《表》《书》和《列传》，据此，在《新译史记一至八》和三全本《史记》中的《本纪》已构成实质性相似的基础上，两者的《表》《书》和《列传》亦构成实质性相似。关于《新译史记一至八》和三全本《史记》中《世家》部分是否构成实质性相似，中华书局认为，与《新译史记一至八》相比，三全本《史记》中的《世家》在"注释"和"译文"部分的变动要多一些。经查，与《新译史记一至八》相比，三全本《史记》中《世家》在"注释"和"译文"部分的变动并未超出前述在《秦始皇本纪第六》部分所归纳的几种情形，据此，应认定三全本《史记》和《新译史记一至八》中的《世家》也构成实质性相似。综上，三全本《史记》与《新译史记一至八》构成实质性相似。

2. 案件点评

该案审理中，人民法院未委托司法鉴定，法官在法庭审理中通过两作品结构和内容的比对，分析注释和译文部分变动的部分，并对两作品是否相似作出判断，最终认定两作品构成实质性相似。但是该法院的比对过程繁琐且数据不翔实，倘若委托司法鉴定，鉴定人员经梳理、比对，将主要内容分为原文、注释和译文三部分进行分别比对，对各个章节部分分别进行比较，用翔实的数据进行说明，效果可能会更好。

二、文字作品司法鉴定方法和流程

对文字作品的司法鉴定，目前主要采取的是对检材与样本进行比较，认定相同的字数。例如，对某一文字作品的鉴定，就是将两本书的内容从目录、结构进行比较，再一一进行比对，比较其相同的字数，特别是对错别字的比较。在对文字作品的司法鉴定中，主要从以下三个方面进行比对：第一，通过综合比对，如小说或者剧本而言，检材与样本在题材选择、主要人物角色设置、人物性格特征、主要场景、细节描述、故事情节发展变化、结局等体现小说或者剧本核心内容方面进行比较，认定是否相同或者基本相同；第二，字数比对情况，检材与样本比较，各个章节的字数分别比对。检材的字数、样本的字数，以及检材与样本之间相同字数的比例；第三，错别字雷同，错别字在两个作品同一性比对中具有很强的特征指标意义。因此，检材与样本出现相同的错别字、标点符号，是判定两作品是否相同的主要特征之一。

【案例5—2】重庆某版权鉴定机构对《黑幕》与《青春.com》两剧本比对后作出的鉴定意见书（摘要）

1. 比对情况

（1）通过综合比对，《黑幕》与《青春.com》两剧本在题材选择、主要人物角色设置、人物性格特征、主要场景、细节描述、故事情节发展变化、结局等体现剧本核心内容方面基本相同。

（2）字数比对情况。《黑幕》全文一共104节，实际字数为26 632字。《青春.com》全文一共82节，实际字数为20 222字。两者比对后发现有54个章节的内容基本相同，实际相同字数14 070字。字数相同比例达到69.58%。

（3）错别字雷同。错别字在两个作品同一性比对中具有很强的特征指标意义，两剧本共有 30 处出现相同的错别字、错误的标点符号。

2. 鉴定意见

综合上述比对情况，《黑幕》与《青春.com》两剧本在主要内容上实质相似，相同字数占比达 69.58%，并出现了 30 处相同的错别字、错误的标点符号，可认定两剧本具有相似性。

三、文字作品司法鉴定存在的问题

文字作品的司法鉴定方法和流程理论上讲并不复杂，整体就是从内容、目录、结构等方面进行比对，比较相同的字数，分析是否构成实质性相似，但是在实践中，存在诸多问题。

（一）对综合比对的内容属于思想还是表达有争议

综合比对是指在文字作品的司法鉴定中，并非单纯进行文字比较，而是在文字的基础上，提炼而成的作品的中心内容、中心思想的比对。例如，在小说或者剧本中，题材选择、主要人物角色设置、人物性格特征、主要场景、细节描述、故事情节发展变化、结局等能够体现小说或者剧本核心内容的方面的比较。这也是琼瑶和于正案件争议的焦点：一审时，法院在认定侵权上采取了情节"高度相似"性标准，法院认为，用于比对的文学作品中，人物关系结合基于特定人物发生的故事情节高度相似，则可以认定侵害著作权成立。此案之前，学界公认的是综合比对的内容属于思想范畴，而非表达范畴，不属于著作权的保护范围，琼瑶诉于正案判决中将综合比对的内容归于表达范畴，并以此为依据判决于正抄袭成立，是著作权理论的创新运用，但直至目前，学界对此仍存在争议。

（二）字数比对中存在的问题

文字作品司法鉴定实践中，发现鉴定方法和流程存在一定的问题。

1. 比对方法存在缺陷

在司法鉴定过程中，为了保持作品的错别字特征，不能采取人工录入计算机或者扫描录入计算机，因为无论是人工录入还是扫描，都可能因为该行为人为增加或者减少错别字，影响到鉴定质量，导致鉴定意见出现偏差，因此一般采取人工数字完成，此方法虽然保证鉴定质量，但如检材与样本字数较多时，则会加大工作量，拖延鉴定时间。

2. 单纯比较字数相同，不能突出内容的重要性

例如，检材有 10 万字，样本为硕士论文，有 3 万字，样本硕士论文中，文献综述部分 1 万字，一般性描述部分 1.7 万字，创新点（论文核心）部分 0.3 万字。检材与样本进行比较，文献综述部分相同字数 0.4 万字，一般性描述部分相同字数 0.8 万字，创新点（论文核心）部分相同字数 0.2 万字，实际上，其重点是创新点（论文核心）部分相同字数 0.2 万字，但是在鉴定中往往只是比较字数，没有对其内容的重要性进行分析，没能凸显著作权保护独创性的核心要求。

3. 对重复率的认识不同

通常情况下，在比较字数相同的情况下，还需要突出重复率。重复率是指检材与样本比较，其重复字数占检材字数的比率。如上例，10 万字的检材中，与样本重复的字数 1.4 万字，其重复率为 14%。但是，有的司法部门却是另外一种理解，要求的是样本中有多少字相同，这样显得数字比较大，更有说服力。如上例，样本 3 万字中，与检材内容相同字数 1.4 万字，其重复率 47%。这种方法并不恰当，鉴定相似度是指与检材的相似度，因此将重复率确定为检材与样本比较，其重复字数占检材字数的比率比较恰当。

4. 抄袭错误如何认定

实践中往往存在被控侵权人主观目的是抄袭著作权人的作品内容，却由于人为等原因致文字抄袭错误，在司法鉴定中如遇到这一问题，不能盲目判断属于或者不属于抄袭，应当联系两作品的上下文，综合作品的相似度，从整体上看属于文字抄袭错误还是被控侵权人的创作过程中出现的文字错误，再判断究竟是否应当认定为抄袭内容。

第三节　美术作品的司法鉴定

一、美术作品司法鉴定范围

美术作品在侵犯著作权案件中占比仅次于文字作品，包括绘画、雕塑、书法等以线条、色彩或者其他方式构成的平面或者立体的造型艺术作品。美术作品种类繁多，表现形式多样，具有较高的使用价值或收藏价值，美术作品的市场交易额越来越大，上到知名美术大家的作品，拍卖成交价过亿元，下到受到广泛欢迎的玩具作品，受众遍布全球，在巨额利润的刺激下，美术作品造假现象层出不穷。赝品具有很大的危害，不仅破坏人民艺术欣赏感受，而且影响市场竞争秩序，造成权利人损失。美术作品的鉴定种类繁多，不局限于司法鉴定，手段也多种多样，是评估艺术品价值的有效途径。法官是法律专家，但是一般不擅长判断美术作品的真伪，于是在美术作品侵权案件中，法院倾向于用司法鉴定的手段协助法官处理案件，因此鉴定意见对案件的定性至关重要。规范美术作品的司法鉴定，还能够有效规范市场竞争秩序，促进美术作品市场的有效发展。

美术作品的侵权主要包括以下几种类型。

（一）照片与摄影作品

例如，在陈某荣起诉青岛出版社等四被告侵犯著作权一案中，原被告双方曾就菜谱中的菜品照片是否构成作品产生了激烈的争论。原告认为其拍摄的菜品照片当然属于摄影作品，被告未经许可使用就应当承担停止侵权、赔偿损失的责任。而被告则坚持认为原告享有权利的菜品照片只是简单留影，没有任何的独创性成分，不应视为作品加以著作权保护。

（二）美术作品与摄影作品

近年来，在网络上被网友"曝光"的"油画摄影雷同事件"时有发生。如果几乎一模一样的摄影作品和油画作品分别是两个艺术家创作的，且油画的市场价格往往大大高过摄影作品，往往容易产生纠纷。例如，2011 年 10 月 8 日，北京市朝阳区人民法院针对原告薛某克诉被告燕某娅侵犯著作权纠纷一案作出一审判决，朝阳区人民法院认为现有证据不足以证明燕某娅在油画《奶奶》中使用了薛某克摄影作品《老人》的内容，燕某娅并未侵犯薛某克的著作权，因此朝阳区人民法院判决驳回了原告薛某克的诉讼请求。

（三）美术作品与复制

复制是指采用机械或手工方式将原作品制成一份或多份的行为。我国著作权法列举了复制包括印刷、复印、拓印、录音、录像、翻录、翻拍等方式。复制行为没有改变作品的表达形式，只是对原作品的再现。例如，1987 年，美国《绿野仙踪（注释版）》等三本图书将《经典儿童插画集锦》告上法庭，因其印有的由 W. W. Denslow 创作的、现在十分罕见的三幅插画被后者引用。《绿野仙踪（注释版）》等认为这些插画在公有领域已经十分罕见，他们在书中印制了这些插图的复制件，是为公众提供利益，并且作出了画面调整。虽然法院同意了他们的看法，但版权保护的诉讼仍被驳回，因为法院未能发现、原告也未阐述这些细微的改动如何体现原告在艺术上的独特见解。

（四）美术作品与临摹

临摹一般包括接触性临摹和非接触性临摹，前者应属于拓印，没有改变作品的表达形式，在性质上应为复制；后者若改变了作品的表达形式，则是对原作品的演绎，具有一定独创性，此种临摹融入了临摹者的个人思想、感情、判断、取舍，应构成演绎作品，可以享有著作权。若非接触性临摹在作品的表达形式上没有任何改变，则不具备独创性，与复制并无二致，不能享有著作权。例如，上海画家汤某在 1993 年年初把敦煌壁画上所描绘的人物作为绘画题材，绘制出了敦煌佛画《菩萨》。另一名画家李某丰在 1994 年绘制出了三幅美术作品《壁画》。汤某认为，《壁画》是对《菩萨》进行模仿，构成侵权行为，并诉之法院。

（五）美术作品与外观设计

将他人美术作品融入外观设计，例如，张某中诉云南熊谷生物工程开发有限公司案（孔雀舞案）。张某中的剪纸作品《孔雀舞》完成于 1990 年 10

月，收录于 1995 年 12 月出版的《云南剪纸新作》一书。1999 年 7 月 3 日，深圳市熊川投资发展有限公司与深圳刘某工作室签订《委托设计合同》，约定该工作室为云南熊谷生物工程开发有限公司设计"云南情紫米酒"包装。1999 年 12 月 17 日，国家知识产权局授予"云南情"酒包装盒外观设计专利，设计人为刘某，专利权人为云南熊谷生物工程开发有限公司。该包装盒上使用了张某中的剪纸作品《孔雀舞》作为装饰图案。一审法院经审理后判决云南熊谷生物工程开发有限公司立即停止侵权，不得再行使用原告的《孔雀舞》图案并进行经济赔偿。

美术作品的鉴定及其价值具有极强的主观性，但其相似度和是否构成侵权需要客观的判定标准。美术作品的侵权成立也需遵循"接触 + 实质性相似"标准，是否"接触"由人民法院判定，作品是否"实质性相似"属于事实认定问题，但并非必然走入鉴定程序，若美术作品侵权案件较复杂，法官难以依据自己的经验、逻辑进行判断，可要求鉴定机构介入，作出判断。美术作品的特点决定其鉴定方法与文字作品不同，美术作品是平面或立体图形，故其鉴定方法主要为图案的比对，主要是从整体和局部两个方面进行。

【案例 5—3】刘某诉伍某凤侵犯其 13 件美术作品著作权案

1. 案情简介

案件事实：2012 年 8 月，刘某以贵州民族大学副教授、天海规划设计有限公司（以下简称天海公司）董事长兼总经理的身份诉伍某凤及天海公司侵犯其 13 件作品的著作权，并两次使用侵权作品窃取全国奖项，在 9 本出版物中侵权超过 100 次以上为由，向法院提起诉讼。此案涉案作品数量众多，并且其中一些作品曾在全国获奖、在核心刊物上发表或被国家级博物馆收藏，因此成为知识产权领域内的典型案例，备受全国媒体的广泛关注，数十家报刊和网站曾连续报道此案的审理进程。

争议焦点：根据"接触 + 实质性相似"原则，该案中的争议焦点为是否"接触"和是否"实质性相似"两点。

法院判决：一审法院认为侵权不成立，驳回刘某的全部诉讼请求；二审法院认为 6 件作品构成对刘某作品的剽窃；再审法院认定 11 件作品构成侵权，另外 2 件作品中其中一件虽有相似之处，但并未使用刘某作品中的独创性表达，不构成侵权，另一件作品的在案证据不足以认定被告接触了刘某的作品，不构成侵权。

该案中是否"接触"属法院司法认定范畴，此处不再展开叙述。

该案一审法院认为两权利人的 13 件作品均借鉴了民族、民间文学艺术创作元素，且大多针对相同题材，是基于相同创作渊源的艺术创作，均系各自独立创作完成，各自作品的细节特征和整体视觉效果均存在不同程度的差别，故双方互不构成著作权法意义上的侵权。刘某认为一审判决既不对每件作品是否构成侵权进行逐一认证，也不对侵权事实进行分析评判，其所作不构成侵权的认定属于主观臆断。在一审审理过程中，刘某对自己每件作品的创作时间、思路及过程都进行了说明，并出示了相关证据，而伍某凤、天海公司的作品完成时间均晚于刘某，其对作品内涵的陈述也文不对题，一件作品的相似可能是不谋而合，但 13 件作品均相似就只能是抄袭。

二审法院判决伍某凤、天海公司对《雷神》等 6 件作品构成侵权，另外 7 件产品不构成侵权。刘某认为二审法院认定事实不清，适用法律错误，提起再审申请。

再审法院受理此案后，首先认定了再审中刘某主张权利的 7 件作品是著作权法意义上的美术作品，具有独创性，均呈现了相对独立完整的艺术造型，并作出维持二审中 6 件作品构成侵权以外，又认定另外 5 件作品构成实质性相似，且相似之处均属于刘某的独创性表达，故认定共计 11 件作品构成侵权的判决。再审法院理由如下："（1）伍某凤创作的相关被诉侵权作品，分别与刘某《龙舟》《驭龙辇的女娲》《府方》《玉水腾龙聚金盆》下部的牛造型、《夜郎王图腾柱》等 5 件作品构成实质性相似。结合伍某凤在相关被诉侵权作品完成前均有接触刘某上述作品可能性的事实，故应认定伍某凤构成对刘某上述作品的剽窃，侵害了刘某依法享有的著作权。（2）伍某凤的被诉侵权作品《和平鸽》与刘某的《鸽颂》陶艺，虽有相似之处，但被诉侵权作品并未使用刘某作品中具有独创性的表达，其不构成对刘某著作权的侵害。（3）在案证据不足以认定伍某凤、天海公司接触了刘某的《铜鼓组合》中系列作品。"

2. 案件点评

该案中没有委托司法鉴定，所有的相似性认定均由人民法院作出。该案历经三级审判程序，其核心的问题是鉴定 13 件作品相似度的层次。美术作品的司法鉴定主要是将检材与样本从整体特征和细部（局部）特征进行直接比对，整体特征比对比较容易理解，但是针对细部特征具体细化到什么程度进行比对，目前尚有争议。假如作品是一只老虎，细化到虎的头部，还是细分到眼、嘴、鼻、耳等部分，虎鼻是否还分鼻梁、鼻孔等细部。为此，就会有一个问题：两只老虎比较，从细部而言，至少包括头部—鼻子—鼻孔三个层次，在美术作品鉴定时应当认定到哪个层次？如果以普通消费者而言，估计到鼻子设计这个层次，但是对艺术家而言，可能需要到鼻孔或者鼻毛这个更为细致的设计层次。该案中各级人民法院对"接触"的认定并无太大出入，但对"相似性"的认定则大不相同，关键就在于各级法院对"相似性"认定的标准不同，从而得出不同的结论。

二、美术作品司法鉴定方法和流程

对美术作品的司法鉴定需要从整体和局部来进行判断，这不仅包括照片与照片的比较，还包括美术作品与美术作品之间，同时还包括摄影作品与美术作品。首先，需要比较检材与样本的整体结构，一般从色彩、形状及构造、内容等方面进行比较；其次，需要对局部特征进行详细的比对，局部特征比对根据作品的特点可以采取不同的方式，如将作品分为田字格，按照各个部分进行比较；还可以根据不同的主题内容来划分，如一朵玫瑰花，可以根据花蕾中心画同心圆，分别进行比对；还有一种方法就是重叠比较，看相同点、不同点。

在鉴定意见最后的表述方面，还有不同的观点。一是具体的鉴定意见，没有总体结论。如表述为检材作品与样本作品在整体上从色彩、形状及构造、内容等方面相同；在局部特征方面有×个相同、×个相似；二是总结性的鉴定意见，如表述为检材作品与样本作品构成实质性相似；三是将以上两种结合起来，表述为检材作品与样本作品在整体上从色彩、形状及构造、内容等方面相同；在局部特征方面有×个相同、×个相似。检材作品与样本作品构成实质性相似。第二种总结性意见中没有具体阐述检材与样本整体和部分各自的相似度，说服力不够，而第三种观点，因整体与部分具有各自不同的相似度，得出总结性意见缺乏统一的标准，容易丧失客观性，因此笔者倾向第一种意见，将检材与样本的整体、部分相似度分别表述，具体是否构成相同或相似，交由法院裁判，更加客观、科学。

【案例5—4】湖南某公司诉广州某公司宝宝龙公仔侵权案

该案鉴定意见书摘要如下。

1. 整体设计部分

检材与样本软体公仔宝宝龙整体结构相同、颜色相同。

2. 细部特征部分

检材与样本软体公仔宝宝龙比较：（1）眼睛、鼻子、嘴、脸颊相同；（2）龙身设计相同，胸部装饰纹理近似；（3）龙尾设计相同；（4）手（前肢）设计相同，脚（后腿）设计相同，脚掌部的纹理近似；（5）背部龙鳍设计相同。

三、美术作品司法鉴定存在的问题

美术作品的司法鉴定看似比较简单，主要就是整体和局部特征的比对，但此鉴定方法存在矛盾之处，难以解决。当前司法鉴定中简单、机械的特征比对无法凸显美术作品的独创性，也无法凸显美术作品的内涵。事实上，判断两部作品是否相同、相似，不仅要看外部特征的相似性，而且要看类似作品在以前是否出现过，被控侵权作品的创作者是否有创作能力等因素，因而需要改进鉴定方法，在鉴定标准中融入作品的不同因素，综合进行判断。但是美术作品的构成比较复杂，其独创性、内涵不属于司法鉴定的范围，将不同因素纳入美术作品的司法鉴定方法，可能会导致鉴定意见主观性强，有失偏颇，毕竟不同的人对美术作品的鉴赏标准不同，因此两件作品是否相同或者相似，不同的人会有不同的看法。这就要求鉴定人员具备较高的法律知识、专业知识，尽量客观、公正，避免因鉴定人员主观感受导致鉴定意见偏差。

第四节　软件作品的司法鉴定

近年来，法院受理的计算机软件类的侵犯著作权案件呈上升趋势。这类案件由于涉及软件专业性问题，法官一般不能凭借自身经验直接进行侵权判定，需要借助专门的鉴定机构就技术性问题作出鉴定意见，法官据此作出判定。

一、软件作品司法鉴定相关法规

目前，有关计算机软件司法鉴定的有关规定如下。

（一）《计算机软件保护条例》的相关规定

2013 年 1 月，国务院修改和颁布了《计算机软件保护条例》。此条例对计算机软件的定义、软件著作权内容以及利用、法律责任都进行了详细的规定。无论是以主张著作权进行的软件知识产权民事或刑事诉讼，还是以主张商业秘密进行的软件知识产权刑事诉讼，在涉及软件源代码层面的问题时，一般都需要对源代码的同一性进行司法鉴定，以辅助判断诉讼双方源代码是否相同或相似。

1. 软件源代码的同一性鉴定

软件源代码同一性鉴定已成为软件知识产权司法鉴定中最为常见、最为基础的鉴定事项之一。

软件源代码也称软件源程序。在以主张著作权进行的软件知识产权民事诉讼和刑事诉讼中，以及以主张商业秘密进行的软件知识产权刑事诉讼案件中均有涉及。但两种情况的鉴定依据、鉴定原则不完全相同，基于著作权的代码同一性鉴定相对于基于商业秘密的代码同一性鉴定更加严格。这是因为软件著作权的保护不延及开发软件所用的思想、处理过程、操作方法或者数学概念等。

《计算机软件保护条例》第 2 条、第 3 条均已给出了计算机软件的相关定义：计算机软件，是指计算机程序及其关文档。计算机程序，是指为了得到某种结果而可以由计算机等具有信息处理能力的装置执行的代码化指令序列，或者可以被自动转换成代码化指令序列的符号化指令序列或者符号化语句序列。同一计算机程序的源程序和目标程序为同一作品。文档，是指用来描述程序的内容、组成、设计、功能规格、开发情况、测试结果及使用方法的文字资料和图表等，如程序设计说明书、流程图、用户手册等。

《计算机软件保护条例》第 6 条明确了软件著作权保护的客体："本条例对软件著作权的保护不延及开发软件所用的思想、处理过程、操作方法或者数学概念等。"因此，从著作权的角度进行源代码同一性鉴定主要从源代码的表现形式进行。同时，《北京市高级人民法院关于审理计算机软件著作权纠纷案件几个问题的意见》规定："使用他人软件部分构成被使用软件的必要部分、主要部分或实质部分的，构成侵权。"因此，鉴定软件源代码同一性，还要兼顾代码的"必要部分、主要部分或实质部分"。

2. 目标代码的同一性鉴定

在没有软件源代码的情况下进行软件知识产权维权案件中，通过目标代码的同一性鉴定同样可以达到制止侵权的目的。尤其是在简单的软件盗版案件中，目标代码被机械地拷贝，通过目标代码的同一性鉴定可以快速地获取侵权证据。

目标代码的同一性鉴定，也可以用来验证源代码的真实性。在司法鉴定中，经常需要对当事人提交的一款软件的源代码与其销售的软件产品中的目标代码进行同一性鉴定，以证明其提交的软件源代码是真实有效的。针对这种情况一般的处理过程是，首先对源代码进行编译，获得编译的目标代码；再将编译的目标代码与产品中的目标代码进行同一性比对，以确定提交的源代码是否真实。

（二）《软件相似性鉴定实施规范》的相关规定

2014 年 3 月，司法部司法鉴定管理局发布《软件相似性鉴定实施规范》（SF/ZJD0403001—2014），此规范对于全国的司法鉴定具有指导意义，该规范较详细的规定了相关术语、鉴定程序、鉴定要求以及鉴定注意事项等。此规范目前应用在电子数据的同一性鉴定中，但是对于著作权中的软件作品的同一性鉴定，商业秘密中的软件技术鉴定，仍然适用。

二、软件作品司法鉴定方法

软件作品的鉴定方法主要有四种。

（一）逐句对照法

逐句对照法是指参考文字作品的鉴定方法，逐字逐句进行对照比较。这种细致的对比方法虽然看似公平实际上很僵硬，仿冒者对作品稍加修改，就可能难以认定。

（二）SSO 规则

SSO（structure，sequence，organism）规则是指"结构、顺序和组织方法"。程序的结构就是一个程序的组成部分，如指令、语序、程序段、子程序以及数据等；程序的顺序是程序的构成要素的安排次序，是对计算机先执行哪些结构，后执行哪些结构所做的顺序设计，也称程序的"处理流程"；程序的组织是指程序的结构之间、流程之间以及结构与流程之间相互关系的总体设计。此规则产生于 20 世纪美国法院审判 Whelan 公司诉 Jaslow 公司案。法院认为虽然运行与 IBM PC 的程序 Dentcom 与运行于 IBM—Series I 中 Dentalab 源代码编写语言不一样，并且两者之间并无完全相同的现象，但两种程序的序列、结构及组织相同，判定侵权成立。美国联邦第三巡回法庭的上诉判决指出："虽然代码不使用术语'序列''组织'或'结构'，很显然从汇编和衍生作品的定义来看，是可以给予版权保护的；国会也意识到该序列与顺序可以是表达的一部分，而不是思想，是一种作品。"① 该法则拓宽了判定软件相似认定的范畴，对于软件而言，实现该软件的目的与功能作为软件的思想不受著作权保护，但是为实现此功能而不一定必要的各种表达方式是可以受到著作权保护的。这种直接将计算机软件的结构、顺序及组织作为思想的表达进行保护的做法引起很大争论，有学者认为，其中包括不受保护的思想元素。

---

① Whelan Assocs.，Inc. v. Jaslow Dental Laboratory，Inc. 3rd Cir.，1986.

（三）整体判断及感觉法

通过这种方法在认定检材与样本之间是否相同，通常要对比两者整体感官上的相似度，也是目前应用比较广泛的鉴定方法，操作简单、成本较低。整体判定要求鉴定人在比较两部软件作品时，不是从专家角度去分析作品构造，而是从一般软件操作者的视角，对软件呈现出来的整体感觉以自己操作中得到的体会去判断两者是否存在相似性。整体判断及感觉法的方式适合一些具有艺术价值、欣赏水平的软件。采用整体判断及感觉法的判定方法有助于对实质相似的认定更加精确。但适用这种方法也有一定的缺陷，鉴定人作为判别的主体，以一般理性人的眼光从整体概念上进行感受，在此过程中赋予了鉴定人较多的主观性和自由性。

（四）抽象—过滤—比较三步检测法

抽象—过滤—比较三步检测法，即 AFC（abstraction, filtration, comparison）法则。第一步，鉴定人员将原告程序抽象为代码、子程序、模块等层次，再对程序分层次进行逐级抽象，将思想抽象出来；第二步，鉴定人员对各个层次不同的抽象元素进行过滤，将不属于表达的思想部分，以及属于公共领域的表达部分过滤掉；第三步，鉴定人员将过滤后剩下的"表达"进行比较，若确有复制，还需要考虑复制部分在整个程序中所占的比重。此规则产生于美国法院处理 Computer Associates International, Inc. v. Altai, Inc. 案中，为判断被告公司的 OSCAR3.5 与 ADAPTER 软件是否构成实质性近似，第二巡回上诉法院主张 Whelan 案之 SSO 判定法则过于垄断，不予采纳，而主张 AFC 判断标准。① 首先，将程序分解为不同的层次，由一般到具体，例如，主要目的、程序结构、功能模块、算法、数据结构以及源代码。从最具体的开始逐渐向上抽象出各个程序的思想，那么剩下的便是表达部分，再对受保护的表达部分进行对比，得出结论。抽象—过滤—比较三步检测法涉及计算机软件的专业知识，需要专业技术人员进行比较认定，同时需要具有知识产权鉴定资质，要求条件、鉴定成本较高，但鉴定意见专业性强，可采信程度较高。

___

① Computer Associates Int'l, Inc. v. Altai, Inc. , 982 F. 2d 693, 2d Cir. , 1992.

三、软件作品司法鉴定流程

此鉴定流程根据 2014 年 3 月 17 日司法部司法鉴定管理局发布的《软件相似性鉴定实施规范》的内容整理而成，此技术规范规定了软件相似性检验的技术方法和步骤。

（一）检材及前期准备

1. 检材、检验仪器设备

硬件包括电子数据存储设备、保全备份设备、检验设备，如相机、笔记本电脑；软件包括送检软件所需的运行环境、文件对比工具、反编译工具、源代码分析工具等，如 X-ways Forensic 法分析工具、MD5 Checksum Verifier。

2. 对送检材料的前期处理

（1）对送检样本进行唯一性编号，编号方法为××××（年度）—××××（受理号）—××（流水号）。

（2）如果样本为数字化设备的，需对其进行拍照，并记录其特征（外形、颜色、尺寸、外部说明等）。

（3）对检材和样本进行保全备份，并计算保全备份的副本的哈希值。如果副本与样本的哈希值一样，说明保全正确。

（二）程序的对比

1. 比对检验前的准备

对检材与样本进行对比检验时，需先排除影响比对的内容（公共程序库文件、第三方库文件、兼容性软件以及功能性部分等）。

2. 源代码间的比对

检材副本通过专用的鉴定电脑使用软件分析工具提取固定与案件相关的软件源代码。对检材与样本的源代码的目录结构、文件名、文件内容、变量、函数、宏定义等进行比对检验。检验时，应排除自定义的文件名、变量名、函数名等名称被修改的影响，对程序逻辑与结构等内容进行对比检验。

3. 目标程序间的对比

在对方没有提交源程序的情况下，需要将双方的目标程序进行对比，通常采用第三方软件（如 UltraEdit）读取双方的目标程序，并利用该软件的对比功能对目标程序进行行与行之间的比较。可按以下步骤。

（1）安装程序检验：目录结构及目录名，各组成文件的文件名、文件哈希值、文件内容、文件结构等。

（2）安装过程检验：观察安装过程的屏幕显示、软件信息、使用功能键后的屏幕显示以及安装步骤，进行对比检验。

（3）安装后的程序检验：目录结构及目录名、文件名、文件哈希值、文件内容、文件结构以及软件的配置过程和运行方式。

（4）程序的使用过程检验：对使用过程的屏幕显示、功能、功能键和使用方法等进行对比检验。

（5）核心程序的逆向分析：必要时，对目标程序的核心程序进行反编译，对反编译后的代码进行对比检验。

4. 其他的对比

（1）计算机软件系统结构的对比。以某计算机软件侵权案例为例，将送检 U 盘的数据备份到专用鉴定计算机上，再对备份数据进行解压，解压后生成的文件夹下有四个模块，分别为"餐饭收银""电话计费""前台系统""应收管理"。与样本的文件模块进行对比，以发现两者系统结构是否相同。

（2）模块文件结构、数目、类型、属性对比。

（3）数据库对比。对比数据库的表在数目、名称、类型等是否一致，可进一步把这两个数据库中的表导出生成脚本，对比这些脚本文件内容。

（4）对比分析双方软件设计界面。在鉴定专用计算机上搭建软件开发环境，加载双方软件开发的源代码文件，打开软件设计界面，分别截取两软件的设计界面图案并保存，比对两款软件的界面设计和科目设计。

（5）对比体现开发者个性或识别开发来源的独创性特征，例如，特定的字符串、公司名称、相同的错别字。

（三）鉴定意见

（1）列出检材与样本的相似比例，并对存在相同或相似的部分进行说明。

（2）若检材与样本中存在软件署名、开发者姓名、单位、废程序段、独特的代码序列等相同时，需在检验结果中单独列出。

四、软件作品司法鉴定存在的问题

(一) 软件鉴定标准与程序不规范

著作权案件中的软件鉴定事项主要包括:(1)软件相似性鉴定;(2)软件生成时间鉴定。对于软件相似性鉴定,通常鉴定机构会严格按照步骤鉴定:前期准备工作包括检验、保全、产生副本、提取固定;在进行对比鉴定时首先排除不受著作权保护的公知部分、表达与思想同一性部分、第三方软件部分以及设计软件的兼容性和功能部分,再对剩余表达部分进行对比,力求得出准确的鉴定意见。

有些鉴定机构,由于缺乏相应的鉴定软硬件设备,缺乏必要的计算机软件专门知识,并且鉴定过程也是遗漏百出,不能保证鉴定样本与检材原始性。鉴定意见很难得到法院采信。

软件的非公知性认定属于商业秘密案件鉴定,在商业秘密章节有专门论述,此处不再赘言。

(二) 鉴定客体片面化

软件相似鉴定中,对两款软件的源程序进行鉴定是最直接有效的方式,但是司法实践中对方一般不会提供软件的源程序,那么只能对软件的目标程序进行鉴定。对目标程序进行鉴定,发现没有明显相同的片段,并且对目标程序进行反编译得出的源程序也没有得出相似与相同的片段。这时有些鉴定机构仅经过以上两步的鉴定步骤,就直接得出两款软件不具有相似性的鉴定意见。这样的鉴定意见是不准确的,因为鉴定对比客体相当狭窄,不能全面地反映两款软件相似度的客观情况。

(三) 鉴定是否排除不受保护部分

软件进行相似鉴定时,是否首先排除代码公知部分以及功能性限定部分,还存在很大的争议。部分学者认为,应直接对软件各要素部分进行鉴定。其很大原因在于不受保护性因素认定具有强烈的主观因素,因人而异。鉴定人员所掌握的软件知识具有局限性,不可能直接完全排除软件公知部分与功能性限定部分。直接对各元素进行对比鉴定,能全面地认定软件相似程度,只要软件独立完成，那么相似元素可能性就很低，几乎不存在较大误差的情况。也有部分学者认为，应排除不受保护部分，这样的鉴定结果比不进行排除的鉴定准确度高一些，更能客观地呈现鉴定结果。为此，我们主张对软件的独创性进行鉴定，也就是说，由于软件的专业性较强，表达方式有一定的局限性，在鉴定时应首先考虑对公知技术进行排除，例如，对于代码结构简单的软件，排除公知部分很容易；但对于代码结构复杂、技术要求较高的软件，只要求鉴定人员尽力排除公知部分。

五、完善计算机软件司法鉴定的建议

（一）委托鉴定事项合理化

委托鉴定事项只能是针对检材与样本软件本身的技术内容，因此首先应当准确区分计算机软件司法鉴定的"专门性问题"。例如，在一项关于住宅资金管理系统的计算机软件进行司法鉴定的委托书中，法院的委托鉴定事项为：（1）两款软件分别有多少源程序；（2）根据功能等判断标准分别对两款软件中的所有源程序的内容是否相同进行比对；（3）对运行界面是否相同进行对比，特别是软件中有无"HT""科技"字样；（4）软件形成时间及形成人。以上的鉴定委托书的委托事项就是客观地对软件本身的技术部分进行委托鉴定，涉及软件的专门性问题。

（二）规范鉴定的具体操作程序，统一鉴定标准

计算机软件司法鉴定具有浓厚的主观性，因此规范鉴定的具体操作程序、统一鉴定标准是防止鉴定人武断鉴定的重要途径，也是提高鉴定质量，保证鉴定意见客观真实的必要措施。计算机软件侵权的司法鉴定在司法实践中主要是对软件相似性进行鉴定，下面主要对软件相似性鉴定的相关操作进行说明。

1. 鉴定对比步骤

第一，首先要排除双方软件中不受保护的部分。

第二，两款软件的文件管理结构以及目录、文件名对比。

第三，安装过程和安装成功后的目录、文件，以及使用过程对比。看其

安装过程中屏幕显示的软件信息及使用功能键后的屏幕显示是否相同，软件安装成功后对软件的目录结构、目录名、文件名、文件属性、文件大小、文件建立或修改时间进行比较，对使用过程中的屏幕显示、使用方法、功能、功能键等进行对比，比较运行过程中普通文显和菜单的选择项、内容、方法等。

第四，代码对比。对软件的目标代码或者源程序进行比较，看两者是否相同或者实质相似。

第五，其他对比。例如，对软件系统结构、软件运行界面、软件独有的特征部分（特定字符、特定名称、公司名称等）以及相同的错别字进行对比。

2. 完善代码对比问题

第一，首先排除不受法律保护部分。《软件相似性鉴定实施规范》在程序的对比检验第一项要求就规定："对检材与样本进行比对检验时，需先排除影响比对的内容（如公共程序文件、第三方库文件和 GNU 通用公共许可的程序等）。"上述也明确谈到鉴定中的专门性问题第一项就是排除不受著作权保护的范围，司法实践中，不受保护的范围主要有以下几类。

（1）公有领域、第三方文件部分以及功能性部分，在此不做详细阐述。

（2）思想—表达有限部分。《计算机软件保护条例》第 29 条规定："软件开发者开发的软件，由于可供选用的表达方式有限而与已经存在的软件相似的，不构成对已经存在的软件著作权的侵犯。"

（3）软件兼容问题。软件的兼容性是衡量软件好坏的一个重要指标，兼容性是指软件可以从某一环境转移到另一环境的能力有关的一组属性，它体现了软件本身的功能性与实用性。在美国 Lotus 公司诉 Borland 公司案中，被告为了使自己软件能与主流产品 Lotus1—2—3 相兼容，照抄了此主流产品的菜单结构与命令用语。在此后的上诉中，法院认为菜单的层级结构的作用只是操作某一程序，属于操作方法，这与在键盘上按下某个键，实质上是相同的；如果原告对菜单享有专有权，不仅对后续软件的开发者不公平，而且对广大用户也是不公平的，并可能妨碍软件技术的发展和进步，最终驳回原告请求。① 以上可以看出软件兼容是由软件本身的性质所决定的，垄断会阻碍科技的进步与发展，所以应排除在保护范围内。

第二，巧妙运用特定独创性部分。司法实践中，鉴定机关对双方的软件的目标程序进行鉴定，通过目标程序的对比不能得出两者相同程序段的结论，需对比两者的源程序。在未提交源程序的情况下，经过反编译也得出没有相同的程序段。但是鉴定机构可以得出，两者的目标程序中有大量相同的字符串资源、相同的错误文字表达甚至出现了对方公司名字的结论。在一般的软件开发中，开发人员运用独自的创新思维独创性的开发软件，是不可能创作出大量相同的字符串、类或全局变量以及错误文字表达等，所以特定独创性部分可以作为一方软件开发者抄袭另一方软件开发者的有效证明。

（三）鉴定意见客观准确化

在沈阳某软件公司与大连某科技有限公司计算机软件侵犯著作权纠纷一案中，鉴定机构对软件源代码的异同性与相似性进行鉴定，得出的鉴定意见为：（1）两系统部分字系统存在对应关系；（2）两系统的印章排版系统中存在部分相同或者相似的菜单定义；（3）乙方的系统设计方案包含对方方案的新增功能；（4）两系统的源程序存在部分相同或相似的内容。此鉴定意见存在两个方面的问题：第一，系统对应关系没有指明具体的对应关系，也没有指明存在哪些新增功能；第二，源程序存在相同与相似的部分占软件总体的多少百分比，而不是直接得出软件部分具有相同性或相似性。鉴定意见是一种客观性的技术结论，只能就技术问题作出准确的结论，对于代码鉴定而言，应当指明相同与相似部分的比例和具体相同的特有独创性部分尤其是特定的字符串以及错别字。另外，鉴定意见不能超越职权，得出软件是否侵权、两者软件是否实质性相似的结论。

六、软件作品司法鉴定发展趋势

（一）直接判断与间接判断相结合

直接判断是指对软件的二进制代码组成的指令序列进行对比描述，直接

---

① 寿步. 计算机软件著作权保护［M］. 北京：清华大学出版社，1997：156—157.

比较计算机程序相同与相似度；间接判断是不通过对软件程序进行对比，而是通过其他多种方式，例如，对软件的安装过程、应用过程，比较过程中的屏幕显示顺序、选单上可供选用的各项内容、布图设计、用户信息输入格式。在鉴定过程中，两者结合可以更加全面反映软件的内在与外在的相似程度，多客体的鉴定补充了单一客体鉴定的缺陷，能较为准确的得出软件是否存在抄袭的因素。

（二）引进国外相关判定方法

SSO 法则与 AFC 法则相结合。美国第九巡回上诉法院在 Johnson Controls，Inc. v. Phoenix Control Sys., Inc. 一案中，提出"认定除了程序代码即目标代码与源代码的侵权外，侵权人若抄袭计算机程序的结构、排序、组织与用户接口亦可能构成非纯文本侵权，但前提基础是该结构、排序、组织与用户接口本身满足著作权保护标准"。① 此案件有效地结合 SSO 法则与 AFC 法则，有效地避免了由于 SSO 法则可能造成的扩大表达保护范围，又有效地缓解了使用 AFC 法则的复杂化，两者的结合既考虑到软件本身的结构与组织特点又对软件功能与功能性表达进行有效的区分，更加合理、准确、全面反映出两款软件的相似度。

第五节　网络游戏的司法鉴定

一、网络游戏司法鉴定应用实践

2015 年 12 月 15 日，中国音像与数字出版协会游戏出版工作委员会（以下简称中国音数协游戏工委）、伽马数据、国际数据公司共同发布《2015 中国游戏产业报告》，报告显示 2015 年我国网络游戏市场实际销售额首度超过人民币 1000 亿元，达到 1407 亿元，同比增长 22.9%，占当年 GDP 比重至

---

① Johnson Controls, Inc. v. Phoenix Control Sys., Inc., 886 F. 2d 1173, 1175—1176, 9th Cir. 1989.

0.2%。① 近几年随着《炉石传说》《魔兽世界》等大型游戏被不断抄袭，网络游戏侵权类案件引起了学术界的高度关注，并举办了多起高层次学术研讨会。国外相关案例的判决经验及理论在20世纪七八十年代就已经进行了初步探讨，而我国互联网的兴起与发展也仅只有20余年的时间，对于这方面的认定，立法与司法实践存在漏洞也无可厚非。但随着网络游戏价值的不断提升，以低成本的侵权换取高利润的市场回报的结果显然极度打击了创作者的创新激情，冲击到社会公平机制，所以迫切地需要对这类案件进行强有力规制。然而司法实践中，网络游戏侵权认定涉及专门的技术问题，例如，游戏软件侵权认定、游戏规则、游戏界面侵权认定，单单依靠法官的法律知识和一般常识理论显然是不能准确地认定侵权与否，因此依靠司法鉴定针对网络游戏侵权的专门性问题得出鉴定意见，从而帮助法官进行侵权判定显得尤为必要。

【案例5—5】暴雪娱乐有限公司诉上海游易网络科技有限公司侵犯其《炉石传说》著作权权属案

2014年4月21日，该案在上海市第一中级人民法院开庭审理。《魔兽世界》以及《炉石传说》都是由暴雪娱乐有限公司（以下简称暴雪公司）设计并享有版权。《炉石传说》是以《魔兽世界》为故事背景，玩家可以选用分别对应《魔兽世界》游戏中九大职业的不同英雄为主题的套牌进行对战。2013年3月，暴雪公司完成了《炉石传说》的游戏开发设计，随后于同月22日在美国XEAST游戏展上首次公布了有关《炉石传说》的消息与图片，并授权上海网之易网络科技发展有限公司（以下简称网之易公司）享有我国大陆地区排他性独家运营权。同年10月23日网之易公司开始向国内公众发出游戏测试邀请。两天后，上海游易网络科技有限公司（以下简称游易公司）向公众展示了一款名为《卧龙传说》的网络游戏，并宣称仅用一个多月时间就对《炉石传说》进行了完美换皮复制。

随后，暴雪公司起诉游易公司侵犯其《炉石传说》的著作权，称被告在游戏中大量使用、复制、抄袭了《炉石传说》的游戏标识、界面、牌面、文字作品、美术作品、视听作品和其他游戏元素方面的设计及游戏卡牌及套牌

---

① Johnson Controls, Inc. v. Phoenix Control Sys., Inc., 886 F. 2d 1173, 1175—1176 (9th Cir. 1989).

整体组合，并请求法院判令被告立即停止侵犯原告著作权的行为。法院整理双方的证据资料以及双方的答辩意见，得出以下争议焦点：原告请求保护的"炉石标识""游戏界面""游戏规则""视频和动画特效"是否属于作品，以及被告以上行为是否侵害了原告的著作权。

经过庭审，法院最终作出以下认定。

第一，侵害炉石标识著作权成立。炉石标识属于美术作品，被控侵权游戏中在牌店界面中的扩展包上以及在打开扩展包过程中的卡牌牌面背上使用的标识，与原告请求保护的标识两者在线条、色彩组成的造型及其美感上没有实质差异，仅在细节上有细微差别，不足以形成不同造型。因此，被告在这两处使用的标识复制了原告作品，侵害原告所享有的著作权。

第二，侵害游戏界面著作权不成立。游戏界面属于美术作品，在侵权比对时，认定相同或实质性相同的标准应当提高。因为原告作品独创性不高，被控侵权的界面虽然在布局上与原告界面相似甚至实质性相似，但是界面的图案、色彩等方面有实质不同。界面的布局属于思想的范畴，应当排除保护此范围，所以原告界面图案以及色彩的不同导致作品不构成实质性相似，所以不予支持此项请求。

第三，侵害游戏规则著作权不成立。卡牌和套牌的组合作为游戏规则，卡牌的文字说明作为一个整体可以享有著作权，但是说明书受到游戏的玩法与规则的限定，具有有限的表达创作空间。被告抄袭原告的游戏玩法与规则，不可避免会选择较为相似的表达，并且被告在非必要的表达范围内对个别文字作出替换，所以不构成对原告作品的复制。

第四，侵害视频与动画特效著作权成立。被告游戏中的"牌店及打开扩展包动画"与原告游戏的"牌店及打开扩展包动画"无实质性差异，构成对原告作品的复制。①

此案例虽然没有申请司法鉴定机构对《炉石传说》与《卧龙传说》两游戏进行相似鉴定，但法官从四个角度对案件进行审理的思路对游戏司法鉴定提供一定启示与可循依据。

---

① 上海市第一中级人民法院〔2014〕沪一中民五（知）初字第23号。

二、网络游戏司法鉴定相关规定

1998 年《最高人民法院关于全国部分法院知识产权审判工作座谈会纪要》中专门指出："审理知识产权民事纠纷案件往往涉及对专业技术事实的审查认定，人民法院必须充分重视专业鉴定。"① 该文对鉴定的委托、鉴定机构的选择、鉴定意见的评价等问题提出了指导性意见。

2000 年颁布实施的《司法鉴定执业分类规定（试行）》将知识产权司法鉴定的范围主要限定在专利权纠纷、技术合同纠纷、商业秘密纠纷等知识产权纠纷中的鉴定问题，但实践中超过了此范围，涵盖著作权、商标权、地理标志权、计算机软件、商业秘密、知名商品与商号等。②

三、网络游戏司法鉴定对象、方法和流程

在侵犯著作权司法鉴定中，作品独创性是否需由鉴定人员进行鉴定一直是学术界争论不休的问题，笔者认为不属于鉴定机构鉴定事项，如果双方对作品的独创性有争议应该由双方向法庭提交证据进行辩论由法官进行裁决。对网络游戏进行司法鉴定时，鉴定机构不予考虑游戏的独创性以及是否享有著作权，直接对游戏元素即游戏外部元素以及游戏内部元素两个方面进行比较鉴定。

（一）游戏外部元素司法鉴定

游戏外部元素司法鉴定主要包括游戏人物形象设计、游戏界面、游戏规则这三个方面的鉴定，以下将分别予以阐述。

---

① 《最高人民法院关于全国部分法院知识产权审判工作座谈会纪要》第 2 条第 4 款"专业鉴定问题"规定，审理知识产权民事纠纷案件往往涉及对专业技术事实的审查认定，人民法院必须充分重视专业鉴定。

② 《司法鉴定执业分类规定（试行）》第 16 条将知识产权司法鉴定的范围限定为以下六点：（1）根据技术专家对本领域公知技术及相关专业技术的了解，并运用必要的检测、化验、分析手段，对被侵权的技术和相关技术的特征是否相同或者等同进行认定；（2）对技术转让合同标的是否成熟、实用，是否符合合同约定标准进行认定；（3）对技术开发合同履行失败是否属于风险责任进行认定；（4）对技术咨询、技术服务以及其他各种技术合同履行结果是否符合合同约定，或者有关法定标准进行认定；（5）对技术秘密是否构成法定技术条件进行认定；（6）对其他知识产权诉讼中的技术争议进行鉴定。

1. 游戏人物形象司法鉴定

游戏人物形象一般由具有鲜明的色彩、线条以及独创性的设计结合而成，由于《著作权法》对于美术作品的独创性以及艺术性要求很低，一般的游戏人物形象都满足美术作品的构成要件。网络游戏人物形象一般由面部形象、服装及武器三部分构成，实践中，鉴定机构可以从这三个方面进行比对。与此同时，还需要注意以下两点。

（1）排除不受保护的设计因素。例如，公有领域设计人物形象、第三方人物形象以及引用的人物形象设计。

（2）再对人物形象三部分分别进行比较。游戏人物的面部形象，具体的比较方面有面部的整体造型、面部线条、五官构造及特征等；游戏人物的武器，具体为有无武器、武器类型、武器造型以及武器突出特征等；游戏的服装，具体比较服饰上衣与下衣的设计以及搭配、服饰颜色、服饰配饰、服饰的整体画面感等。

2. 游戏界面的司法鉴定

游戏界面的广义概念是指玩家在玩游戏过程中所接触到的各种硬件与软件界面，网络游戏界面主要是指玩家以电脑为运行平台的电子游戏在开启后的虚拟世界中进行游戏的主界面。[①] 游戏界面要求精美直观、布局合理、操作便捷，游戏界面同其他形式的平面设计一样，也是由文字、图形与色彩等视觉元素符号构成，既包括功能性又包括艺术性。游戏界面的司法鉴定一般遵循以下两个步骤。

（1）排除由功能性因素决定的有限表达部分以及公有部分。这部分需要由专门的技术人员从游戏所实现的目的与功能出发，认定是否只有此种游戏界面布局能实现游戏的功能，如果不是，那么此种布局仅作为界面表达的一种方式。

（2）游戏界面的比对。从游戏主要的界面即用户交流界面、用户物品交易界面、游戏对战界面、用户管理界面、游戏结果显示界面等分别对界面中的文字、按钮、信息显示窗户、细节特征、色彩明暗以及线条的设计等进行

---

① 马建军，华江林. 手机游戏界面设计分析［J］. 绍兴文理学院学报，2014（9）：43—45.

对比。以《炉石传说》游戏界面为例，对其进行鉴定时，需要对其基本界面、比赛场地、对战模式、练习模式、竞技场模式、卡牌收藏、卡牌制作、好友对战这八个界面中的每个相关元素进行详细比较，然后得出鉴定意见。

3. 游戏规则的司法鉴定

游戏规则作为游戏中最具创造性思维的一部分，体现着游戏设计者的设计精粹以及吸引玩家的强有力资本，独具匠心、引人入胜的游戏规则设置决定着游戏的市场价值以及成本回收。暴雪一案中，法院明确表明，卡牌的文字说明使用以说明卡牌在游戏中所具备的技能或功能，所有卡牌文字作为一个整体，可以作为作品而受保护，说明游戏规则可以享有著作权，只要其满足成为作品的条件。对于游戏规则的司法鉴定，需要从以下两个方面进行。

（1）确定游戏规则的表达性部分。首先需要界定此游戏的功能以及所要呈现的游戏效果，再者区分游戏功能和功能有关的表达。例如，卡牌类游戏所要实现的功能与目的就是两方作战一方消灭另一方取得胜利的条件，而为了实现这种功能，《炉石传说》选择采用由 9 个英雄 225 张牌与 175 张中立牌组成，其中每张牌又代表不同生命与攻击力的数字，每个人物代表不同的能力与技能，每张牌之间具有不同的关系，一起组合成了游戏的规则，显然这种组合形式直接表达了所有实现的游戏功能，具有很强的独创性元素，构成功能的表达。

（2）游戏规则的相似性比较鉴定。此项鉴定与文字作品同一性鉴定相同，首先，排除不受保护的公共元素以及抽象为纯粹的思想内容的有限表达；其次，对游戏规则的人物角色说明（不同角色关系、角色技能、能力值以及互相压制联合的方式等）进行对比，相同字数的比较以及共同错别字出现概率，然后得出鉴定意见。

（二）游戏内部元素司法鉴定

游戏本质上作为一种计算机软件，对此进行鉴定可以直接依照软件作品鉴定一节所写的内容。因此鉴定一般按照以下几个步骤。

（1）排除双方软件中不受保护的部分（如公有领域、第三方软件、思想表达有限部分以及软件兼容性部分）。实践中，在认定软件不受保护部分时，不同的鉴定人员由于自身知识以及经验的不同，导致认定遗漏或超出。人为的操作不可避免会存在这样的问题，所以只能尽量减少这方面的误差。

（2）两软件的文件管理结构以及目录、文件名对比。此部分的对比工作比较繁琐，需要对每一项中每项、子项以及每项中的文件内容进行细致的对比找出相同部分以及不相同部分。

（3）两软件安装过程和安装成功后的目录、文件，以及使用过程对比。比较安装过程中屏幕显示的软件信息及使用功能键后的屏幕显示是否相同，软件安装成功后对软件的目录结构、目录名、文件名、文件属性、文件大小、文件建立或修改时间进行比较，对使用过程中的屏幕显示、使用方法、功能、功能键等进行对比，比较运行过程中普通文显和菜单的选择项、内容、方法等。

（4）两软件的代码对比。此部分主要是对软件的目标代码、源程序进行比较。鉴定源代码时，需要对其目录结构、文件名、文件内容、变量、函数、宏定义等进行比对检验，应排除自定义的文件名、变量名、函数名等名称被修改的影响，对程序逻辑与结构等内容进行对比检验。在对方没有提交源程序的情况下，需要将双方的目标程序进行对比，通常采用第三方软件（如UltraEdit）读取双方的目标程序，并利用该软件的对比功能对目标程序进行行与行之间的比较。

（5）其他对比。例如，对软件系统结构、软件运行界面、软件独有的特征部分（特定字符、特定名称、公司名称等）以及相同的错别字进行比较鉴定。

四、网络游戏司法鉴定存在的问题

（一）鉴定客体片面化

网络游戏作为一种集画面、音乐、动态视频及运行软件于一身并伴随互联网兴起而发展的产物，随着科技日新月异的不断创新与变化，越发复杂化。司法实践中，对游戏内在因素即计算机软件进行鉴定，仅从软件的源代码、目标代码、运行界面、系统结构、文件目录以及数据库等软件组成部分进行鉴定是不能较准确地得出双方游戏是否具有相似性。因为凭借着现代互联网先进技术，使用不同的代码编写出不同的软件，并达到相同的游戏画面，实现相同的游戏功能是比较容易的事情；所以对网络游戏进行司法鉴定，仅依靠游戏软件本身内在的因素进行鉴定具有片面性，得出的鉴定意见不具有可靠性。

（二）现存鉴定方法存在缺陷

网络游戏可作为美术作品、文字作品、电影作品以及计算机软件作品进行保护，对其进行鉴定时，按照作品的一般鉴定法则对其进行鉴定。对于游戏人物形象以及游戏界面作为美术作品进行鉴定，首先排除不受保护因素，再根据美术作品的特点按照其外观元素对其进行拆分，然后进行对比鉴定。但是对于网络游戏规则与游戏运行软件，由于涉及功能以及功能的表达难以区分的问题，实践中，只能针对个案进行认定。网络游戏规则作为文字作品的一种，不能仅依照文字作品的鉴定法则，从人物角色、故事梗概、情节发展、章节内容以及共同出现的错别字这几个方面进行对比，重要的是怎样区分实现游戏功能的表达是否具有限定性。游戏运行软件复制者如果保留被侵权软件的主要结构、组织以及序列，或者提取被侵权软件主要系统摘要，仅对其中的代码表达进行替换与修改，在这种情况下运用以上的鉴定方法不能有效地认定两游戏软件是否存在相似性。

五、完善网络游戏司法鉴定的建议

游戏软件不同于一般的计算机软件，其软件的主要功能是供人们娱乐，通过对游戏中的场景、人物、音乐、文字以及动态的视频来实现，而实现这些视觉与听觉的感受主要是通过计算机软件的设计代码。因此，游戏软件的程序代码是否相同，一般可以通过其外观明显地感受并直观地体现出来。但是，仅通过对游戏的人物形象设计、游戏界面以及游戏规则的相似性鉴定得出的鉴定意见也不能直接证明两款游戏的实质性相似，因为不能排除两者是在独立的基础之上进行开发设计的或者游戏界面与游戏规则由于思想表达有限性，从而得出其外观因素属于公有领域而不受保护。因此，必须结合网络游戏的内在因素即软件进行对比鉴定。

2013 年北京市第二中级人民法院审理的蓝港在线科技有限公司诉九合天下科技有限公司游戏软件著作权纠纷案中，双方当事人委托工业和信息化部知识产权司法鉴定所对双方游戏软件客户端及服务器源代码一致进行鉴定，得出鉴定意见："双方客户端源程序有 463 个文件具有对应关系；服务器端源程序的 .JAVA 文件 244 个名称不同内容有相同或名称相同内容有修改。"工业和信息化部知识产权司法鉴定所之前对九合天下科技有限公司的意见进行答复中提到："鉴定机构在本案中判断代码实质相同，基本的标准是一方通过简单的名称替换、代码位置改变等极其简单的修改，即可得到另一方的代码。"本案中，鉴定机构对游戏软件进行对比鉴定时发现了被告软件有很多修改的痕迹，发现了相同的注释、类名、函数名、函数位置、变量名等一系具有特征性的符号，这些因素间接地证明了两者具有一定的相似之处。法院以九合天下科技有限公司未能就其源程序为何与蓝港在线科技有限公司的源程序存在大量相同之处给出合理解释，并结合蓝港在线科技有限公司软件技术人员接触过原告游戏软件代码，判定其侵犯原告游戏软件的著作权。此案件表明对两者游戏进行鉴定时，内部软件是否相似、是否有修改的痕迹，能直接表明两款软件具有一定的联系，再结合游戏外部因素的外观鉴定，能有效地鉴定两款游戏软件是否具有相似性。

六、网络游戏司法鉴定发展趋势

美国相关判例为电子游戏软件发展出了许多侵权判定方法，对我国网络游戏司法鉴定有着重大启发作用。网络游戏作品进行鉴定时一般把作品分为四个方面分别进行鉴定，其中人物形象设计、游戏界面作为美术作品按照一般的外观检测法进行鉴定足以，游戏软件上篇也进行了详细的论述，所以以下主要对游戏规则的鉴定进行补充。

（一）准确界定思想—表达二分法

1. 运用 Merger 原则与 Scenes a faire 原则

美国司法实践中，主要引用"Merger 原则"与"Scenes a faire"原则对思想与表达进行划分。Merger 原则也称为"合并原则"，国内一般称为唯一表达或是有限表达，其基本含义是，当思想与表达密不可分的时候，或者说当某种思想只有一种或有限的几种表达时，则著作权法不仅不保护思想，而且也不保护表达。如果当著作权法保护这种表达时，那么将赋予作者一种表达这种思想的垄断权，将不利于后续作家对其进行利用，从而阻碍文学艺术的发展。Scenes a faire 是个法语词汇，其中文意思为"必要场景"，此原则含义为剧中可以独立的事件、角色或场景，它们至少是处理某一主题的标准模式。在法国的著作权法中，该部分即使在享有著作权的作品中也是不受著作权法保护的，因为它们是作品在处理相同主题或在相同情形下自然出现的。

Scenes a faire 原则与 Merger 原则适用于不同类型的作品，前者主要适用于有情节的文学性作品、电影作品、电视剧作品、话剧与歌剧等。现今网络游戏公司为了吸引玩家，丰富游戏内容，一般会使用各种纷繁复杂的故事情节来推动游戏的进程，例如，进入游戏前会使用对话以及事件表明游戏任务，游戏过程中会陈列不同的游戏场景供玩家选择。在一般的卡牌游戏中，作战双方一方消灭另外一方，一般都会给定必要的场景来推动玩家任务的发展，而这些事件、人物角色的特性和特定的背景作为实现游戏效果的必要元素是不能受到著作权保护的。

2. 运用抽象测试法

"抽象测试法"由美国大法官汉德在 Nichols v. Universal Pictures Corporation 一案中提出。此案是有关作品抄袭认定，原告是戏剧 Abie's Irish Rose 的作者，被告公开制作了一部为 The Cohens and The Kellys 电影。两部作品都描述了来自爱尔兰家庭与犹太家庭双方的子女相爱的故事，刚开始双方父亲的不同意到最后诞下后代而达成和解，但后者以更为复杂的剧情（包括额外的人物角色添加、遗产继承、真相披露等）描写了作品主要思想内容。汉德法官最终认定不侵权，并认为两个作品中的四个角色（一对情侣与两位父亲）、不同种族的两位年轻人结婚、各自父亲的不满、后代的出生以及最后的和解都是同类似文学作品的一般表达形式，只是作者所写内容的抽象，属于作者思想的一部分。

汉德法官针对此案做了一段精彩的论述："在任何作品上，尤其是一个剧本，随着越来越多的情节被剥离，很多一般性不断增加的模式将较好地符合等同的要求。随后剧本或许除了一般的陈述外再没有其他什么，此时或许仅仅包含它的标题；然而在这一系列的抽象中仍然有这么一点，在这里它们将不再受保护，否则剧作家就可能阻止其思想的使用，剧作家的财产权永远不应延及表达的思想。"抽象测试法对区分思想与表达有重大意义，网络游戏规则中游戏目的、游戏功能、游戏实用性特征以及游戏技术性特征属于游戏思想范畴，但是对于此思想的提取可以运用抽象测试法根据不同的游戏作品作出不同的认定，准确地抽象出属于游戏规则中的思想内容。

（二）"AFC"法则

2012 年 Tetris Holding, LLC v. Xio Interactive, Inc. 一案中，原告 Tetris Holding 认为被告 Xio 开发的游戏 Mino 明显抄袭其著名游戏俄罗斯方块（Tetris），但被告辩称原告俄罗斯方块中的方块设计、方块运转模式、方块颜色变化以及屏幕区域等都属于游戏规则，这些规则都属于实现游戏目的与游戏功能，属于思想范畴不受版权法保护，法院运用此判断法则作出了被告侵权裁定。法院主要运用三步检测法对此进行分析。三步检测法又称"AFC"，是指抽象（Abstraction）—过滤（Filtration）—比较（Comparison）三步判断法则。此种法则在判断作品抄袭侵权上具有重要作用。

首先，抽象出游戏规则的思想部分。此案中，法官认为尽管从表达中提取游戏的思想是困难的，但是凭借着判例法与公共常识，认定俄罗斯方块的思想能通过理解抽象的游戏以及推动游戏的概念所描绘。

其次，排除不受保护部分。此部分主要排除公知元素、第三方引用以及有限表达部分等。法院认为俄罗斯方块是完全凭空想象而成立的，是一个独一无二的益智游戏并且没有固定以及公共的图像形式，因此，此游戏规则不存在公知部分、第三方引用以及有限表达部分。

最后，对游戏规则独创性表达部分进行实质性对比。对俄罗斯方块的方块设计、方块外表、移动的方式、旋转、下落、运转、每个程序中方块使用的明亮颜色、方块的构造边界以及方块的颜色明暗变化等不同的方面进行对比。

第六节 作品司法鉴定发展趋势

一、文字作品鉴定方法中引入权重

文字作品的同一性鉴定是司法鉴定中常见的类型，但是在文字作品中，各个部分的重要性是不同的，以毕业论文为例，其一般包括背景知识、现状、存在的问题及对策几个部分，针对某一问题的论文，其背景知识、现状和存在的问题是共通的，客观存在的，唯有论文的对策部分是作者思想表达的创新部分。因此，在文字作品中，可以根据不同部分的内容，设置不同的权重，更能凸显文字作品的独创性的重要性。[①]

以下举例说明。

作者甲认为作者乙及网站侵权。作者甲准备诉作者乙在某网站发表的论文抄袭了作者甲公开发表的论文。作者甲委托鉴定，作者乙的论文是否存在抄袭。经查询，2006 年 12 月，作者甲在某刊物公开发表论文，相关的期刊文库都有转载。而作者乙的论文发表在 2009 年，因此，作者乙有接触作者甲论文的可能。

经检查，作者乙论文 6200 字，其中"唯一表达"及引用部分 1200 字，论文的核心部分为 2300 字，表述相同的内容有 640 字；普通表述内容 2700字，表述相同的内容 1040 字。作者甲论文有 9400 字，其中"唯一表达"及引用部分 1620 字，论文的核心部分为 4300 字，普通表述内容 3480 字。

专家建议：将检材（作者乙论文）分为两个部分，赋予核心部分权重 $K_1 = 0.6$，赋予普通部分权重 $K_2 = 0.4$。根据论文 $M = 6200$，其中 $M_0 = 1200$；$M_1 = 2300$，$m_1 = 640$；$M_2 = 2700$，$m_2 = 1040$。

根据侵权数学模型：

$$E = K_0 \cdot m_0/M_0 + K_1 \cdot m_1/M_1 + K_2 \cdot m_2/M_2$$

---

① 曾德国. 著作权纠纷中的司法鉴定标准探析 [J]. 中国版权，2014（4）：42—45.

$$=0+0.6\times640/2300+0.4\times1040/2700$$

根据侵权等级的划分：$E=0.32$，作者乙对作者甲的论文构成一般侵权。作者甲遂以作者乙及网站侵权为由向法院起诉。

通过建立侵权参数数学模型，可以鉴定文字作品内容是否构成侵权以及侵权的程度，为法官在审判时提供参考。该鉴定方法同样也可以推广到著作权法保护的其他十二类作品的鉴定中。但是，对于不同类作品的鉴定，需要设置不同的侵权等级的确立及侵权权重，具体的等级和比重需经调查研究后确立。

二、思想和表达划分新趋向

实践中，如何正确划分文字作品思想与表达的界限一直是一个难题，但是鉴定中首先要做的是区分思想与表达，这是确定文字作品鉴定范围的基础。近来随着琼瑶诉于正案、金庸诉江南案的火热，再次引发对思想与表达界限划分的讨论，在琼瑶诉于正案中，法院将能够反映作者独特设计、判断、取舍的故事情节的发展顺序、结构安排作为文字作品的表达，突破了以往对思想、表达的认知，为思想与表达的界限划分提供了新思路，也为文字作品司法鉴定提供了新借鉴。

近几年同人小说开始流行，同人小说是指利用原有的漫画、动画、小说、影视作品中的人物角色、故事情节或背景设定等元素进行的二次创作小说。同人小说具有两个特点：（1）依赖性，同人小说以他人的原作或者原型为基础，创造出新的产品；（2）创造性，同人小说虽然以他人原作或者原型为基础，但并非简单抄袭，而是由作者独立创作完成。初期的同人小说主要在爱好原作或者原型的群体中传播，源自读者或者观众的兴趣爱好，具有非营利性。随着时间的发展，同人小说传播越来越广，非营利性淡化，最终演变为盈利作品。

《著作权法》没有针对同人小说的规定和规范，如何界定同人小说的性质，学界观点不一。有的观点认为，同人小说属于演绎作品，在原作基础上进行改编再创造，如不经原作品著作权人许可，即为侵犯原著作权人的著作权；有的观点认为，同人小说属于非演绎作品，因为演绎作品的本质是在保持原作基本表达的基础上，增加符合创新性要求的新表达而形成的作品，而同人小说作品中，原作的基本结构与情节已经基本消失，且人物时空背景也不同。例如，虽然在《此间的少年》中使用了金庸作品中的人物名称，但是人物名称很难构成《著作权法》意义上的作品，因此不能用《著作权法》中对演绎作品的规定规范同人作品。此案已经由广州市天河区人民法院受理，尚未作出判决，但可以看出，对同人小说的规范属于法律空白，此案的判决结果可能影响国内同人小说的命运走向。

2018 年，我们接到的上海美术电影制片厂《葫芦兄弟》诉《十万个冷笑话》著作权侵权纠纷案中，《十万个冷笑话》中的"福禄娃"应该属于《葫芦兄弟》的演绎作品。单从鉴定的角度来看，差异很大。

第七节　作品司法鉴定案例

一、作品司法鉴定案例简介

【案例 5—6】琼瑶诉于正侵犯其《梅花烙》著作权案

1. 案情简介

案件事实：陈喆，笔名琼瑶，于 1992 年 10 月创作完成剧本《梅花烙》，未以纸质方式公开发表；怡人传播有限公司依据剧本《梅花烙》拍摄完成电视剧《梅花烙》，于 1993 年 10 月 13 日起在我国台湾地区首次电视播出，于 1994 年 4 月 13 日起在我国大陆地区首次电视播出，电视剧内容与剧本高度一致。小说《梅花烙》系根据剧本《梅花烙》改编而来，于 1993 年 6 月 30 日创作完成，1993 年 9 月 15 日起在我国台湾地区公开发行，同年在我国大陆地区公开发表，主要情节与剧本《梅花烙》基本一致。小说《梅花烙》作者署名是陈喆。于正系剧本《宫锁连城》载明的作者，剧本共计 20 集，剧本创作完成时间为 2012 年 7 月 17 日，首次发表时间为 2014 年 4 月 8 日。电视剧《宫锁连城》根据剧本《宫锁连城》拍摄。电视剧《宫锁连城》署名编剧于正，片尾出品公司依次署名为：湖南经视公司、东阳欢娱公司、万达公司、东阳星瑞公司。电视剧《宫锁连城》完成片共分为两个版本，网络播出的未删减版本共计 44 集，电视播映版本共计 63 集，电视播映版本于 2014 年 4 月 8 日起，在湖南卫视首播。剧本《宫锁连城》与剧本《梅花烙》相比，人物关系更复杂，故事线索更多。

原告诉称：第一，陈喆（笔名：琼瑶）于 1992—1993 年创作完成了电视剧剧本及同名小说《梅花烙》（统称涉案作品），并自始完整、独立享有涉案作品著作权（包括但不限于改编权、摄制权等）。涉案作品在中国大陆地区多次出版、发行，拥有广泛的读者群与社会认知度、影响力。第二，2012—2013 年，于正未经陈喆许可，擅自采用涉案作品核心独创情节进行改编，创作电视剧剧本《宫锁连城》，湖南经视公司、东阳欢娱公司、万达公司、东阳星瑞公司共同摄制了电视剧《宫锁连城》（又名《凤还巢之连城》），涉案作品全部核心人物关系与故事情节几乎被完整套用于该剧，严重侵害了陈喆依法享有的著作权。第三，在发现侵权之前，陈喆正在根据其作品《梅花烙》潜心改编新的电视剧本《梅花烙传奇》，于正等被告的侵权行为给陈喆的剧本创作与后续的电视剧摄制造成了实质性妨碍，让陈喆的创作心血毁于一旦，给陈喆造成了极大的精神伤害。

被告辩称：第一，对于陈喆的著作权人身份存疑，电视剧《梅花烙》的编剧署名是林久愉，林久愉应为剧本《梅花烙》的作者及著作权人，陈喆在本案中的诉讼主体不适格。剧本《梅花烙》从未发表，于正、东阳欢娱公司不存在与该剧本内容发生接触的可能，电视剧《梅花烙》的播出也不构成剧本《梅花烙》的发表。第二，陈喆主张的著作权客体混乱，所谓《梅花烙》"剧本""小说""电视剧"既无法证明各自的著作权归属，也不能证明于正、东阳欢娱公司曾有过接触，因此陈喆的指控没有事实和法律基础。陈喆提交的剧本《梅花烙》是在本案起诉后才进行的认证，有可能是在电视剧《宫锁连城》播映后比照该剧进行的修改，这样的比对相似度肯定非常高。因此，对剧本《梅花烙》内容的真实性存疑。第三，陈喆指控侵权的人物关系、所谓桥段及桥段组合属于特定场景、公有素材或有限表达，不受著作权法保护，不能因为陈喆写过言情戏的主题，此类表达就被陈喆垄断。陈喆在本案中主张的桥段不是作品的表达，是其根据自己的想象归纳出的思想。第四，陈喆指控的于正改编涉案作品的事实根本不存在，剧本《宫锁连城》是独立创作。于正有证据证明剧本《宫锁连城》是在自己大量创作素材的基础上独立创作出来的，是受法律保护的作品。陈喆主张的作品主题、思想不是著作权法保护的对象。

争议焦点：（1）文学作品中思想与表达的区分标准是什么，人物关系、事件发生时序属于作品的思想还是表达；（2）作品实质性相似的具体判断标准是什么，抄袭的比例多少能够认定为实质性相似。

法院判决。一审法院作出以下判决：（1）湖南经视公司、东阳欢娱公司、万达公司、东阳星瑞公司于判决生效之日起立即停止电视剧《宫锁连城》的复制、发行和传播行为；（2）于正于判决生效之日起十日内在新浪网、搜狐网、乐视网、凤凰网显著位置刊登致歉声明，向陈喆公开赔礼道歉，消除影响（致歉声明的内容须于判决生效后五日内送法院审核，逾期不履行，法院将在《法制日报》上刊登判决主要内容，所需费用由于正承担）；（3）于正、湖南经视公司、东阳欢娱公司、万达公司、东阳星瑞公司于判决生效之日起十日内连带赔偿陈喆经济损失及诉讼合理开支共计人民币500万元；（4）驳回陈喆的其他诉讼请求。

二审法院判决：驳回上诉，维持原判。

2. 案件点评

此案判决之前，学界通常认为文学作品的文字表达，包含文字性的表达以及文字所表述的故事内容，但是人物设置及其相互关系，事件的发生、发展及其先后顺序等情节，属于文字作品的思想范畴。然而在此案中，法院认为，首先，文字作品中事件的发生、发展及其先后顺序，如果足够具体，即文学作品的情节选择、结构安排、情节推进设计反映出作者独特的选择、判断、取舍，能够认定为著作权法保护的表达。无论思想还是表达既是判定文字作品侵权的边界也是司法鉴定的边界问题，至关重要，此案将足够具体，能够反映作者独特选择、判断、取舍的人物设置及其关系，事件的发生、发展及先后顺序等，认定为表达范畴，为文字作品的司法鉴定提供新的思路、新的方法。

文字作品的实质性相似的标准需要明确具体，在文字作品的司法鉴定中，单纯的字数和错别字比对难以公正体现作品的相似性，此案中，将文字作品的"受众感受度"纳入认定"实质性相似"的考量因素，更显公平。观赏文字作品，目的不是看其文字组合，而是体验带给人的感知和艺术欣赏，因此普通受众对作品的"感受度"也是认定侵权的一个标准，在此案中以相关受众观赏体验的相似度调查为参考，占据绝对优势比例的参与调查者均认为电视剧《宫锁连城》情节抄袭自《梅花烙》，可以推定，受众在观赏感受上，已经产生了较高的及具有相对共识的相似体验，即剧本《宫锁连城》涉案情节与涉案作品的整体情节具有创作来源关系，构成对涉案作品的改编。

文学作品的情节的前后衔接、逻辑顺序将全部情节紧密贯穿为完整的个性化表达，这种足够具体的人物设置、情节结构、内在逻辑关系的有机结合体可以成为著作权法保护的表达。在文字作品的司法鉴定中，亦可借鉴此种方法，如果被诉侵权作品中包含足够具体的表达，且这种紧密贯穿的情节设置在被诉侵权作品中达到一定数量、比例，可以认定为构成实质性相似；或者被诉侵权作品中包含的紧密贯穿的情节设置已经占到了权利作品足够的比例，即使其在被诉侵权作品中所占比例不大，也足以使受众感知到来源于特定作品时，可以认定为构成实质性相似。

【案例 5—7】《梦幻西游》与《神武》之争

1. 案情简介

案件事实： 2014 年，广州网易计算机系统有限公司（以下简称网易）诉广州多益网络股份有限公司（以下简称多益）的《神武》游戏侵犯其《梦幻西游》的著作权一案引发热议。《梦幻西游》和《神武》均为广受欢迎的网络游戏，网易于 2003 年开始运营《梦幻西游》网络游戏，该游戏以著名小说《西游记》为背景，通过 Q 版人物，营造浪漫的游戏氛围，截至 2012 年，《梦幻西游》注册用户超过 3.1 亿人，是当年中国大陆同时在线人数最高的网络游戏，2013—2014 年，连续获得"玩家最喜爱十大网络游戏""最受欢迎十大网络游戏"等奖项，在相关公众中具有很高知名度。2010 年，多益推出《神武》PC 客户端网络游戏，选取与《梦幻西游》相同的故事背景，并整体采用了《梦幻西游》的主要游戏元素，包括游戏中人物角色的种族、主要角色的名称、美术形象，门派的名称、技能属性、装备的属性及与人物的配合度、特殊的游戏活动以及游戏商业系统等。2014 年推出《神武》手机游戏版本，亦将上述主要游戏元素融入其中。网易认为多益这一行为侵犯其著作权，抢夺用户资源，掠取市场份额，侵占其竞争优势，故向人民法院提起诉讼。

原告诉称： 第一，《梦幻西游》由其开发并运营，从 2003 年至今，早已具有较高的知名度和普及度，广受相关公众喜爱，《神武》的 PC 客户端游戏和手机游戏开发较晚，且融入了《梦幻西游》的主要游戏元素，侵犯其著作权，并侵犯其市场竞争优势；第二，多益使用、运营与《梦幻西游》极为相似的《神武》游戏，侵害其对《梦幻西游》的合法权益，侵害其计算机软件著作权、文字作品著作权，构成不正当竞争；第三，技术更迭频繁，网络游戏这一特殊商品生命周期较短，网易投入高额的研发和运营成本，延长《梦幻西游》生命周期，多益通过抄袭投入较少研发成本，掠夺网易市场份额，非法获取利润，应当承担停止侵权、消除影响、赔偿损失的法律责任。

被告辩称： 第一，多益对《神武》具有自主知识产权，《神武》PC 客户端游戏和手机游戏均是继承其自主研发的《梦想世界》和《逍遥传说》的基础上优化改善而成的，《神武》中的各游戏元素和系统均为自主研发；第二，《神武》与《梦幻西游》完全不同，既不存在侵犯计算机软件著作权、文字作品著作权，也不存在不正当竞争，《梦幻西游》的门派名称、技能名称与描述不存在独创性，另外，游戏的主要元素诸如门派名称、技能属性、装备的属性与人物的配合度、特殊的游戏活动以及游戏商业系统均系思想、规则或者玩法，不受著作权法保护；第三，《梦幻西游》失去竞争优势是失去生命周期所致，《神武》与《梦幻西游》均取材于《西游记》，但是在游戏市场中存在大量同样取材的游戏，在技术不断更新和题材越发丰富的事实下，玩家有更多不同的玩法和享受，玩家择优而玩，《梦幻西游》一直没有创新和付出，市场份额减少是生命周期衰退的正常表现。

争议焦点：（1）门派名称、技能属性、装备的属性与任务的配合度等游戏元素属于思想还是表达范畴；（2）《梦幻西游》与《神武》采取相同的故事背景、相同的主要游戏元素，是否构成计算机软件侵犯著作权、文字作品侵犯著作权。

法院判决： 第一，多益停止侵害网易的著作权行为；第二，多益从判决生效之日起停止涉案不正当竞争行为；第三，多益从判决生效之日起赔偿网易损失人民币 1500 万元。

2. 案件点评

本案中亦涉及思想与表达的边界问题，多益主张门派名称、技能属性、装备的属性与任务的配合度等游戏元素属于思想范畴，不受著作权法的保护，网易主张这些游戏元素均为其自主研发，具有独创性，应当受著作权法的保护。该案中，原告委托中国版权保护中心版权鉴定委员会作了《关于〈神武〉（PC 版）游戏中的文字作品与〈梦幻西游〉门派技能法术装备特技介绍〉文字作品异同性的鉴定报告》和《关于〈神武〉（pad 版）游戏中的文字作品与〈梦幻西游〉门派技能法术装备特技介绍〉文字作品异同性的鉴定报告》，鉴定意见均为两游戏文字作品整体结构构成实质性相似，对应词条、技能法术的部分构成相同或者实质性相似。

法院认为文字作品部分塑造了适用于网络游戏的武侠社会背景，形成完整的门派体系，较为完整地勾勒出一个个肩负门派使命、具有特异功能的门派弟子单独或者结队完成各种任务的虚拟武侠社会，塑造了不同的人物角色及其相互制衡、配合的关系，具有完整的武侠社会背景故事，且内容未与之前相同题材的作品重复，该案文字作品部分具有独创性，应当属于著作权法的保护范围。另外，《梦幻西游》游戏中虽然有大量公共词汇或者网络游戏通用术语，但是网易将本属于不同领域的词汇串联组合，赋予新的含义后，即属于有独创性的表达，受著作权法的保护。

笔者认为，本案中门派名称、门派技能、门派特色、法术名称，法术、特技特效的使用条件及消耗的条件等合在一起，成为具有独创性的表达，因此在《梦幻西游》和《神武》的比对中，应当作为认定是否构成"实质性相似"的标准之一，除个别以外，《神武》的派系及名称、门派和师傅名称相同，门派特色、门派地位，法术、特技特效的使用条件及消耗的条件等与《梦幻西游》总体上相同，构成实质性相似。

二、作品司法鉴定存在的问题

（一）作品种类多，鉴定标准难统一

《著作权法》所称的作品，包括下列形式创作的文学、艺术和自然科

学、社会科学、工程技术等作品：（1）文字作品；（2）口述作品；（3）音乐、戏剧、曲艺、舞蹈、杂技艺术作品；（4）美术、建筑作品；（5）摄影作品；（6）电影作品和以类似摄制电影的方法创作的作品；（7）工程设计图、产品设计图、地图、示意图等图形作品和模型作品；（8）计算机软件；（9）法律、行政法规规定的其他作品。由于作品种类多，鉴定的标准很难统一。

（二）思想与表达的边界划分困难

著作权法不保护思想，只保护对思想的具体表达。以文学作品为例，文学作品中思想与表达的界限较为复杂，文学作品中的表达不仅局限在对白、遣词造句等文字性表述，也包括文字所表达的故事内容，但只有具体到一定程度，即文学作品中的情节选择、结构安排、情节推进等反映出作者独特的选择、判断、取舍才能成为著作权中特有的表达。这个界限因具体的个案不同而不同。目前，国际上得到较多认同的结论是：如果事件的顺序、角色人物的交互作用和发展足够具体，创造出一个被充分描述的结构时，将受到著作权保护。著作权法上的其他诸多规则：（1）公有领域的相关素材与事实不受著作权法保护。但与具体情节构成原创性的表达除外。（2）混合原则。如果一种思想只有一种或者非常有限的几种表达方式，这些表达也被视为思想而不受保护。（3）场景原则。它是指在文学作品之中，如果根据事实、经验、观众的期待，在表达某一主题的时候，必须描述某些场景，使用某些场景的安排和设计，在后作品描写与前人文章相同场景也不构成侵权。由此可见，思想与表达的边界划分很困难。

（三）看不懂的鉴定意见书

在我们接到的咨询中，还有一个问题，就是委托人或者律师看不懂鉴定意见书。由于知识产权鉴定没有统一的标准，最后的鉴定意见表述五花八门，许多人都说鉴定意见不知所云，需要专业人士解读。例如，动画《葫芦兄弟》与动画《十万个冷笑话》著作权纠纷案中，委托北京××版权鉴定中心对动画《葫芦兄弟》与动画《十万个冷笑话》人物美术形象及故事内容异同性进行鉴定。①

1. 委托鉴定的内容

（1）动画《十万个冷笑话》第一季第 4、5、6 集中大娃、二娃、三娃、四娃、五娃、七娃等六个美术作品与动画《葫芦兄弟》大娃、二娃、三娃、四娃、五娃、七娃等六个美术作品的异同性。

（2）动画《十万个冷笑话》中福禄娃与动画《葫芦兄弟》中葫芦兄弟相同、相似的服装元素是否属于公知领域。

（3）动画《十万个冷笑话》第一季第 4 集第 49 秒开始至结束，第 5—6 集的内容与动画《葫芦兄弟》第 1—13 集内容的异同性。

2. 鉴定意见

（1）动画《十万个冷笑话》第一季第 4、5、6 集中大娃、二娃、三娃、四娃、五娃、七娃等六个美术作品与动画《葫芦兄弟》大娃、二娃、三娃、四娃、五娃、七娃等六个美术作品人物形象不相同，服装及饰品相似，双方作品的六个人物形象整体上是关联的，在服装及饰品的表达、色彩的选择和组合、人物对应的关系上看，都存在相同或者相似之处，因此从整体上看，双方作品中的大娃、二娃、三娃、四娃、五娃、七娃的人物美术形象是相似的。

（2）动画《十万个冷笑话》中福禄娃与动画《葫芦兄弟》中葫芦娃兄弟相同、相似的服装元素与被告提供的出处来源内容的表达并不相同。

（3）动画《十万个冷笑话》与动画《葫芦兄弟》的故事脉络中的开端、发展相似，但结尾不同。动画《十万个冷笑话》中与动画《葫芦兄弟》对比，人物设置相似比例为 75%，人物关系相似比例为 50%，人物技能相似比例为 100%，在桥段设计上，动画《十万个冷笑话》30 个桥段中有 8 个桥段和动画《葫芦兄弟》是相似的，相似比例为 26.7%。

3. 鉴定意见的解读

以上鉴定意见，鉴定方法、鉴定程序都比较规范，但是最后的鉴定意见，

---

① 北京××版权鉴定中心《关于对动画〈葫芦兄弟〉与动画〈十万个冷笑话〉人物美术形象及故事内容异同性的鉴定报告》，××鉴字〔2018〕第 064 号。

却显得比较杂乱。将应该放在前面分析说明部分的内容，放在了鉴定意见中，使得鉴定意见看起来不简洁。律师来电咨询，如何解读该鉴定意见。

笔者认为，在著作权鉴定中，如果能量化的最好用具体的数值表示，如动画《十万个冷笑话》中与动画《葫芦兄弟》人物设置相似比例为 75%，人物关系相似比例为 50%，人物技能相似比例为 100%。但是多数比对结果，只能定性表述，一般将比对结果分为四个层次：相同、实质性相似、相似及不同，如双方作品中的大娃、二娃、三娃、四娃、五娃、七娃的人物美术形象是相似的。一般情况下，两个作品构成相同，或者实质性相似，法官才有可能认定侵权。

撰写鉴定意见，应该简单明了，使得阅读者一目了然。

很明显，鉴定意见（1）的内容，省略分析说明部分，可以简化为"动画《十万个冷笑话》第一季第 4、5、6 集中大娃、二娃、三娃、四娃、五娃、七娃等六个美术作品与动画《葫芦兄弟》大娃、二娃、三娃、四娃、五娃、七娃等六个美术作品人物形象构成相似"。由于人物形象之间只是构成相似，在法律适用上很难认定为侵权。

鉴定意见（2）动画《十万个冷笑话》中福禄娃与动画《葫芦兄弟》中葫芦娃兄弟相同、相似的服装元素与被告提供的出处来源内容的表达并不相同。换一个角度来思考，既然动画《十万个冷笑话》中福禄娃与动画《葫芦兄弟》中葫芦娃兄弟相同、相似的服装元素与被告提供的出处来源内容的表达并不相同，结合鉴定意见（1），两者之构成相似；那么就从另外一个角度说明，动画《十万个冷笑话》中福禄娃的服装元素具有独创性。

鉴定意见（3）包括的内容，可以分解为两个部分：

一是动画《十万个冷笑话》与动画《葫芦兄弟》的故事脉络中的开端、发展相似，但结尾不同。很明显，两者只是部分相似，在法律适用上很难认定为侵权。

二是动画《十万个冷笑话》中与动画《葫芦兄弟》比对，人物设置相似比例为 75%，人物关系相似比例为 50%，人物技能相似比例为 100%。对于人物设置、人物关系、人物技能等内容，到底是属于思想还是表达，在业界还存在争议。在琼瑶诉于正侵犯其《梅花烙》著作权案件中，判决中已经有一定的突破。一般而言，对于一个桥段中人物设置、人物关系、故事情节等内容，一般属于思想的范畴。只有将一个个桥段连接起来，这些人物设置、人物关系、故事情节等思想范畴的内容才成为具体的表达，从而获得著作权的保护。对于这一点，律师可以凭借自己的专业知识展开辩论。

三是在桥段设计上，动画《十万个冷笑话》30 个桥段中有 8 个桥段和动画《葫芦兄弟》是相似的，相似比例为 26.7% 。很明显，在桥段设计上只是部分相似，在法律适用上很难认定为侵权。

综上，上述鉴定意见对于被告律师是很有利的，只有鉴定意见（3）中的第 2 条需要律师运用"思想＋表达"二分法具体分析说明。

第六章

商业秘密司法鉴定

第一节　商业秘密的基础知识

一、商业秘密的定义

《反不正当竞争法》第9条将商业秘密定义为"不为公众所知悉、具有商业价值并经权利人采取相应保密措施的技术信息、经营信息等商业信息"。由此可知，商业秘密包括技术信息和经营信息等商业信息两类。

（一）技术信息

技术信息包括设计、程序、产品配方、制作工艺、制作方法。包括完整的技术方案、开发过程中的阶段性技术成果以及取得的有价值的技术数据，也包括针对技术问题的技术诀窍。

（二）经营信息

经营信息包括经营策略、管理诀窍、客户名单、货源情报、产销策略、招投标中的标底及标书内容等信息。

并不是所有的"客户名单"都是商业秘密。这里对作为商业秘密的"客户名单"作更具体的介绍。

1. 客户名单必须符合特定要求才被视为商业秘密

《最高人民法院关于审理不正当竞争民事案件应用法律若干问题的解释》第13条规定，商业秘密中的客户名单，一般是指客户的名称、地址、联系方式以及交易的习惯、意向、内容等构成的区别于相关公知信息的特殊客户信息，包括汇集众多客户的客户名册，以及保持长期稳定交易关系的特定客户。

2. 基于对职员信赖而与离职员工交易的，不视为侵犯商业秘密

客户基于对职工个人的信赖而与职工所在单位进行市场交易，该职工离职后，能够证明客户自愿选择与自己或者其新单位进行市场交易的，应当认定没有采用不正当手段，但职工与原单位另有约定的除外。

二、商业秘密的构成要件

在我国学术界，对于商业秘密的构成要件主要存在两种观点。三要件说认为商业秘密的构成要件包括秘密性、价值性和保密性。此观点主要依据《与贸易有关的知识产权协议》中对"未披露过的信息"的相关规定。《与贸易有关的知识产权协议》第 39 条第 2 款规定"自然人和法人应有权阻止其合法控制的信息在未经其同意的情况下，被以违反诚实商业做法的方式泄露给他人、被他人获得或使用，只要该信息是保密的，即无论作为一个整体还是就其各部分精确的排列和组合而言，该信息尚不为通常处理该信息的人所普通知晓，或不易被他们获得；因为保密而具有商业价值，而且由该信息的合法控制人在当时的情况下采取了合理的步骤保持其秘密性"。四要件说认为商业秘密的构成要件包括秘密性、实用性、价值性和保密性。此观点主要依据我国《反不正当竞争法》对"商业秘密"的相关规定——只有符合"不为公众所知悉""能为权利人带来商业价值"，并"经权利人采取保密措施"三个要件才构成商业秘密。简单来讲，商业秘密具有三个显著特征："秘密性""价值性"和"保密性"。

（一）秘密性

秘密性是构成商业秘密的核心要件。商业秘密法中的秘密性要求并不高，它是一种相对秘密而不是绝对秘密，该信息只要"不为该信息应用领域的人普通知晓"就具有了秘密性，这种"公众"的行业标准是指"该信息应用领域的人"，量化的标准是不为"普遍知悉"，不必要在该领域没有任何其他人

知悉。黄武双教授在一次讲座中开玩笑地讲道，起码该领域要有 51% 的人不知道，才能称之为"不为该信息应用领域的人普通知晓"。

也有学者根据秘密信息与已知的信息不同这一点将其称为"新颖性"要件。商业秘密的这种要求是一种最低限度的新颖性要求，它与专利法中的新颖性要求不同。专利法中新颖性在全世界范围内以有形出版物上公开或者在我国以其他方式公开；而商业秘密法中只是要求不为该信息应用领域的人所普遍知悉，而且商业秘密在地域范围上也具有相对性，例如，甲地成为公知技术的信息并不妨碍在乙地成为商业秘密，只要该信息在乙地符合商业秘密的其他要件。① 正因为秘密性的判断与新颖性紧密相关，美国法院在概括商业秘密的要件时曾说"对商业秘密来说，秘密性至少是指最低限度的新颖性"。

（二）价值性

商业秘密的价值性是指某项商业秘密能使所有人在市场竞争中具有高于其他人的优势，具有实际或者潜在的经济价值。因此，不管是现实的可直接使用的商业秘密，还是正处在研究、试制、开发等过程中而具有潜在的（可预期的）价值的信息；不管有价值的积极信息还是消极信息；也不论是对生产、销售、科研、开发等生产经营活动直接有用的信息，还是在生产经营中有利于节省费用、提高经营效率的信息，如失败的试验报告、顾客名单、设计图，都属于商业秘密；不管是持续使用还是短暂的信息，都可以构成商业秘密。商业秘密法中价值性的要求并不高，只要不是微不足道的商业优势或者商业价值就可以满足价值性的要求。

在实践操作中，法院经常以开发该信息所付出的经济代价和所花费的时间来判定某项信息的商业价值，并将商业秘密所有人在开发该信息中所耗费的努力和金钱作为法院计算损害赔偿的依据之一。当然商业秘密也不要求以耗费努力和金钱为前提，因为有些偶然的发明是毫不费力的。

（三）保密性

商业秘密的保密性要求权利人有将商业信息作为商业秘密保护的主观意

---

① 孔祥俊. 商业秘密保护法原理［M］. 北京：中国法制出版社，1999：39—40.

识，同时在客观上采取了合理的保密措施。合理的保密措施一般来说包括订立保密协议、建立保密制度、采取保密技术、采用适当的设施和装置以及采取其他合理的保密方法。我国司法实践中一般认为，只要权利人提出了保密要求，商业秘密权利人的职工或与商业秘密权利人有业务关系的他人知道或者应该知道存在商业秘密，即为权利人采取了合理的保密措施，职工或他人就对权利人承担保密义务。

当然，具体采取的保密措施是否合理必须根据具体情势进行判断。世界知识产权组织在解释《关于反不正当竞争保护的示范规定》时指出：在确定是否为信息保密采取了合理步骤时，应考虑到权利持有人开发该秘密信息所花费的精力和金钱、该信息对于他和他的竞争对手的价值、权利持有人为该信息保密所采取的措施范围以及该信息为他人所合法获得的难易程度。我们认为可以从以下方面判断保密措施是否达到了合理的程度：（1）是否明确了具体的保密义务主体，即在向他人披露商业秘密时，是否明确告知他人负有保密的义务，或者在协议中约定由谁负保密义务；（2）是否明确了保密的内容或者课题，即需要保密义务人知道对哪些内容保密；（3）是否采取了具体的保密措施，即是否将保密措施付诸实践；（4）保密措施是否与秘密的价值相适应。当然，必须由执法机关对保护措施的"度"和"量"是否合理进行个案审查。

三、侵犯商业秘密的行为

我国分别在《反不正当竞争法》《刑法》中对于侵犯商业秘密的行为进行了详细规定，其中《反不正当竞争法》第9条规定，经营者不得实施下列侵犯商业秘密的行为：（1）以盗窃、贿赂、欺诈、胁迫、电子侵入或者其他不正当手段获取权利人的商业秘密；（2）披露、使用或者允许他人使用以前项手段获取的权利人的商业秘密；（3）违反保密义务或者违反权利人有关保守商业秘密的要求，披露、使用或者允许他人使用其所掌握的商业秘密。经营者以外的其他自然人、法人和非法人组织实施前款所列违法行为的，视为侵犯商业秘密。第三人明知或者应知商业秘密权利人的员工、前员工或者其他单位、个人实施前款所列违法行为，仍获取、披露、使用或者允许他人使用该商业秘密的，视为侵犯商业秘密。《刑法》第 219 条规定："有下列侵犯商业秘密行为之一，给商业秘密的权利人造成重大损失的，处三年以下有期徒刑或者拘役，并处或者单处罚金；造成特别严重后果的，处三年以上七年以下有期徒刑，并处罚金：（一）以盗窃、利诱、胁迫或者其他不正当手段获取权利人的商业秘密的；（二）披露、使用或者允许他人使用以前项手段获取的权利人的商业秘密的；（三）违反约定或者违反权利人有关保守商业秘密的要求，披露、使用或者允许他人使用其所掌握的商业秘密的……"另一方面，《最高人民法院关于审理不正当竞争民事案件应用法律若干问题的解释》第 9—11 条进一步对构成非公知性、价值性和保密性的具体情况进行说明。值得注意的是，虽然法律列举规定了六种非公知性情形，但我们不能简单地因为该信息属于该六种情形之一而否认该秘密性，而应该考虑各种因素，进行全面的衡量。①

侵犯商业秘密的行为主要有以下几种表现形式。

（一）以盗窃、利诱、胁迫或者其他不正当手段获取权利人的商业秘密

虽然条文中只列举了盗窃、利诱和胁迫三种手段，但是其他违反普遍接受的商业道德和合理行为标准的行为也被认为是不正当手段而被禁止。这种侵权行为强调的并不是对商业秘密的"使用"，而是获取手段的"不正当性"。这是侵犯商业秘密的第一步，在成功获取商业秘密之后，侵权人一般都会展开进一步的侵权行为。

（二）披露、使用或者允许他人使用以前项手段获取的权利人的商业秘密

这就是前述不正当获取商业秘密行为的进一步延伸，行为人不仅有"不正当获取"的行为，还将获取的商业秘密加以使用、披露，导致商业秘密在更大范围内被人知晓，将损害结果进一步扩大。但这是商业秘密所具有的商业价值导致的必然结果，只有披露和使用才能实现商业秘密的价值，给侵权人带来切实的利益。如果只是持有商业秘密信息，并不能产生侵权人期待的利益。

---

① 白琳琳．商业秘密案件中的司法鉴定研究［D］．西南政法大学硕士学位论文，2015.

（三）违反约定或者违反权利人有关保守商业秘密的要求，披露、使用或者允许他人使用其所掌握的商业秘密

与前述两种行为不同的是，这种侵犯商业秘密的行为并不是通过不正当手段，而通常是通过正当渠道获知的商业秘密信息。实施此类行为的人一般是商业秘密权利人的职工，他们违反与权利人所签订的保密协议，擅自将履行职务时知晓的商业秘密信息加以使用、披露。通常表现为企业的技术人员在获知商业秘密信息后将其披露给同领域其他企业，或者自己辞职后创办业务相同的企业，并在企业业务开展过程中，使用自己在之前的企业知晓的商业秘密。

（四）教唆、引诱、帮助他人违反保密义务或者违反权利人有关保守商业秘密的要求，获取、披露、使用或者允许他人使用权利人的商业秘密

除以上四种情形外，第三人明知或者应知商业秘密权利人的员工、前员工或者其他单位、个人实施前款所列违法行为，仍获取、披露、使用或者允许他人使用该商业秘密的，视为侵犯商业秘密。也就是说，商业秘密的侵权主体不单是直接获取商业秘密的行为人，还可能是在知情的情况下间接获取商业秘密信息的一方，如前述所提到的"第三人"。这一规定限制了某些企业通过高薪"挖墙脚"而获取其他企业商业秘密的行为，在一定程度上保障了正常的市场竞争秩序。

在具体判断行为人的行为是否构成侵犯商业秘密的过程中，一般采取"相同（实质性相似）＋接触＋合法来源"的原则。具体而言，在审理侵犯商业秘密的案件时，如果被告所使用的商业信息与权利人的商业秘密所包含的信息相同或实质性相同，商业秘密权利人又能证明，被告此前已具备了掌握该商业秘密的条件，此时，就必须由被告来证明其所使用的商业信息有合法来源，否则被告即应承担侵权赔偿责任。[①] 在判断侵权行为时适用这一方

---

① 《国家工商行政管理局关于禁止侵犯商业秘密行为的若干规定》（以下简称《商业秘密若干规定》）第5条第3款规定："权利人能证明被申请人所使用的信息与自己的商业秘密具有一致性或者相同性，同时能证明被申请人有获取其商业秘密的条件，而被申请人不能提供或者拒不提供其所使用的信息是合法获得或者使用的证据的，工商行政管理机关可以根据有关证据，认定被申请人有侵权行为。"

法，实际上是在原告和被告之间形成一种利益平衡。如果被告曾经是商业秘密权利人的职员，或者曾经与权利人签订技术许可合同，作为有条件知晓商业秘密的人员，又在自己的业务中使用了相同或相似的信息，通常都会让人产生合理的怀疑。但是，法官不能只凭借这种怀疑来判断。因此，让被告证明自己使用的商业信息来源合法，就是一种公平合理的分配。

四、商业秘密的侵权责任

针对不同的侵犯商业秘密行为，我国法律对其法律责任做了相应规定。

（一）民事责任

《中华人民共和国民法通则》（以下简称《民法通则》）第134条规定了十种承担民事责任的方式，但由于商业秘密是一种信息，不同于有形财产，某些责任承担方式，如修理、重做、更换，对侵犯商业秘密而言并不适用。针对侵犯商业秘密行为，主要适用停止侵害，即禁止侵权人继续实施侵害他人商业秘密的行为。还可以适用赔偿损失与赔礼道歉，使被侵权人在经济与精神方面得到相应的补偿。根据《最高人民法院关于审理不正当竞争民事案件应用法律若干问题的解释》第16条的规定，停止侵害的责任承担应持续到该项商业秘密最终被公众知晓。但是，这可能导致侵权人责任承担时间过长，造成明显不合理。在这种情况下，可以判决侵权人在一定期限或者范围内停止使用该项商业秘密，但须以依法保护权利人该项商业秘密的竞争优势为前提。赔偿损失的责任承担，以商业秘密权利人的损失为限；如果损失难以计算，则以侵权人在侵权期间因侵权所获得的利润，加上权利人为维权所产生的合理费用为赔偿额，也可参照侵犯专利权和侵犯商标专用权的损害赔偿额计算方法来确定。如果商业秘密已经被公开，那么法官可以考量权利人对该商业秘密的研发成本，未被侵权情况下可能得到的经济利益，未来可能存在的利益，以及权利人凭借该商业秘密在行业中可能具有的竞争优势等因素，综合评估商业秘密的价值，进而确定赔偿额。

（二）行政责任

《反不正当竞争法》和《商业秘密若干规定》对侵犯商业秘密的行政责

任做了规定，针对侵犯商业秘密行为，经营者违反《反不正当竞争法》第9条规定侵犯商业秘密的，由监督检查部门责令停止违法行为，处10万元以上50万元以下的罚款；情节严重的，处50万元以上500万元以下的罚款。如果侵权人掌握了有关商业秘密的图纸、软件等相关资料，行政管理部门可责令侵权人将其返还权利人；如果侵权产品流入市场有导致商业秘密公开的可能，行政管理部门可以监督侵权人销毁这些产品。

（三）刑事责任

当侵权行为达到一定的程度，就可能构成侵犯商业秘密罪，侵权人将承担刑事责任。成立侵犯商业秘密罪的判断依据是给商业秘密权利人造成重大损失，即损失数额在50万元以上，与之对应的刑罚为3年以下有期徒刑或者拘役，并处或者单处罚金；如果损失数额达250万元以上的，则属于造成特别严重的后果，侵权人将面临3年以上7年以下有期徒刑并处罚金的惩罚。[①]

五、商业秘密司法鉴定的必要性

《民事诉讼法》第76条第1款规定："当事人可以就查明事实的专门性问题向人民法院申请鉴定，当事人申请鉴定的，由双方当事人协商确定具备资格的鉴定人；协商不成的，由人民法院指定。"审理商业秘密案件往往会涉及专门性问题，而法官大多数精于法律知识，缺乏技术知识，在技术事实的理解上存在障碍。从商业秘密的本质属性来分析，其表现形式只能通过一定的物质载体来表达，不像实物那样容易辨认，因此，在采用其他方法仍不能解决专业技术问题的情况下，需要借助司法鉴定制度，帮助法官正确认定案件事实。

司法鉴定是一种科学实证活动，是具有专门知识和能力的人，利用科学

[①] 《最高人民法院、最高人民检察院关于办理侵犯知识产权刑事案件具体应用法律若干问题的解释》第7条规定，实施《刑法》第219条规定的行为之一，给商业秘密的权利人造成损失数额在50万元以上的，属于"给商业秘密的权利人造成重大损失"，应当以侵犯商业秘密罪判处三年以下有期徒刑或者拘役，并处或者单处罚金。给商业秘密的权利人造成损失数额在250万元以上的，属于《刑法》第219条规定的"造成特别严重后果"，应当以侵犯商业秘密罪判处三年以上七年以下有期徒刑，并处罚金。

方法和专业工具对专门性问题进行分析、判断，并提出鉴定意见的过程，由于是通过客观的鉴定材料，运用科学方法进行勘验、检测、分析、判断得出的结论，因而鉴定意见具有相对的客观性。《民事诉讼法》《刑事诉讼法》以及《行政诉讼法》都将其规定为证据的一种，可见司法鉴定在民事诉讼活动中不可或缺。①

第二节　商业秘密司法鉴定的范围

商业秘密是一个法律概念，对于具体的商业信息是否属于商业秘密的认定，同样是一个法律问题，是需要法官在审理过程中，通过证据审查，运用法律知识和审判经验据以判断和确认，② 因此，鉴定机构并不能直接鉴定涉案信息是否属于商业秘密。然而，在司法实践中，我们发现鉴定机构出具"经鉴定，×××属于商业秘密"此类鉴定意见是普遍存在的。由此看出，在鉴定界，商业秘密司法鉴定的鉴定对象和范围并没有达成共识。

此外，商业秘密的三个构成要件能否通过司法鉴定机构进行鉴定，由于立法的空白，实务界目前存在多种不同的说法及争议，主要表现为滥用型与慎用型。在司法审判部门，已然不能统一意见，部分法官认为，只要能辅助审判者查明事实的事项，都可以进行鉴定；还有部分法官认为，事实认定属于审判权限，都应当由法官进行独立判断。

一、商业秘密的秘密性

在司法实践中，权利人主张的技术信息是否具有秘密性，即是否不为公众所知悉，是商业秘密最根本的特征，也是此类案件司法鉴定的逻辑起点和难点。《反不正当竞争法》第 9 条将秘密性表述为"不为公众所知悉"，《商业秘密若干规定》第 2 条和《国家工商行政管理局关于商业秘密构成要件问

---

① 李军. 知识产权诉讼中商业秘密的司法鉴定与保护［D］. 山东大学硕士学位论文，2005.
② 张炳生. 论商业秘密的司法鉴定［J］. 宁波大学学报，2012（11）：35—37.

题的答复》将其界定为"该信息是不能从公开渠道直接获取的"。根据《最高人民法院关于审理不正当竞争民事案件应用法律若干问题的解释》法释第9条第1款之规定,"不为公众所知悉"是指有关信息不为其所属领域的相关人员普遍知悉和容易获得;其第2款列举了"不构成不为公众所知悉"的六种情形。① 该条文明确了秘密性的内涵,又通过正反两方面规定对秘密性再次进行限定,对实践中准确把握秘密性提供了理论基础。

关于秘密性能否鉴定,在司法审判部门甚至在鉴定机构之间也存在争议。一是"否定说"。该观点认为,秘密性不能由司法鉴定机构进行鉴定。商业秘密的秘密性属于消极事实。不为公众所知悉,这是一个否定式的判断语句,即主张不存在某种事实,这是一个消极事实。通常情况下,某一事实"存在"总会留下相应的过程及痕迹,而"不存在"则难以通过显性的方式予以证明。因此,与积极事实相比,消极事实具有较难证明的特性,在法律上不可能穷尽所有的否定式事实,客观上也是无法全面证立的。还有部分观点认为,秘密性属于事实问题与法律问题的整合体,两者相互融合、难以区分,而鉴定只能对涉及的专门技术事实问题进行鉴别,不能评判法律问题,故司法鉴定只能对检测内容出具足够客观的检测意见而不能对秘密性进行法律评判。例如,四川西部知识产权司法鉴定所目前持有此意见,其于2016年7月6日出具一份《科技查新报告》载明了"经检测某秘密点存在或不存在某数据库中"的检索意见。

二是"肯定说"。该观点认为,秘密性可以由司法鉴定机构进行鉴定。秘密性属于纯粹的事实问题判断,无关法律问题评析。事实问题是探索案件过去或将来的行为、事件、行为人的主观意愿时所产生的问题。法律问题是依照法律规范对已认定的事实作如何评判的问题。纯粹的"事实问题"的产生、解决均无须法律的介入,其独立存在;纯粹的"法律问题"与案件事实无关,仅由法律规范的选择、识别或解释即能解答。但法律因素与事实因素

---

① 《最高人民法院关于审理不正当竞争民事案件应用法律若干问题的解释》第9条第2款规定,具有下列情形之一的,可以认定有关信息不构成不为公众所知悉(即属于公知内容):(1)一般常识或行业惯例;(2)通过观察可直接获得的简单组合内容;(3)媒体公开披露过;(4)报告会、展会公开披露过;(5)其他公开渠道可获得;(6)容易获得。

的不断趋近并交融，就很难进行区别或定性了。①

虽然法律问题与事实问题存在判断的客观困难，但只要掌握区别两者的方法，就可以对其进行鉴定。因此，以存在判断困难为由而认为不能对秘密性进行鉴定的观点是存在误区的。北京市高级人民法院知识产权庭前法官石必胜曾提出两种方法用于辅助判断法律问题与事实问题。第一种方法是依据是否随法律法规规定而改变待定事实的认定来区别两者。即无论法律如何修改，待定事实结论均不变的属于事实问题；若须法律评判或经适用法律的规定才能作出对待定事实的认定即属于法律问题。第二种方法是依据是否专属于司法的权力范围来区别。若诉讼中的事实和法律相互交织、彼此融合，通过第一种方法区别两者比较困难时，可采用第二种方法，通过结合法官权力的分配原则来进行实用主义的考量。②

根据《最高人民法院关于审理不正当竞争民事案件应用法律若干问题的解释》第 9 条第 2 款的规定，符合该条规定的六种情形之一的构成公知技术。而这六种待定事实不随法律规定而变化，也不存在法官运用法律适用和依法评判的空间，因此可认为构成公知技术的六种情形属于事实问题，可通过鉴定来认定。公知技术的对立面是非公知技术，通过判定公知技术（积极事实）的方式，也进而可推断、判定非公知技术，避免了消极事实难以判断的难点。例如，鉴定机关可在商业秘密案件中通过鉴别某技术信息的公知性的方法来进一步确定是否存在非公知性。但最终应由司法机关根据司法鉴定意见作出判断后，确认该信息是否属于商业秘密。③

二、商业秘密的价值性

《最高人民法院关于审理不正当竞争民事案件应用法律若干问题的解释》第 10 条规定，商业秘密的价值性包含现实的、潜在的、未来的等多重因素。根据科学的推断可预期该商业秘密能够运用在某一行业从而产生经济价值。根据上述两种辅助判断方法，价值性属于事实问题判断。然而，判断是否属

① 陈杭平. 论"事实问题"与"法律问题"的区分 [J]. 中外法学，2011 (2)：32—36.
② 石必胜. 知识产权诉讼中的鉴定范围 [J]. 人民司法，2013 (11)：40—43.
③ 张玉春. 涉及侵犯商业秘密罪的若干问题 [N]. 中国知识产权报，2009—05—06 (4).

于鉴定范围时，除了考虑事实问题和法律问题外，还应当考虑鉴定的必要性和成本。价值性判断一般可根据常识及基础知识进行推知判定，因此无须对其进行鉴定。但是对商业秘密价值损害的评估，前面已经有所论述，通常有两种方式：一是提交给知识产权鉴定机构，二是提交评估公司或司法会计鉴定。由于属于跨学科领域，包括知识产权和会计学，需要具备跨学科的专业知识背景，尽管如此，我们还是倾向于提交给评估公司或司法会计鉴定更为专业。需要明确一点，我们目前所称的"知识产权评估"，实际上包含两个方面的内容。一是知识产权的价值评估；二是知识产权的损害赔偿评估。其中知识产权的损害赔偿评估更倾向于司法会计的内容。为此，西南政法大学司法会计专家范伟红教授对此持保留意见。她认为，"知识产权损害评估"应该改为"知识产权损害司法会计鉴定"更为科学、合理。

三、商业秘密的保密性

《最高人民法院关于审理不正当竞争民事案件应用法律若干问题的解释》第 11 条规定，人民法院审查权利人是否采取了法律意义上的保密措施，应依据涉案信息载体的特殊性质、权利人采取保密措施的主观意愿、保密措施的可识别程度、第三人通过正当手段获取的难易程度等因素来认定。一是主观上权利人应具有保密的主观意愿，二是客观上保密措施应达到适当合理的程度。例如，美国联邦第五巡回上诉法院在著名的 Dupont deNemours & Co. v. Christopher 一案中认为："我们可以要求人们采取合理的措施来防止掠夺性的观察，但要求他们建造滴水不漏的堡垒就是不合理的要求了，本院并不会要求工业发明人承受这样的负担来保护他们努力的成果。"[1] 可知，认定保密措施程度上的要求并不高，但判定保密措施的"合理性"仍存在较大的法律裁量空间。此规定的具体适用，需要结合案件中各方面因素进行利益衡量、价值选择（还存在受到司法、政策影响可能）。因此，保密性属于法律问题判断，不属于鉴定的范围，应当由法官通过衡量保密对象的重要程度来进行法律评析。[2]

---

[1]　C. A. Tex. 1970 E. I. Dupont deNemours & Co. v. Christopher 431 F. 2d 1012，166 U. S. P. Q. 421.

[2]　温妙灵. 商业秘密司法鉴定研究 [D]. 西南政法大学硕士学位论文，2016.

因此，我们认为商业秘密"三性"中，仅"秘密性"即是否"不为公众所知悉"是唯一能够通过司法鉴定解决的要件，"价值性"可以通过共识或双方会计鉴定加以评估，"保密性"属于法律适用问题，应该由法官判断。这也是为何本节一开始强调，鉴定机构不能直接鉴定涉案信息是否属于商业秘密的原因。

商业秘密包含技术秘密和经营秘密，一般情况下，我们认为仅有技术秘密能够通过司法鉴定解决，且仅对绝对秘密进行鉴定。《民事诉讼法》第76条规定："当事人可以就查明事实的专门性问题向人民法院申请鉴定。当事人申请鉴定的，由双方当事人协商确定具备资格的鉴定人；协商不成的，由人民法院指定。当事人未申请鉴定，人民法院对专门性问题认为需要鉴定的，应当委托具备资格的鉴定人进行鉴定。"此处提到一个词——"专门性问题"，在长期从事知识产权司法鉴定的过程中，我们认为商业秘密中，仅技术秘密符合鉴定条件，可以称之为"专门性问题"，需要通过专家运用专门工具、手段，经过专门的检测、试验、分析与判断，从而客观地描述技术的实时状态。而经营信息一般是公司、企业日常经营活动中的有关信息，该种信息大多属于一般常识或行业惯例，是否属于商业秘密，法官是有能力判断的。对于经营信息提交鉴定，有一种不负责任的表现，我们主张经营信息不属于鉴定范围。

当然，在认定权利人主张的技术信息是否具有秘密性（即不为公众所知悉）的前提下，需要进一步鉴定争议的产品或生产方法中所包含的技术信息（检材）与权利人主张的不为公众所知悉的技术信息是否相同或者实质性相同。

第三节　技术信息的非公知性司法鉴定

一、非公知性司法鉴定概述

非公知性鉴定是司法鉴定机构针对涉案技术信息的非公知性进行鉴定，法官参照鉴定意见，结合商业秘密定义中的其他规定进行判断，以确认其是否属于商业秘密。商业秘密案件中，在涉案技术被确认属于商业秘密后，仍需要确认对方当事人的涉案技术与本商业秘密技术是否相同，然后结合获取途径等因素来综合考虑侵犯商业秘密罪是否成立。

（一）非公知性的具体含义

所谓"公众"包含两方面的含义：一是泛指人群，二是指范围，且均应具有相对性。针对人群而言，是指与该技术信息的权利人或合法持有人具有一定竞争关系的人，但是下列人员除外：因业务需要而了解秘密的职工；为权利人或合法持有人提供某种服务的外部人员；权利人或合法持有人的伙伴；付出使用费用后取得使用权的信息受让人；技术信息的出售人；以技术信息作为投资或以此入股的权利人的合资、合作伙伴等。针对范围而言，"公众"是指本行业、本领域或内行人，其外延具有特定性，也就是指"感受主体"的确认问题，即"该信息作为整体或其部分内容组合，并非通常从事该信息工作之领域的人们所普遍了解或容易获得"。从鉴定实务而言，这一主体的范围还应更广，只有在"能够从该信息获得经济利益的主要人员可以察觉"时，该信息的秘密性才不复存在。

所谓"知悉"应理解为对技术信息实质部分的接触，即"知悉"也不能仅为一知半解，如果仅获得产品的尺寸、结构、材料、部件的简单组合，而核心的配方及制造方法等尚处于未知状态，也应视为"不为公众所知悉"。

技术信息凝聚的劳动力的多少、获取的难易程度也是重要的参考依据。技术信息凝聚着科学技术人员的知识和智慧，如果仅对公开的产品进行直观或者简单的测绘、拆卸等方法即可获得技术信息，应视为"为公众所知悉"，或者投入少量的劳动、技术或者资金进行独立分析就可获得，也不宜认定为私密的信息。相反，有的信息各组成部分在有关的公开出版物上有记载，但是，要把各组成部分进行具体排列和组合，并使其产生积极的效果，信息持有人要付出相当的努力和代价，这样的信息符合不为公众所知悉的要件。

（二）非公知性的判断标准

判断非公知性有一定的时间标准。一般认为，应以纠纷发生时的时间为准，不宜采用鉴定人鉴定的时间，也不宜采用举报侵权或起诉的时间。

1. "等同"原则的适用

在技术信息纠纷案中，完全仿制或者照搬权利人或实际持有人的技术信息的案例较少，侵权人一般均对该技术进行了字面上或表面上的改动。下面是实践中应适用"等同"原则的几种情形：（1）产品的个别部件的位置有所变化，但无实质性的改进；（2）等同替换，被替换的部件外表虽不相同，但具有相同的功能、作用和效果；（3）省略了原技术信息的非必要的技术特征；（4）虽然分解或合并了某些技术特征，但仍具有原技术信息的目的和效果。

2. 经验法则的适用

因为对商业秘密"等同性"的判断标准比专利等同判断中"基本相同"判断标准要低，所以在商业秘密的鉴定中对技术信息的判断还有一个衡量标准，该标准应以同行业中等水平的技术人员为度，即鉴定人要从相关领域中的普通技术水平人员的角度，即假想的"普通人"标准，凭借自己的知识、经验判断相关技术信息是否新颖。如果本行业或本领域的"普通人"认为两者属于显而易见的相似，则可以认为具有实质上的一致性，否则即可判定不为公众所知悉。需要注意的是，不宜以该领域技术较高的专家为准，因为其平时接触的技术水平是一流的，分析技术的起点要偏高，判断标准相应拔高。这种规则的运用实质上是依据特定行业、特定领域内的内行人的判断。①

二、非公知性司法鉴定需要提供的鉴定材料

（一）委托人自述的技术秘点

委托人自述的技术秘点将构成委托事项鉴定的基本内容，委托工作基本上是围绕着委托人自述的技术秘点展开的。技术密点，是指权利人主张的不属于公知技术或公知信息，能带来经济利益，并采取了保护措施的技术信息或经营信息的技术要点和具体参数。技术密点必须是针对某一具体的案件而言的，主要涉及数量多少和准确与否两大问题。首先，在具体的案件中，权

---

① 姜志刚，李晓玲. 商业秘密罪中技术信息司法鉴定的标准与程序研究［J］. 证据论坛，2007（5）：56—58.

利人主张权利时，都应当先明确指出涉案秘密信息的"秘密点"，而不能含糊地说某项技术或资料整体是商业秘密；其次，由鉴定人对涉案检材与比对样本进行分析；再次，由鉴定人与权利人或双方当事人就技术问题进行交流；最后，鉴定人或鉴定小组根据专业知识进行分析、讨论、研究，梳理出涉案信息的秘密点。

技术秘点的称谓，不是一个法律术语，只是行业内相关的技术人员或鉴定人员通常对"具有秘密性的技术信息"的简称。在司法实践中还存在争议。

（二）支撑该技术秘点相关的产品、图纸及资料等

委托人在委托司法鉴定时，除了需要自己指明涉案秘密信息的技术秘点之外，还需要提供支撑该技术秘点相关的产品、图纸及资料等。

（三）与商业秘密相关的保密制度及采取的保密措施

商业秘密具有保密性，要求权利人有将商业信息作为商业秘密保护的主观意识，同时在客观上采取了合理的保密措施。所以在委托人委托司法鉴定时，需要提供包括订立保密协议、建立保密制度、采取保密技术、采用适当的设施和装置以及采取其他合理的保密方法的相关资料。

三、非公知性司法鉴定步骤

（一）对委托人自述的技术秘点与产品、图纸及其资料等进行核实

非公知性司法鉴定的第一步，就是需要对委托人自述的技术秘点与提供的支撑该技术秘点相关的产品、图纸及其资料等进行核实，以保证鉴定工作的内容没有偏差。

（二）对委托人自述的技术秘点进行查新检索

首先，梳理出技术秘密点；其次，由鉴定人对公开的专利数据库和非专利数据库进行技术信息检索（其中专利数据库主要检索专利权利要求书等内容；非专利数据库检索的范围比较宽泛，包括各种科技文献、公开论文、新闻报道、网络博客等网络公开信息），检索的语种一般主要涉及中文、英文、

日文等三种语言。通过上述方法检索，检索不到与涉案秘密点相同的技术信息可以认为具有新颖性。这在行业中被称为"技术查新"。

对"技术查新"检索由谁委托，目前有不同的观点。一种观点认为，由权利人自己梳理秘密点，并由权利人自己委托"技术查新"检索；另一种观点认为，权利人对自身的技术秘密点的梳理，很难达到"技术查新"检索条件的要求，一般需要鉴定人员提出撰写要求，由权利人对自己的技术信息梳理、撰写，最后由鉴定机构委托具有资质的检索中心进行"技术查新"检索。两者的主要区别在于风险责任的承担。"技术查新"检索主要是依据关键词，通过网络进行检索。一般选择的关键词数量比较多，覆盖面比较广，遗漏的可能性一般不大，但是检索的语种有限制，多数限于中文、英文、日文等。此外，网络检索具有局限性，有些资料没有上网，通过互联网检索不到。为此，存在"捡漏"风险。如果是权利人自己提交的"技术创新"检索，"捡漏"风险与鉴定机构无关，鉴定意见是根据委托人提交的"技术查新"报告作出的。

对此，笔者有不同的意见。实践中，我们发现，由权利人自己撰写技术秘密点，直接委托"技术查新"检索，其秘密点的梳理，对技术信息的描述质量太差，撰写的文本达不到规范要求。例如，成都有一家从事智能家居研发的公司，其核心技术人员跳槽，将涉及公司的技术资料全部带走，并在新公司生产同类产品销售。该公司对自己的技术秘密点进行了梳理，并提交检索机构进行"技术查新"，最后委托鉴定机构进行"非公知性"鉴定。从提供的鉴定意见书中可以看出，委托人对技术秘密点的梳理就存在问题。权利人对自己想要保护的技术信息没有陈述清楚，导致案件后期困难重重。因此，笔者认为，为了保证鉴定质量，对权利人提交的技术秘密点的审核，以及委托检索机构进行"技术查新"，委托查新主体应该由鉴定机构来承担。如果出现"检漏"的问题，应该由公安机关、检察院、法院查证。根据《刑事诉讼法》第50条的相关规定，鉴定意见属于八种证据之一。可以用于证明案件事实的材料，都是证据。证据必须经过查证属实，才能作为定案的根据。鉴定机构及鉴定人不能为了规避风险，而要求权利人自己委托"技术查新"检索。鉴定机构及鉴定人应该以保证鉴定质量为己任，维护法律的公平、公正。如果为了规避自身风险，而降低了鉴定质量，是不可取。

（三）根据查新结果对非公知性进行分析说明

通俗来讲，就是将具有"新颖性"的技术信息（技术语言），转换为"不为公众所知悉"的技术信息（法律语言）。主要包括以下六个方面。

1. 所述技术信息是否为其所属技术领域的技术人员的一般常识或者行业惯例

这些具备新颖性的技术信息需要以大量的技术创新、反复的实验验证为基础，还需结合多年生产经验或客户的使用信息反馈，非其所属技术领域的技术人员的一般常识或者行业惯例。

2. 所述技术信息是否属于产品的尺寸、结构、材料、部件的简单组合等内容，进入市场后相关公众不能通过观察产品即可直接获得

这些技术信息要求既细又多，涉及多个因素，具有一定的技术复杂性，绝非产品的尺寸、结构、材料、部件的简单组合等内容。这意味着，相关公众不能通过观察液晶面板成品即可直接获得上述技术信息。

3. 所述技术信息是否在公开出版物或者其他媒体上公开披露

参见《查新检索报告》（需要委托具有资质的检索机构进行技术查新），这些技术信息具备新颖性。这说明该技术信息未在公开出版物或者其他媒体上公开披露。

4. 所述技术信息是否通过公开的报告会、展览等方式公开

权利人对开发的产品所涉及的技术及其生产流程采取了严格的保密措施。并且，也没有证据表明，所述的具备新颖性的技术信息已经通过公开的报告会、展览等方式公开。

5. 所述技术信息是否可从其他公开渠道获得

权利人对开发的产品所涉及的技术采取了严格的保密措施。在正常情况下，公众不可能从公开渠道获得。

6. 所述技术信息是否属于无须付出一定的代价而轻易获得的技术信息

权利人开发的产品或者技术方案，经历了辛勤的研发和艰苦的试验过程，需要花费大量的人力、物力、财力，并将该公司长期积累的经验和技术创

新相结合，才能获得该技术信息。这些具备新颖性的技术信息绝非相关人员在公众知悉的液晶显示屏在线监测的基础上，经过一定的联想或对现有的公开资料进行简单收集、整理即能知晓的，而是必须付出一定的代价才能获得。

以上内容是根据《最高人民法院关于审理不正当竞争民事案件应用法律若干问题的解释》的相关规定来"认定相关信息是否构成不为公众所知悉"的情况。但是，在法庭质证中，常常会遇到"该规定是审理不正当竞争民事案件"的规定，对于商业秘密刑事案件的审理，是否同样适用，值得大家思考。

（四）出具鉴定意见书

通过以上分析，可以得出非公知性鉴定意见的结论，一般在文书上表现为"某公司某产品及图纸所示的技术信息有××点不为公众所知悉"。

第四节　技术信息的同一性司法鉴定

一、同一性司法鉴定概述

同一性鉴定就是司法鉴定机构对诉讼双方的涉案技术信息进行对比，以判断两者是否属于同样的技术过程。通常，商业秘密案件的司法鉴定分为两个步骤（如果是民事案件，可以一次进行）。第一步，鉴定委托人提交的产品生产图纸相关的技术信息是否不为公众所知悉；第二步，鉴定嫌疑人的产品生产图纸相关的技术信息与第一次鉴定的权利人的不为公众所知悉的技术信息是否相同。如果第一步鉴定有误，第二步鉴定就缺乏实际意义。

值得注意的是，在检材和样本比对结果中，对其被控的技术信息比对时的相似度通常有"相同""实质相同""相似""基本相似""不相同"，或者因为检材与样本自身的原因无法比较。由于当前商业秘密司法鉴定没有统一标准，因而不同的司法鉴定机构在进行鉴定时常常会得出不同的鉴定意见。

但是最后的鉴定意见一般只有"陈述相同""实质相同"两个方面内容。

二、同一性司法鉴定需要提供的鉴定材料

（一）检材：嫌疑人的产品、图纸及资料等

同一性司法鉴定，本质上是对嫌疑人的产品、图纸及资料同权利人商业秘密的比对，所以在委托进行同一性鉴定时，需要提供嫌疑人的产品、图纸及资料等。

必要时，委托人需要鉴定人员现场勘验。按照《司法鉴定程序通则》第24条之规定，司法鉴定人有权了解进行鉴定所需要的案件材料，可以查阅、复制相关资料，必要时可以询问诉讼当事人、证人。经委托人同意，司法鉴定机构可以派员到现场提取鉴定材料。现场提取鉴定材料应当由不少于2名司法鉴定机构的工作人员进行，其中至少1名应为该鉴定事项的司法鉴定人。现场提取鉴定材料时，应当有委托人指派或者委托的人员在场见证并在提取记录上签名。

（二）样本：第一次非公知性鉴定的鉴定意见书

正如上文所言，通常商业秘密案件的司法鉴定分为两个步骤，第一步为非公知性鉴定，第二步为同一性鉴定。如果缺少第一步，那么同一性鉴定将会缺乏比对样本，所以在对同一性鉴定时，需要提供非公知性鉴定的鉴定意见书。

三、同一性司法鉴定步骤

（一）技术信息比对

前文已经提到，同一性司法鉴定，本质上是对嫌疑人的产品、图纸及资料同权利人商业秘密的比对，所以同一性司法鉴定的第一步就是针对第一次非公知性鉴定的鉴定意见书中不为公众所知悉的技术信息，与嫌疑人的产品、图纸及资料等所示的技术信息进行一一比对，并对相同或者实质相同的技术信息进行分析说明。

（二）出具鉴定意见书

通过以上步骤，可以得出同一性鉴定的结论，一般在文书上表现为"A公司某产品的某部件与 B 公司某产品的某部件及图纸所示的不为公众所知悉的技术信息中有 X 个相同，Y 个实质相同"。

第五节　商业秘密司法鉴定发展趋势

近年来，人们对知识产权的保护意识不断增强，知识产权案件数量呈现大幅度上升的趋势，案件类型增多、审理难度加大。为此，我国专门设立了知识产权法院，目前，北京、上海、广州知识产权法院已经相继成立，将会更有利于知识产权案件诉讼，保护当事人的合法权益。同时，也给知识产权司法鉴定提出了更高的要求和发展空间。

一、商业秘密司法鉴定面临的现实问题

（一）商业秘密案件涉及范围广，技术性强

商业秘密涉及不同的学科领域，技术性强，多数案件都需要依靠专业技术人员进行鉴定。我国共有 12 个学科门类，88 个一级学科，375 个二级学科。由于商业秘密案件的司法鉴定不仅是技术问题，还融合了与知识产权相关的法律知识，实践中可以选择的知识产权鉴定机构不多，知识产权鉴定人员又很有限。目前，从事知识产权鉴定的机构主要是科研院所，这些机构更多的是专业技术人员，缺乏知识产权方面的法律知识，同时还缺乏司法鉴定相关法律法规方面的知识，知识产权司法鉴定需要这类跨学科的综合性人才支撑。实践中，知识产权鉴定数量本身也不多，其中，商业秘密案件的司法鉴定，如果按照每个学科都需要三名鉴定人的要求，没有哪一个鉴定机构能够承担，这既不现实，也没有必要。因此，采用外聘专家团队来协助解决商业秘密案件的鉴定，就很有必要。

（二）商业秘密案件的鉴定方法需要论证

实践中，鉴定人员采用的鉴定方法是否具有科学性，是需要论证的。例如，某公司借鉴国外的先进技术，通过自主研发完全实现了国产化，并已批量生产。但是，由于其内部员工与竞争对手勾结，将该技术泄露给竞争对手，生产出同类产品并投放市场。在鉴定中，鉴定人员对技术秘点的认知，采取的是一种推理的方法，即已知某公司从国外引进的全流程生产线和工艺技术，通过消化、吸收和创新，其产品质量和技术水平居于行业领先地位，已经成为全球第二家拥有该项生产技术的制造商。由此推论：某公司的 A 产品总图和 B 产品改造总图和 C 产品图纸属于主要保密点位。鉴定人员认为该公司是行业第二，技术领先者，其核心技术就当然成为技术秘点。姑且不谈鉴定意见是否可靠，单纯从这种鉴定方法而言，我们认为其并不是一种科学的鉴定方法。目前，要判断某一技术是否具有新颖性，只有通过检索的方法。检索的范围远远超出我们鉴定人员个体的能力，可以说是对国内外该技术方案的一个大数据的具体应用。不采取技术检索的方法，很难说明某项技术具有新颖性。

（三）商业秘密案件的鉴定范围存在争议

由于商业秘密案件的特殊性，办案人员往往不能准确划分事实认定与法律适用的边界，希望鉴定人员能直接对是否是商业秘密作出判定，或者由于委托鉴定目的不明，鉴定人员大包大揽，超范围鉴定。例如，贵州的一个涉嫌侵犯商业秘密的案件。鉴定书载明：判断技术信息和经营信息是否属于商业秘密，应当重点考察其是否符合商业秘密的法律特征及其构成要件。鉴定人分别对某公司的 A 产品总图和 B 产品改造总图和 C 产品图纸是否属于商业机密进行了分析说明：（1）秘密性。A 产品总图和 B 产品改造总图和 C 产品图纸属于主要保密点位，该图纸内容详细、具体、准确，可以直接指导产品生产，所表达的技术信息内容难以从公众渠道获取，不为公众所知悉，具有不为公众普遍所知悉的秘密性特征。（2）实用性。某公司从美国引进该技术，并通过研发，已经完全国产化，并已实现专业化批量生产，A 产品总图和 B 产品改造总图和 C 产品图纸作为技术实现的关键性图纸，具有价值性、实用性。（3）经济性。A 产品总图和 B 产品改造总图和 C 产品图纸作为技术、设备图纸，运用于产品生产环节，为产品生产提供强有力技术支持，具有经济价值。（4）保密措施。现场勘查可见，某公司为防止图纸等技术信息泄密采取了与其商业价值等具体情况相适应的一系列合理、有效的商业秘密保护措施。

为此，鉴定人按照委托人要求，对相关图纸是否属于商业秘密，进行分析评价并发表鉴定意见："某公司的 A 产品总图和 B 产品改造总图和 C 产品图纸属于商业机密。"

这是一个刑事案件，公安机关根据这个鉴定意见逮捕人，法院根据这个鉴定意见审理，看来一切都"顺理成章"。

从这个案件中，可以明显看出以下问题，一是委托人委托鉴定目的有问题；二是鉴定人员鉴定方法不正确；三是存在超范围鉴定问题。

（四）鉴定目的不同导致鉴定规则的差异

在实践中，我们发现一个问题"著作权案件中的软件鉴定与商业秘密案件中的软件鉴定有区别"：著作权案件中的检材与样本软件源代码比较，如果构成"实质性相似"，法院就可以认定为侵权；但是在商业秘密案件中，检材与样本软件源代码比较，必须"相同"或者"实质相同"，法院才能认定为侵权。由此可见，著作权中的"实质性相似"与商业秘密中的"实质相同"，应该是有区别的。

1. 著作权案件中软件司法鉴定

著作权案件中软件司法鉴定主要是对检材与样本的软件源代码进行比对。通常，这样的软件源代码都比较长，一般都会是几万行。在这些源代码中，包含大量的属于公知技术的源代码，其他的部分才是具有"独创性"的受著作权法律保护的源代码。对于属于公知技术的源代码，行业内人员都比较熟悉，往往可以在原有功能基本不变的前提下，对源代码进行一些修改。为此，在著作权案件中含有大量公知技术的软件源代码，在比对认定时，只能以"实质性相似"为侵权认定条件。

2. 商业秘密案件中软件司法鉴定

商业秘密案件中软件司法鉴定同样也是对检材与样本的软件源代码进行比对。但是，商业秘密案件中，一个软件源代码会分解为多个基本的功能点，而对每一个基本的功能点而言，通常包含的软件源代码都比较短，一般只有几百行。在基本功能点下的样本源代码中，没有属于公知技术的源代码（在第一次鉴定的"非公知性"鉴定中，已经认定样本中的软件源代码不为公众所知悉），全是属于具有"独创性"的受商业秘密法律保护的源代码。为此，对于商业秘密案件中数量不多的"非公知性"的软件源代码，在鉴定时，只能以"实质性相同"为侵权认定条件。

由此可见，著作权案件中软件源代码的司法鉴定采取"实质性相似"，而商业秘密案件中软件源代码的司法鉴定采取"实质相同"的认定条件是比较科学的。

二、商业秘密司法鉴定人员必须具备的综合素质

由于商业秘密的特殊性，商业秘密案件中的事实认定与法律适用问题之间往往有交叉，加之缺乏统一的鉴定标准，并且鉴定人员面对的鉴定案件又是千差万别的，因而要求商业秘密鉴定人员，除了具备专业知识以外，还需要具有知识产权法律知识。

（一）提高对商业秘密司法鉴定重要性的认识

目前，各地法院都加强了对知识产权的审判工作，知识产权法官在同级法院中相对来讲素质都比较高。但是在公安、检察系统，办案人员的知识产权法律水平还有待提高。对于专门的技术问题，不能仅依靠自己的认知，而是需要专业技术人员对技术问题进行认定。在对知识产权法官的走访中，多数法官都强调，我们办案很少送鉴，这主要是民事案件或者技术比较简单的案件。当笔者介绍了办理的诸多鉴定案件时，法官们才意识到案件的特殊性以及鉴定的重要性。

（二）加强对商业秘密鉴定人员综合素质的培养

知识产权不仅涉及专业技术知识，更多的还是法律问题。如果没有扎实

的知识产权法律理论基础，单纯依靠技术手段来鉴定，往往会分不清事实认定和法律适用的边界，出现超范围鉴定的问题。一些部门领导认为，学理工科的就会办理知识产权案件，这是一个误解。如果没有扎实的知识产权法律知识，对于委托方的鉴定目的往往是不置可否？如有一位警察打电话来讲，委托我们"鉴定某一技术是否是商业秘密？"我告诉他，"我们不能做商业秘密的鉴定"。他说，"其他鉴定机构都能做，你们怎么不能做？"于是，我们只好从商业秘密的"三性"讲起，并明确我们只能做"三性"中的秘密性鉴定。由此可见，加强对知识产权鉴定人员综合素质的培养，不仅能保证案件的公正性，还可以帮助提高企业、行政管理部门、司法部门人员的素质。

在知识产权鉴定人才培养方面，我们在两个方面进行了积极的探索。一是建立了"知识产权司法鉴定"微信公众号，将与知识产权鉴定相关的理论文章、案例分析发布出来，与大家分享。二是在全国各地开展"知识产权司法鉴定"讲座，效果明显，特别是通过介绍经典案例，使大家易于接受和理解知识产权鉴定方面的知识。

第六节　商业秘密司法鉴定案例

一、商业秘密司法鉴定案例简介

【案例 6—1】湘潭 D 公司起诉江苏 H 公司侵犯其商业秘密案

1. 案情简介

湘潭 D 公司与江苏 H 公司均为机械制造公司，其中都有一项业务为生产潜水泵。2014 年，湘潭 D 公司生产的一套潜水泵被盗，该公司报警后，公安机关经过侦查，追踪到犯罪嫌疑人，并发现江苏 H 公司副总经理从犯罪嫌疑人手中购买该套潜水泵，故湘潭 D 公司告江苏 H 公司侵犯商业秘密罪。

公安机关立案审查后，由于无法判断该套潜水泵是否构成商业秘密，因而委托湖南 A 司法鉴定中心对该套潜水泵是否构成商业秘密及两公司的潜水泵是否具有同一性进行司法鉴定，湖南 A 司法鉴定中心最终得出该套潜水泵构成商业秘密且两公司潜水泵具有同一性的鉴定意见，该案移送至人民检察院审查起诉。

但在湖南省×县人民检察院审查起诉期间，江苏 H 公司的辩护律师发现湖南 A 司法鉴定中心的鉴定意见存在问题，遂向人民检察院申请重新鉴定，但却被人民检察院否定。故江苏 H 公司的辩护律师自行委托了重庆 B 司法鉴定中心就该套潜水泵是否具有新颖性及两公司的潜水泵是否具有同一性进行司法鉴定。结果重庆 B 司法鉴定中心的鉴定意见为"两公司潜水泵设计图纸所涉及的技术信息不同"。

最终，重庆 B 司法鉴定中心的鉴定意见被湖南省×县检察院认可。该案由于证据存疑，不予起诉。

争议焦点： 本案的争议焦点主要有两个。

（1）湘潭 D 公司被盗的潜水泵是否构成商业秘密。湘潭 D 公司要想确认该套潜水泵是否构成商业秘密，就是要看该潜水泵是否满足商业秘密的秘密性、保密性和实用价值性三个特征。其中是否满足保密性和实用价值性，法官可以根据有关信息是否"能够为权利人带来竞争优势和经济利益"、是否"采取与其商业价值等具体情况相适应的合理保护措施"，认定该设备是否具有实用价值性和保密性特征，在本案中，设备是否具有秘密性，即是否"不为公众所知悉"，难以通过法官的价值判断得出确定性结论，需要委托司法鉴定，在鉴定意见的基础上，由法官进行综合判定，确认该套潜水泵所含的技术信息是否构成商业秘密。

（2）湘潭 D 公司与江苏 H 公司的潜水泵是否具有同一性。如在第一个司法鉴定中，发现被盗的潜水泵的技术信息不具备秘密性，那么则没有必要进行同一性鉴定，江苏 H 公司自然不构成侵犯商业秘密罪。若湘潭 D 公司被盗潜水泵所含的技术信息构成商业秘密，则需要进行同一性鉴定，与江苏 H 公司的被诉侵权潜水泵的技术信息进行对比，判断两者是否相同或者实质相同。

2. 两份鉴定书的比较

（1）湖南 A 司法鉴定中心鉴定书（摘要）

为了查明湘潭 D 公司诉江苏 H 公司侵犯其商业秘密一案真相，2014 年 12 月 9 日，湖南省×县公安局委托湖南 A 司法鉴定中心做两个司法鉴定，一个是"湘潭 D 公司生产的潜水泵的结构及其关键技术是否属于商业秘密"，另一个是"江苏 H 公司生产的潜水泵与湘潭 D 公司生产的潜水泵的原理、结构是否具有同一性"。

①是否属于商业秘密的鉴定

A. 委托鉴定单位：湖南省×县公安局。

B. 委托鉴定事项。该案中，湖南省×县公安局委托鉴定事项为"湘潭 D 公司生产的潜水泵的结构及其关键技术是否属于商业秘密"，并在鉴定对象中阐明湘潭 D 公司的该套潜水泵于 2012 年申请了国家发明专利并获得授权，该专利产品 2013 年被盗，犯罪嫌疑人将其卖给了江苏 H 公司，湘潭 D 公司认为江苏 H 公司生产的潜水泵对其造成经济损失。故湖南省×县公安局委托该湖南 A 司法鉴定中心对湘潭 D 公司的潜水泵是否属于商业秘密进行鉴定。

C. 委托鉴定材料。委托人提供的鉴定资料共计 37 项，主要包括：湖南省×县公安局立案及调查取证相关材料；湘潭 D 公司的潜水泵的发明专利说明书，授权日期为 2014 年 9 月 24 日；湘潭 D 公司潜水泵"排水抢险单元控制系统"计算机软件著作权登记证书和软件产品登记证书；湘潭 D 公司的资格证明、管理及保密制度；湘潭 D 公司与江苏 H 公司设备图纸各一套、湘潭 D 公司设备工作原理、研发费用及相关证明材料、设备销售情况等。

D. 鉴定流程。湖南 A 司法鉴定中心于 2015 年 1 月对湘潭 D 公司该成套排水设备的结构及主要零部件进行现场勘查，并拍摄相关照片。

随后湖南 A 司法鉴定中心对检材进行分析，其鉴定书中的原文为"根据我国《反不正当竞争法》（法律依据 3）第 16 条之规定，可以看出，商业秘密的构成要件有四项：第一，不为公众所知悉（秘密性）；第二，能为权利人带来经济利益（价值型）；第三，具有实用性（实用性）；第四，经权利人采取保密措施（保密性）。下面针对商业秘密构成的四要件，结合本委托事项分别作出分析"。

针对秘密性的分析，湖南 A 司法鉴定中心叙述如下：本委托鉴定事项"潜水泵"与现有常用潜水泵存在明显不同（创造性），很好地解决了现有潜水泵使用范围有限等问题，在专利公示之前，涉及的相关技术信息不属于公知技术，其技术秘密性毋庸置疑。并通过列表对比分析湘潭 D 公司和江苏 H 公司的成套排水设备实物及资料，重点分析湘潭 D 公司拥有的专利中未公开的核心技术秘密（未减去公知技术）。综上所述，有关该涉案设备的详细构成、各组成部分的具体结构、形状、尺寸等关键核心技术并未在专利文献上公开，并不属于公知技术（论述不充分，只分析了未公开），其技术秘密性毋庸置疑。

针对价值性的分析，湖南 A 司法鉴定中心叙述如下：根据相关检材资料，湘潭 D 公司 2012—2014 年，销售该套潜水泵 440 余台，合同总金额 7306.065 万元，研发费用达 160 余万元。由此可见，本委托鉴定事项"潜水泵"是有价值的。

针对实用性的分析，湖南 A 司法鉴定中心叙述如下：该套潜水泵采取新型材料，降低设备重量的同时提高性能，大大方便了使用，特别适合于应急排水、应急抢险方面。由此可见，本委托事项"潜水泵"的实用性毋庸置疑。

针对保密性的分析，湖南 A 司法鉴定中心叙述如下：湘潭 D 公司采取了严密的保密措施，包括员工保密协议、门禁制度、公司的行为规范、外来人员参观全程陪同、技术图纸禁止复印、与供应商的保密协议书、相关人员违反保密协议的违约责任等。综上所述，本委托鉴定事项"潜水泵"的结构及其技术信息具备了构成技术性商业秘密的全部要件，即秘密性、价值性、实用性、保密性。

E. 鉴定意见。根据以上鉴定流程、分析，湖南 A 司法鉴定中心得出如下鉴定意见：该委托鉴定的潜水泵的结构及其技术信息属于湘潭 D 公司的技术性商业秘密。

②是否具有同一性的鉴定

A. 委托鉴定单位：湖南省×县公安局。

B. 委托鉴定事项。2013 年 8 月，湘潭 D 公司的专利产品被盗，并由犯罪嫌疑人卖给江苏 H 公司，后湘潭 D 公司发现，两公司存在竞争关系，生产同类型的潜水泵，湘潭 D 公司认为此行为对其造成经济损失，遂向公安机关报案。为查明江苏 H 公司是否利用湘潭 D 公司的专利产品，侵犯其商业秘密，2014 年 12 月 8 日，湖南省×县公安局委托湖南 A 司法鉴定中心对江苏 H 公司与湘潭 D 公司生产的成套排水设备的原理、结构是否具有同一性进行司法鉴定。

C. 委托鉴定材料。此委托事项中，湖南 A 司法鉴定中心的依据有湖南省×县公安局的鉴定聘请书、立案及调查取证相关材料、讯问笔录；现场勘验笔录、照片；国家相关法律法规；湘潭 D 公司的潜水泵"排水抢险单元控制系统"计算机软件著作权登记证书和软件产品登记证书；湘潭 D 公司的资格证明、管理及保密制度；湘潭 D 公司与江苏 H 公司设备图纸各一套；湘潭 D 公司设备工作原理。

D. 鉴定流程。2015 年 1 月，湖南 A 司法鉴定中心到湘潭 D 公司对委托鉴定的潜水泵进行现场勘验，主要是对两台设备的结构、主要零部件进行现场勘验，并拍摄相关照片，随后进行了对比与分析。

对湘潭 D 公司的一套全新潜水泵与被盗的由湘潭 D 公司生产的潜水泵的对比。现场拆解上述两台设备的主要零部件完全相同，均由电机、进水端、叶轮滑动轴承等组成，但全新的设备外壳多加了一套过滤网；主要零部件的结构、尺寸以及相互之间的装配关系完全相同，但被盗的设备仅有一个主要零件"进水段"与湘潭 D 公司全新设备稍有不同；现场对被盗设备主要零部件的主要尺寸进行了测量，测量的尺寸与图纸标注的尺寸完全相符。由此可见，被盗的设备确为湘潭 D 公司生产的，只是该设备被盗后其进水段被更换。

对被盗的湘潭 D 公司生产的潜水泵与江苏 H 公司的潜水泵的对比。对湖南省×县公安局提供的江苏 H 公司生产的设备进行现场拆解，并对该设备的主要零部件的主要尺寸进行测量，测量的尺寸与图纸标注的尺寸完全相同，故该套设备确为江苏 H 公司生产的。为分析江苏 H 公司与湘潭 D 公司的设备异同，将江苏 H 公司生产的设备的零部件与被盗的湘潭 D 公司生产的设备的主要零部件进行一一对比（鉴于篇幅有限，从略），并用文字进行论述设备端盖、机座、电机主轴及转子、进水段、机封压盖、叶轮、轴套、导叶体、过滤网对比的结果，均有相同之处，亦有不同之处。综上所述，可以得出如下结论：江苏 H 公司生产的设备与被盗的湘潭 D 公司生产的设备总体结构、工作原理、主要组成零部件结构、数量及其相互之间的装配关系实质相同，部分零部件（如进水段）可以在两种设备之间互换。

E. 鉴定意见。根据以上分析，可得出如下鉴定意见：江苏 H 公司的潜水泵与湘潭 D 公司被盗的潜水泵总体结构、工作原理完全相同，结构实质相同。

（2）重庆 B 司法鉴定中心鉴定书（摘要）

在湘潭 D 公司指控江苏 H 公司侵犯其商业秘密案件中，在湖南省×县检察院审查起诉期间，律师阅卷发现原鉴定存在问题，于是向检察院提出重新鉴定申请，但未得到响应。为查明案件事实，2015 年 11 月 6 日，江苏知识律师事务所委托重庆 B 司法鉴定中心就该案所涉专业性问题进行鉴定。

A. 委托鉴定单位：江苏知识律师事务所。

B. 委托鉴定事项。委托人提交的湘潭 D 公司图纸（一套共计 13 页）所载的技术信息与委托人提交的江苏 H 公司的图纸（一套共计 15 页）所载的技术信息是否相同。

C. 委托鉴定材料。委托人提供的检材，包括江苏 H 公司被诉侵权产品潜水泵设计图纸共 15 张（复印件）。委托人提供的样本，包括湘潭 D 公司被盗潜水泵设计图纸共 13 张（复印件），湖南 A 司法鉴定中心"对湘潭 D 公司生产的潜水泵商业秘密案的司法鉴定"鉴定书（复印件）。

D. 鉴定过程。首先，对产品实物与设计图纸进行核实。对委托人提供的江苏 D 公司和江苏 H 公司的两台潜水泵进行了拆解，并将其主要部件拍摄了照片，同时参照湖南 A 司法鉴定中心鉴定书中的附件照片，并与相应的设计图纸进行核对。

其次，对设计图纸所示的技术信息进行梳理。分别对委托人提供的江苏 H 公司被诉侵权产品设计图纸、湘潭 D 公司被盗产品设计图纸所示的技术信息进行梳理，并对主要的技术特征进行对比。

E. 分析说明。重庆 B 司法鉴定中心首先对江苏 H 公司和湘潭 D 公司的设备进行分析说明。两公司的设备主要包括电机和潜水泵两大部分，电机通常根据潜水泵参数定制加工。而潜水泵的主要性能参数，主要包括流量、水泵效率等。具体设计时，需要在基础模型上，考虑潜水泵的特点，参照一些基本数据，再根据不同的使用场合、安装方式，确定水泵的总体结构设计，这就使得潜水泵的种类繁多。但是潜水泵的基本原理、结构大同小异，其关键技术在于密封、水力性能和水泵机组的可靠性。湖南 A 司法鉴定中心在"对湘潭 D 公司生产的潜水泵商业秘密案的司法鉴定"中，该鉴定没有明确指出湘潭 D 公司生产的潜水泵拥有的具体技术秘点（技术秘点是指具有秘密性的技术信息的简称，属于行业术语，而非法律术语）。所以在江苏 H 公司潜水泵与湘潭 D 公司潜水泵设计图纸所示的技术信息进行比较时，缺乏针对性，只能对图纸所示的主要技术特征进行直接对比。对技术图纸中表述不太明确的地方，鉴定人员通过实物勘验，取得需要的其他技术信息并拍摄了相应照片，最终形成了比对意见。

上述总体说明后，重庆 B 司法鉴定中心首先对江苏 H 公司被控侵权潜水泵的实物照片、设计图纸所示的外形尺寸、重量、形态，产品主要性能，总装图，电机等15项主要特征进行描述；其次对湘潭 D 公司被盗潜水泵实物照片、设计图纸所示的外形尺寸、重量、形态，产品主要性能，总装图，电机等15项主要特征进行描述；最后对湘潭 D 公司被盗潜水泵实物照片、设计图纸与江苏 H 公司被控侵权潜水泵实物照片、技术图纸所示的主要技术特征进行对比，并制作对比图。

F. 鉴定意见。湘潭 D 公司被盗潜水泵技术图纸与江苏 H 公司被控侵权潜水泵技术图纸所示的主要技术特征比对结果：两者之间主要技术特征未见相同或者实质相同。

3. 两次鉴定的点评

湖南 A 司法鉴定中心的鉴定人是两名教授，从专业技术的角度来看，应该是行业专家。但是，在鉴定时，由于对商业秘密等法律知识缺乏，对"商业秘密"的理解有误，造成鉴定方法、鉴定流程明显错误，当然鉴定结论也存在问题。为此，如果有意从事知识产权司法鉴定工作，不仅需要具备一定的专业技术背景，还需要学习知识产权相关的法律知识。

二、商业秘密司法鉴定存在的问题

(一) 超范围鉴定现象严重

商业秘密是一个法律概念，对于具体的商业信息是否属于商业秘密的认定，是一个法律问题，需要法官在审理过程中通过证据审查运用法律知识和审判经验据以判断和确认。因此，鉴定机构并不能直接鉴定涉案信息是否属于商业秘密。此外，笔者认为商业秘密"三性"中，仅"秘密性"即是否为公众所知悉是唯一能够通过司法鉴定解决的要件。然而，在本案中，湖南省×县公安局的委托事项为湘潭 D 公司生产的潜水泵的结构及其关键技术是否属于商业秘密，超出了商业秘密司法鉴定的范围，不符合司法鉴定的规范。①

(二) 缺乏鉴定规范标准

司法鉴定人进行鉴定，应当依下列顺序遵守和采用该专业领域的技术标准、技术规范和技术方法：（1）国家标准；（2）行业标准和技术规范；（3）该专业领域多数专家认可的技术方法。② 商业秘密的司法鉴定目前没有行业标准和技术规范，更不要说国家标准。为此，鉴定人员需要采取什么样的鉴定方法。笔者认为，首先，必须明确鉴定的目的。其次，需要理解技术信息的概念。对于每一个生产潜水泵的企业而言，都会或多或少包含商业秘密，但是，对于需要委托鉴定的只是其中的技术信息。如何理解技术信息，应该是产品或者工艺中为实现某种功能的最小的技术特征。为此，表述为某种产品包括技术秘密，或者是不为公众所知悉的技术信息，就显得过于空洞。因此，应该表述为某种产品包含的某种技术信息是否不为公众所知悉。当然，厘清了概念，鉴定方法或者鉴定流程的选择，对于专业技术人员而言就比较容易达成共识了。

(三) 作为嫌疑人申请重新鉴定难

对商业秘密案件而言，作为嫌疑人如果对第一次鉴定意见存在疑惑，要

---

① 贾晓晨. 商业秘密的司法鉴定探究［D］. 西南政法大学硕士学位论文，2017.
② 参见《司法鉴定程序通则》第 23 条。

申请重新鉴定，往往很困难。如上述湘潭 D 公司商业秘密被侵犯一案，第一次委托鉴定是由当地公安局启动的。公安局采信了第一次的鉴定意见，立案侦查终结后，移送当地检察院准备提起公诉。嫌疑人的律师认为第一次的司法鉴定意见存在问题。于是，嫌疑人及嫌疑人的律师向当地检察院申请重新鉴定，没有得到支持。于是，以律师事务所的名义直接委托司法鉴定机构重新进行鉴定。这一点存在争议：一是对于已经立案侦查、诉讼的案件，案件在检察院审查起诉阶段由律师事务所提起鉴定是否恰当。二是送检材料的合法性问题。就本案而言，公安局、检察院不可能提供鉴定材料，律师事务所提供的材料只是第一次鉴定的鉴定意见书，以及鉴定时的产品图片、图纸等技术资料。三是送检材料的不同决定了鉴定方法的不同。由于第一次鉴定方法不正确，对权利人主张的需要保护的技术信息没有进行梳理。很明显，权利人不可能为本次鉴定提供自己产品的技术信息，这样，就不可能进行非公知性鉴定。为此，只有对两者的技术信息进行比对。但是由于第一次鉴定没有明确权利人哪些信息具有非公知性。该次对两者的技术信息进行比对，只能是盲比，就是说，对两者技术图纸所包含的所有技术信息进行全部比对（第一次鉴定时的司法鉴定意见书中附有双方的图纸）。比对结果有三种可能：（1）技术信息都不同；（2）技术信息部分相同；（3）技术信息全部相同。如果技术信息都不同，很明显两者之间没有相关性。但是如果技术信息部分相同，或者全部相同，就需要通过技术查新，明确这些技术信息是否具有新颖性，是否不为公众所知悉。当然，如果上述比对的技术信息包含不为公众所知悉的技术信息，但是该技术信息应该属于权利人还是嫌疑人，这就不是司法鉴定的问题了。四是鉴定意见的采信问题。嫌疑人的律师向检察院提交了第二次鉴定意见。当地检察院为慎重起见，分别邀请了第一次鉴定的鉴定人员和第二次鉴定的鉴定人员，就鉴定的相关问题进行陈述。对于一个县级检察院来讲，有这样的胸怀，的确值得点赞。检察院在听取了双方的鉴定人员的陈述后，采信了第二次的鉴定意见。

《知识产权司法鉴定规范(征求意见稿)》

前　言

本规范主要解决知识产权司法鉴定的基本定位、法律要求、程序规范和通用性技术要求,依据 CNAS、ISO/IEC 中检测实验室的相关标准及行业政策法规,结合知识产权司法鉴定的实际工作,对鉴定活动中所涉及的操作行为、工具设备、鉴定范围、鉴定方法以及实施环境提出规范性要求,对鉴定各环节进行任务分解和权责划分,为知识产权司法鉴定的统一规范提供标准依据。

本规范是由系列规范构成的标准体系,包括:

(1) 知识产权司法鉴定通用实施规范;

(2) 发明专利、实用新型专利司法鉴定实施规范;

(3) 技术信息非公知性司法鉴定实施规范;

(4) 技术信息同一性司法鉴定实施规范;

(5) 计算机软件源代码的同一性鉴定规范［参照《软件相似性鉴定实施规范》(SF/Z JD0403001—2014),此处略］。

本规范由西南政法大学司法鉴定中心提出。

本规范由江苏省专利信息服务中心、西南政法大学司法鉴定中心负责起草。

一、知识产权司法鉴定通用实施规范

1. 范围

本技术规范规定了知识产权司法鉴定的通用实施程序和通用要求，包括鉴定实施中必要环节的程序规范以及技术管理要求。

本技术规范适用于指导知识产权司法鉴定机构和鉴定人员从事司法鉴定业务。

2. 规范性引用文件

下列文件对于本文件的应用是必不可少的。凡是注日期的引用文件，仅注日期的版本适用于本文件。凡是不注日期的引用文件，其最新版本（包括所有的修改单）适用于本文件。

修订后的《司法鉴定程序通则》，于 2016 年 3 月 2 日由司法部发布，2016 年 5 月 1 日起施行。

《司法部关于印发司法鉴定文书格式的通知》，于 2016 年 11 月 21 日由司法部发布，2017 年 3 月 1 日起施行。

3. 术语和定义

3.1 知识产权

知识产权，是指人们对自己创造性的智力劳动成果，如著作权、专利权、商标权、商业秘密专有权等所享有的民事权利。通常，知识产权中的专利权与商标权又被统称为"工业产权"，是需要通过申请、经行政主管部门审查批准才产生的民事权利；著作权与商业秘密专有权，则是从有关创作活动完成时起，就依法自动产生。

3.2 知识产权鉴定

知识产权鉴定是指依法取得有关知识产权司法鉴定资格的鉴定机构和鉴

定人受司法机关或当事人委托，根据技术专家对本领域公知技术及相关专业技术的了解，并运用必要的检测、化验、分析手段，对被侵权的技术和相关技术的特征是否相同或者等同进行认定。

目前，知识产权的司法鉴定主要包括：专利技术鉴定、技术信息的非公知性鉴定、技术信息的同一性鉴定、计算机软件的同一性鉴定等。对于外观设计专利，文字作品、美术作品及其他科学作品，商标等是否属于司法鉴定的范畴，还存在争议。

3.3　专利技术

专利技术，是指被处于有效期内的专利所保护的技术。根据专利法对专利的分类，主要包括发明专利和实用新型专利所保护的技术。外观设计专利因为保护的是新设计，而非技术，所以从严格意义上说，应称为专利设计，而不是专利技术。

专利技术只包括发明专利和实用新型专利。

3.4　商业秘密

商业秘密，是指不为公众所知悉、能为权利人带来经济利益，具有实用性并经权利人采取保密措施的技术信息和经营信息。

3.5　技术信息

技术信息，是指为技术所承载的信息，主要包括两方面的信息：（1）表达型的技术信息（可以用文字、图形、符号等为载体表达的）；（2）未表达型的技术信息（存在于技术研究者的头脑里，表现为技能、技巧和经验）。

3.6　经营信息

经营信息，是指除技术信息以外，能为权利人带来竞争优势的用于经营的信息。一般包括两类：（1）具有秘密性质的市场以及与市场密切相关的商业情报或信息。例如，原材料价格、销售市场和竞争公司的情报、招投标中的标底及表述内容，还包括供销渠道、贸易记录、客户名单、产销策略等。（2）经营管理方法和与经营管理方法相关的资料和信息。一般是指合理有效地管理各行业之间的相互合作与协作，使生产与经营有机运转的秘密。例如，管理模式、方法、经验、意见、管理公关。

3.7 新颖性

新颖性，是指构成知识产权的信息必须在一定的时间界限之前相关公众不能从公开渠道直接获取的信息。

3.8 创造性

创造性，是指有关技术或者经营信息与公知信息能够具有最低程度的差异，即强调有关信息与公知信息相比，具有一定的技术进步或创新。

3.9 价值性

价值性，是指有关技术信息或经营信息具有可确定的应用性，能够为权利带来现实的或者潜在的经济利益或者竞争优势。

3.10 实用性

实用性，是指必须是一种现在或者将来能够应用于生产经营或者对生产经营有用的具体的技术方案和经营策略。

3.11 保密性

保密性，是指权利人采取了一定的保密措施，在正常情况下足以防止涉密信息泄露的行为。

3.12 计算机软件

计算机软件，是指计算机程序及其有关文档。

计算机程序，是指为了得到某种结果而可以由计算机等具有信息处理能力的装置执行的代码化指令序列，或者可以被自动转换成代码化指令序列的符号化指令序列或者符号化语句序列。同一计算机程序的源程序和目标程序为同一作品。

文档，是指用来描述程序的内容、组成、设计、功能规格、开发情况、测试结果及使用方法的文字资料和图表等，如程序设计说明书、流程图、用户手册。

4. 知识产权鉴定通用程序

4.1 案件受理

案件受理实行程序审核与技术审核相结合的方式，对确认符合受理规定的应予以受理。案件由鉴定机构统一受理。

4.1.1　程序审核

审核委托方提供的委托书、身份证明、检材等委托材料，对手续齐全的予以确认。

4.1.2　技术审核

（1）了解案情内容。了解案件发生的经过、性质、争议的焦点及其他相关情况；何人提交的检材，想说明什么问题，检材的关键内容是什么；何人提出鉴定，为什么鉴定，鉴定的关键部分是什么；检材是产品、文字资料、图片资料等证据，其情况如何；是否首次鉴定，如不是首次鉴定，应了解历次鉴定的具体情况。

（2）审查送检材料。检查检材的标记情况，如无标记的，可要求委托方或征得委托方同意，通过书写文字、贴标签等方式进行标记，以防材料之间的混淆；检查检材是否有损坏、拆卸、污染等情况；确定需要鉴定的内容；初步判断检材是否具备鉴定条件。

了解样本的法律状态；检查样本的标记情况，如无标记的，可要求委托方或征得委托方同意，通过书写文字、贴标签等方式进行标记，以防材料之间的混淆；确定供比对的内容；初步判断样本是否具备比对条件。如需要补充样本的，应将有关要求告知委托方。

（3）明确鉴定要求。明确委托方具体的鉴定要求；审查委托方提出的鉴定要求是否属于专利技术鉴定的范围；对委托方所提不科学、不合理或不确切的要求，应相互沟通，使其提出适当的要求。

（4）决定是否受理。初步评价实验室现有资源和能力是否能够满足鉴定要求，决定是否受理。

如有以下情况可以不予受理：检材经初步检查明显不具备鉴定条件的；样本经初步检验明显不具备比对条件，同时又无法补充的；鉴定要求不明确的；委托方故意隐瞒有关重要案情的；在委托方要求的时效内不能完成鉴定的；实验室现有资源和能力不能满足鉴定要求的；《司法鉴定程序通则》第15条规定的，鉴定机构不得受理的七种情形。决定不受理的，应当向委托人说明理由，退还鉴定材料。

决定受理的，应与委托人签订司法鉴定委托协议书。司法鉴定委托协议书应当载明委托人名称、司法鉴定机构名称、委托鉴定事项、是否属于重新鉴定、鉴定用途、与鉴定有关的基本案情、鉴定材料的提供和退还、鉴定风险，以及双方商定的鉴定时限、鉴定费用及收取方式、双方权利义务等其他需要载明的事项。

如不能当场决定是否受理的，可先行接收，并向委托方出具收领单或在鉴定委托协议中予以说明。接收后经审查决定不受理的，应及时将送检材料退回委托方，并向其说明原因；接收后决定受理的，对案件进行编号登记。

4.2 检验/鉴定

4.2.1 鉴定启动

（1）案件受理后，应组成鉴定组，并指定第一鉴定人。

（2）根据案件的具体情况，确定相应的鉴定程序。

4.2.2 鉴定程序

（1）鉴定程序分为普通程序和复杂程序。

（2）初次鉴定的案件一般进入普通程序。

（3）已经过鉴定的复核、重新鉴定或重大、疑难案件直接进入复杂程序。

（4）普通程序中，鉴定人之间产生意见分歧的，转入复杂程序。

4.2.3 鉴定人和鉴定组

（1）鉴定人必须具备专利技术鉴定专业的资质，并取得专利技术鉴定执业资格。

（2）鉴定须由两名以上（含两名）鉴定人组成的鉴定组共同完成。

（3）鉴定实行鉴定组负责制，第一鉴定人负主要责任，其他鉴定人承担次要责任。

（4）第一鉴定人负责组织鉴定的实施，掌握鉴定时限、与委托方协调、汇总检验记录和讨论结果。

（5）普通程序中鉴定组一般由两人组成。

（6）复杂程序中鉴定组须由三名以上（含三名）鉴定人组成，且鉴定人中须有高级技术职称鉴定人。

4.2.4　鉴定方式

鉴定人共同进行检验，或鉴定人对其他鉴定人的检验过程和结果进行核实确认，形成鉴定组意见。

4.2.5　鉴定组讨论

（1）第一鉴定人根据鉴定组各鉴定人的检验意见，负责组织鉴定组讨论。

（2）鉴定组达成一致鉴定意见的，由第一鉴定人负责起草鉴定意见书，并及时提交复核和签发。

（3）鉴定组出现意见分歧的，按下款处理。

4.2.6　意见分歧的处理

（1）普通鉴定程序中如出现意见分歧，通过讨论尚不能达成一致意见的，转入复杂程序。

（2）复杂鉴定程序中如出现意见分歧的，通过讨论尚不能达成一致意见，但不存在方向性意见分歧的，则以多数（2/3 以上）鉴定人的意见形成最终的鉴定结论。不同意见有权保留，同时应记录在案。通过讨论仍存在重大意见分歧的，作无法鉴定处理。各种意见应记录在案，并向委托方说明。

4.2.7　检验/鉴定方法

鉴定人根据委托要求及检验的具体内容，确定检验/鉴定方案、选择检验/鉴定方法，并严格按照专利技术鉴定规范进行操作。

（1）鉴定中使用专门仪器的，应当遵循相应仪器的操作规程进行。

（2）对于需要使用其他鉴定方法的，应事先对拟采用方法进行验证和确认，并按照相应的鉴定规范进行操作。

4.3　文书出具

4.3.1　文书撰写

（1）鉴定意见书应如实按照鉴定组讨论达成的意见起草，并须经过复核和签发。

（2）鉴定意见书应依照司法鉴定意见书制作规范的要求制作。鉴定意见表述既要准确客观，又应简明扼要。

4.3.2　文书校对

（1）鉴定意见书制作完成后，鉴定人应对其内容进行全面的核对。

（2）鉴定人核对后，由校对人员进行文字校对。

4.3.3　复核和签发

（1）鉴定意见书应由复核人（授权签字人）进行复核。复核人应当对鉴定人使用的检验/鉴定方法、检验记录、鉴定依据、鉴定结论等，从技术层面上进行全面审查。

（2）鉴定意见书应由签发人签发。签发人应当对鉴定项目及各鉴定人的资格、能力、鉴定程序、检验记录等，从程序层面上进行全面审查。

4.3.4　文书发送

（1）鉴定意见书经鉴定人签名后，加盖鉴定专用章。

（2）送检材料、鉴定意见书及委托方提供的其他有关材料，应及时返回委托方。

4.4　送检材料的流转程序

4.4.1　送检材料的标识

（1）案件受理人应及时对送检材料进行统一标识。

（2）送检材料的标识应遵循以下原则：同一案件的送检材料应集中放置于一处，如档案袋，放置处应标注委托单位和受理案号等信息；对于有多个检材和样本的，应用编号予以区分，如 JC1、JC2、JC3……或 YB1、YB2、YB3……

4.4.2　送检材料的交接

（1）送检材料在鉴定人间流转的过程中，应办理交接手续。

（2）在检验过程中，鉴定人应妥善保存送检材料，防止送检材料被污染、损坏或遗失。

4.4.3　送检材料的补充

（1）检验过程中，如需补充材料的，应与委托方联系，确定补充材料的内容、方式及时限，并对有关情况进行记录。

（2）根据《司法鉴定程序通则》规定，补充材料所需的时间不计算在鉴定时限内。

4.5　检验记录程序

4.5.1　检验过程记录

鉴定过程中，与鉴定活动有关的情况应及时、客观、全面地记录，并保证其完整性。

4.5.2　检验资料移交

鉴定人应妥善保存检验记录、原始数据、图片等有关资料，并及时移交第一鉴定人。

4.5.3　资料审核保存

第一鉴定人负责审查、汇总鉴定组各鉴定人的检验记录、原始数据、图片等资料，并集中妥善保存。

4.5.4　检验记录的主要内容和鉴定人的相关职责

（1）案件受理程序中有关情况的记录。

（2）各鉴定人负责记录鉴定人检验的过程、鉴定意见等内容。

（3）第一鉴定人负责记录鉴定组的讨论过程、分歧意见处置、最终鉴定意见等内容。

（4）检验中使用仪器设备的，检验人负责记录仪器名称、检验条件、检验结果等内容。

（5）鉴定过程中，第一鉴定人负责记录与委托方联系、鉴定材料补充、鉴定事项变更、鉴定时限调整等情况。

（6）鉴定结束后，第一鉴定人负责或协助有关职能部门处理并记录有关出庭、投诉等情况。

以上各项记录的内容均应进行审核。

4.6　档案管理程序

4.6.1　鉴定材料移交

鉴定人根据文书归档的有关规定详细整理有关鉴定资料，并将整理好的档案材料及时移交档案管理人员，并做好有关的交接记录。

4.6.2　鉴定材料存档

档案管理部门，应按照档案管理制度妥善保存。

4.7　出庭作证

4.7.1　出庭

（1）依法出庭质证是鉴定人应当履行的法律义务。接到审判机关的出庭通知后，鉴定人如无正当理由应准时参加庭审，并客观忠实地回答有关鉴定文书的各项问题。

（2）鉴定人出庭前应全面掌握鉴定文书的相关情况，包括送检材料、鉴定要求、检验过程和方法、鉴定结论和主要依据等，并准备必要的计算机设备以便进行鉴定结论展示。

4.7.2　质证

（1）鉴定人在庭审中回答问题应简练准确，尽量使用通俗、规范的语言进行解释说明。

（2）鉴定人接受当庭询问只限于回答与鉴定文书相关的内容，对涉及国家秘密、个人隐私、技术保密以及与鉴定无关的内容，鉴定人可以向法庭说明理由并拒绝回答。

二、发明专利、实用新型专利司法鉴定实施规范

1. 范围

本技术规范规定了专利技术鉴定中常用的术语及其定义。

本技术规范规定了发明专利、实用新型专利鉴定的技术方法和步骤。

本技术规范适用于在专利技术鉴定工作中的发明专利、实用新型专利的鉴定。

2. 术语和定义

2.1　样本

专利技术鉴定中的样本，特指供比较和对照的发明、实用新型专利权利书。

2.2　检材

专利技术鉴定中的检材，特指需要进行鉴定的产品、技术参数、照片或图片资料。检材包括需要鉴定的产品和鉴定使用的方法。

检材因客观原因而不便于提供实物的，或者需要鉴定的是一种方法的，可以提供能够充分反映该检材全部技术特征的照片、图片、图纸、模型、产品说明书、工艺图、流程图、线路图等。

2.3　专利技术

专利技术，是指被处于有效期内的专利所保护的技术。根据专利法对专利的分类，主要包括发明专利和实用新型专利所保护的技术。外观设计专利因为保护的是新设计，而非技术，所以从严格意义上说，应称为专利设计，而不是专利技术。

本规范只包括发明专利和实用新型专利。

2.4　专利权的保护范围

发明专利、实用新型专利专利权的保护范围应当以权利要求记载的技术特征所确定的内容为准，也包括与所记载的技术特征相等同的技术特征所确定的内容。权利要求的内容以专利局编辑出版的发明专利、实用新型专利的专利说明书中权利要求书记载的权利要求为准。确定专利权保护范围时，应当对权利人作为权利依据所主张的相关权利要求进行解释，并对该权利要求进行技术特征的划分。

2.5　专利说明书

专利说明书是对发明专利、实用新型专利的结构、技术要点、使用方法作出清楚、完整的介绍，它应当包含技术领域、背景技术、发明内容、附图说明、具体实施方法等项目。专利说明书的主要作用，一是清楚、完整地公开新的发明创造，二是请求或确定法律保护的范围。

专利说明书属于一种专利文件，是指含有扉页、权利要求书、说明书等组成部分的用以描述发明创造内容和限定专利保护范围的一种官方文件或其出版物。

2.5.1　扉页

扉页是揭示每件专利的基本信息的文件部分。扉页揭示的基本专利信息包括：专利申请的时间、申请的号码、申请人或专利权人、发明人、发明创造名称、发明创造简要介绍及主图（机械图、电路图、化学结构式等，如果有的话）、发明所属技术领域分类号、公布或授权的时间、文献号、出版专利文件的国家机构等。

2.5.2　权利要求书

权利要求书应当以说明书为依据，说明发明专利、实用新型专利的技术特征，清楚并简要地表述请求保护的范围。技术特征可以是构成发明专利、实用新型专利技术方案的组成要素，也可以是要素之间的相互关系。

2.5.3　说明书

说明书应当对发明专利、实用新型专利作出清楚、完整的说明，以所属技术领域的技术人员能够实现为准。附图是说明书的一个组成部分。附图的作用在于用图形补充说明书文字部分的描述，使人能够直观地、形象化地理解发明专利、实用新型专利的每个技术特征和整体技术方案。对于机械和电学技术领域中的专利申请，说明书附图的作用尤其明显。因此，说明书附图应该清楚地反映发明专利、实用新型专利的内容。对发明专利申请，用文字足以清楚、完整地描述其技术方案的，可以没有附图。实用新型专利申请的说明书必须有附图。

2.6　技术特征

技术特征，是指在权利要求所限定的技术方案中，能够相对独立地执行一定的技术功能并能产生相对独立的技术效果的最小技术单元。在产品技术方案中，该技术单元一般是产品的部件或者部件之间的连接关系。在方法技术方案中，该技术单元一般是方法步骤或者步骤之间的关系。

2.7　技术特征的分解

对一项专利技术方案的技术特征的分解，应当根据其权利要求所用词汇的文意来进行。除涉及位置关系、连接关系和配合关系的技术特征外，每一个被分解出的技术特征应当具有相对独立的性质，并且能够在技术方案中具有相对独立的功能。一般应将技术特征分解为最小或者最简形式，即使在权利要求书中存在表述完全相同的两个或者两个以上的技术特征，也不应将其合并。

2.8　独立权利要求

独立权利要求应当从整体上反映发明专利、实用新型专利的技术方案，记载解决技术问题的必要技术特征。独立权利要求所限定的一项发明专利、实用新型专利的保护范围最宽。发明专利、实用新型专利的独立权利要求一般均包括前序部分和特征部分。

2.8.1　前序部分

前序部分记载了要求保护的发明专利、实用新型专利技术方案的主题名称和发明专利、实用新型专利主题与最接近的现有技术共有的必要技术特征。

2.8.2　特征部分

特征部分使用"其特征在于……"或者类似的用语，记载了发明专利、实用新型专利区别于最接近的现有技术的技术特征。这些特征和前序部分记载的特征合在一起，限定发明专利、实用新型专利要求保护的范围。

2.9　从属权利要求

如果一项权利要求包含了另一项同类型权利要求中的所有技术特征，且对该另一项权利要求的技术方案作了进一步的限定，则该权利要求为从属权利要求。发明专利、实用新型专利的独立权利要求一般均包括引用部分和限定部分。引用部分记载引用的权利要求的编号及其主题名称，限定部分记载发明专利、实用新型专利附加的技术特征。

2.10　本领域普通技术人员

本领域普通技术人员是一种假设的"人"，他能够获知该领域中所有的现有技术，知晓申请日之前该技术领域所有的普通技术知识，并且具有运用该申请日之前常规实验手段的能力。所属本领域普通技术人员，不是指具体的某一个人或某一类人，不宜用文化程度、职称、级别等具体标准来参照套用。

2.11　功能性特征

功能性特征，是指对于结构、组分、材料、步骤、条件或其之间的关系等，通过其在发明创造中所起的功能或者效果进行限定的技术特征。对于权利要求中以功能或者效果表述的功能性特征，应当结合说明书及附图描述的该功能或者效果的具体实施方式及其等同的实施方式，确定该技术特征的内容。

2.12　相同特征

如果被控侵权物的技术特征与专利权利要求所记载的技术内容完全相同，或者仅是简单的文字变换，则该被控侵权物的技术特征构成相同。

如果专利权利要求记载的某技术特征与被控侵权物的相应技术特征相比，其区别仅在于前者采用一般（上位）概念，而后者采用具体（下位）概念限定同类性质的技术特征，则具体（下位）概念的技术特征应视为与专利技术特征相同。

如果专利权利要求中存在以数值或者连续变化的数值范围限定的技术特征，而被控侵权物的相应技术数值或者数值范围落在专利技术特征的数值范围内，或者与专利技术特征的数值范围有部分重叠或有一个共同端点，应当视为与专利技术特征相同。

2.13　等同特征

等同特征，是指与权利要求所记载的技术特征基本相同的手段，实现基本相同的功能，达到基本相同的效果，并且本领域普通技术人员无须经过创造性劳动就能够想到的技术特征。

在是否构成等同特征的判断中，手段是技术特征本身的技术内容，功能和效果是技术特征的外部特性，技术特征的功能和效果取决于该技术特征的手段。

2.13.1　基本相同的手段

基本相同的手段，是指被诉侵权技术方案中的技术特征与权利要求对应技术特征在技术内容上并无实质性差异。

2.13.2　基本相同的功能

基本相同的功能，是指被诉侵权技术方案中的技术特征与权利要求对应技术特征在各自技术方案中所起的作用基本相同。被诉侵权技术方案中的技术特征与权利要求对应技术特征相比还有其他作用的，不予考虑。

2.13.3　基本相同的效果

基本相同的效果，是指被诉侵权技术方案中的技术特征与权利要求对应技术特征在各自技术方案中所达到的技术效果基本相当。被诉侵权技术方案中的技术特征与权利要求对应技术特征相比还有其他技术效果的，不予考虑。

2.13.4　无须经过创造性劳动就能够想到

无须经过创造性劳动就能够想到，是指对于本领域普通技术人员而言，被诉侵权技术方案中的技术特征与权利要求对应技术特征相互替换是容易想到的。在具体判断时可考虑以下因素：两技术特征是否属于同一或相近的技术类别；两技术特征所利用的工作原理是否相同；两技术特征之间是否存在简单的直接替换关系，即两技术特征之间的替换是否需对其他部分作出重新设计，但简单的尺寸和接口位置的调整不属于重新设计。

3. 仪器设备

仪器设备，是指用于检验产品、图纸及其他资料所示技术参数的测量工具、检验设备；用于送检产品生产工艺、方法所需的运行环境。

4. 检验步骤

4.1　记录检材和样本情况

对送检的检材和样本进行唯一性编号，编号方法为××××（年度）—××××（受理号）—××（流水号）。

4.2　检材和样本的保全备份

对具备保全条件的检材和样本进行保全备份并拍照，记录其特征。

4.3　检验项目的选择

分析检材和样本，根据检材和样本的内容选择以下一项或多项内容进行检验：

（1）产品结构间的比对；

（2）产品成分间的比对；

（3）生产工艺、方法间的比对。

4.4　程序的比对检验

4.4.1　要求

发明专利、实用新型专利鉴定过程应受到监督和控制，通过责任划分、记录标识和过程监督等方式，满足追溯性要求。比对检验的范围不超过样本（发明专利、实用新型专利权利要求保护）范围。

4.4.2　比对对象

将样本专利权利要求书记载的技术特征与检材被控侵权物的相应技术特征进行对比。例如，被告也拥有专利权并据此抗辩被控侵权物系按照其自己的专利实施时，仍应当将原告的专利权利要求书记载的技术特征与被控侵权物的相应技术特征进行对比，而不应将原告的专利权利要求与被告的专利权利要求进行对比。

在进行现有技术抗辩对比时，应当首先将原告的专利权利要求书记载的技术特征与被控侵权物的相应技术特征进行对比，如果被控侵权物落入专利权保护范围，再将现有技术方案的技术特征与被控侵权物的相应技术特征进行对比。而不应仅将原告的专利权利要求与现有技术方案的技术特征进行对比。

4.4.3　样本技术特征的分解

对样本技术特征的分解，应当根据其权利要求所用词汇的文意来进行。除涉及位置关系、连接关系和配合关系的技术特征外，每一个被分解出的技术特征应当具有相对独立的性质，并且能够在技术方案中具有相对独立的功能。一般应将技术特征分解为最小或者最简形式。

4.4.4　检材技术特征的确定

对于检材技术特征的确定，应当以前期已经分解、认定的样本专利技术特征为指引，在检材（被控侵权物）中寻找能够与专利技术特征相对应的技术特征。检材技术特征的确定，应当主要从该特征的结构、位置、功能等方面确定，而不应拘泥于各自文字表述的异同。

4.4.5　比对方法

技术对比是技术特征的对比，而非整体技术方案的对比，更非技术方案的功能、效果的对比。

（1）产品结构间的比对。根据样本专利权利要求书保护的范围，对权利要求所示的产品结构技术特征进行分解。如果检材为图纸、资料等，可以直接采用该技术参数；如果检材为实物产品，应在充分准备的基础上，组织现场勘验，同时采取摄像、拍照、绘图等方式对检材各项技术特征加以固定，并将测量数据、检测内容准确、详细记入笔录。将样本产品结构的技术特征与检材所示的技术特征一一比较，对于存在相同或等同的技术特征需要进行分析说明。

（2）产品成分间的比对。根据样本专利权利要求书保护的范围，对权利要求所示的产品成分及含量的技术特征进行分解。如果检材为技术资料，可以直接采用该技术参数；如果检材为实物产品，应将检材提交理化检验，确定产品组成成分及含量，并有相应的检测记录，包括检测设备、检测人员。样本权利要求书所示的配方成分或者其含量与检材所示的配方成分或者其含量一一比较，对于存在相同或等同的配方成分或者其含量需要进行分析说明。

（3）生产工艺、方法间的比对。根据样本专利权利要求书保护的范围，对权利要求所示的生产工艺、方法的技术特征进行分解。如果检材为技术资料，可以直接采用该技术参数；如果检材为实物产品所涉及的生产工艺、方法（一般需要生产设备运行过程中进行检测），应在充分准备的基础上，组织现场勘验，同时采取摄像、拍照、绘图等方式对检材各项技术特征加以固定，并将测量数据、检测内容准确、详细记入笔录，包括检测设备、检测人员。样本专利权利要求书所示的生产工艺、方法与检材所示的生产工艺、方法一一比较，对于存在相同或等同生产工艺、方法的需要进行分析说明。

5. 检验过程记录

5.1 鉴定过程记录

与鉴定活动有关的情况应及时、客观、全面地记录，保证鉴定过程和结果的可追溯性。

5.2 检材分类记录

5.2.1 产品结构检测记录

对于检材为产品结构的，应记录：

（1）产品及部件设计的参数；

（2）部件之间的参数匹配；

（3）检材的照片。

5.2.2 产品成分检测记录

对于检材为产品成分的，应记录：

（1）产品组成成分；

（2）成分所占比例；

（3）检材的照片。

5.2.3 产品工艺检测记录

对于检材为生产工艺、方法的，应记录：

（1）设备运行环境；

（2）生产流程及结果；

（3）检材的照片。

6. 比对结果

采用表格方式，分别列出样本和检材的技术特征是否相同、等同、相似及不同，并对存在相同或者等同的部分进行说明。

7. 鉴定意见

综合分析，样本的技术特征有××点；检材与样本的技术特征相比，有

××点相同、有××点等同。

8. 附则

8.1　质量认证合格

对检验用的工具、设备应进行质量认证。

8.2　记录检测方法

对检验用的方法，需要在检验结果中单独列出。

8.3　妥善保管检材

对送检的材料，应妥善保管、存储。

三、技术信息非公知性司法鉴定实施规范

1. 范围

本技术规范规定了技术信息非公知性（不为公众所知悉）检验的技术方法和步骤。

本技术规范适用于在商业秘密鉴定工作中的技术信息的非公知性（不为公众所知悉）检验。

2. 术语和定义

2.1　检材

商业秘密鉴定中的检材，是指需要检验的技术信息。

2.2　样本

商业秘密鉴定中的样本，是指用于同检材进行比对检验的技术信息。

2.3　技术信息

技术信息，是指为技术所承载的信息，主要包括两方面的信息：（1）表

达型的技术信息（可以用文字、图形、符号等为载体表达的）；（2）未表达型的技术信息（存在于技术研究者的头脑里，表现为技能、技巧和经验）。

2.4 不为公众所知悉

不为公众所知悉，通常也称非公知性，包括两个方面的内容：（1）不为所述领域的相关人员普遍知悉，即商业秘密不为权利人以外的其他人员所知悉；（2）不为所述领域的相关人员容易获得，即商业秘密与其同领域的其他信息相比，具有一定的新颖性、创造性，并非想而已见、容易被他人掌握的信息。

2.5 新颖性

新颖性，是指构成商业秘密的信息必须在一定的时间界限之前相关公众不能从公开渠道直接获取的信息。

2.6 创造性

创造性，是指有关技术或者经营信息与公知信息能够具有最低程度的差异，即强调有关信息与公知信息相比，具有一定的技术进步或创新。

3. 仪器设备

3.1 硬件

硬件，是指用于技术查新的检索设备（计算机），用于送检产品生产工艺、方法所需的运行环境。

3.2 软件

软件，是指用于技术查新的专利数据库、非专利数据库（包括科技文献等）。

4. 检验步骤

4.1 记录检材情况

记录权利人自述技术秘密，相应的产品、图纸及其他资料。同时需要对提供的对送检的产品、图纸及其他资料进行唯一性编号，编号方法为××××（年度）—××××（受理号）—××（流水号）。

4.2　检材技术信息的核实

权利人自述技术秘密来源于相应的产品、图纸及其他资料。鉴定人需要核实自述技术秘密与相应的产品、图纸及其他资料的一致性。

4.3　检材的技术查新

按照技术查新要求，对权利人自述技术秘密进行分析整理，并使用中文与英文检索关键词进行技术查新。查新范围，即比对样本，包括专利文献（国际专利文献数据库 INPADOC、中国专利文摘数据库 CNABS/CPRSABS、中国香港文摘数据库 HKABS、德问特世界专利索引数据库 DWPI、世界专利文摘库 SIPOABS、中国台湾文摘库 TWABS、专利全文数据库 CN/EP/US/WO/JP 等）、非专利文献（中国知网系列数据库 CNKI、万方数据知识产权服务平台、国家图书馆非专利期刊、互联网、在市场期望 IP.COM 等）。从而认定检材的新颖性。

4.4　检材的分析说明

对通过技术查新具有新颖性的技术信息，需要进一步分析说明，是否不为公众所知悉。具体包括：（1）所述技术信息是否为其所属技术领域的技术人员的一般常识或者行业惯例；（2）所述技术信息是否属于产品尺寸、结构、材料、部件的简单组合等内容，进入市场后相关公众不能通过观察产品即可直接获得；（3）所述技术信息是否在公开出版物或者其他媒体上公开披露；（4）所述技术信息是否通过公开的报告会、展览等方式公开；（5）所述技术秘点是否可从其他公开渠道获得；（6）所述技术秘点是否属于无须付出一定的代价而轻易获得的技术信息。

5. 鉴定意见

综合分析结果，委托人提供的检材技术信息有××点不为公众所知悉。

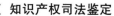知识产权司法鉴定

6. 附则

6.1 检索机构的要求

技术查新必须由具有资质的科技查新检索机构实施。

6.2 创造性的判断

商业秘密鉴定工作中技术信息的创造性与专利技术的创造性存在区别，是指有关技术或者经营信息与公知信息能够具有最低程度的差异。

四、技术信息同一性司法鉴定实施规范

1. 范围

本技术规范规定了技术信息同一性检验的技术方法和步骤。

本技术规范适用于在商业秘密鉴定工作中的技术信息的同一性检验。

2. 术语和定义

2.1 检材

商业秘密鉴定中的检材，是指需要检验的技术信息。

2.2 样本

商业秘密鉴定中的样本，是指用于同检材进行比对检验的技术信息。

2.3 技术信息

技术信息，是指为技术所承载的信息，主要包括两个方面的信息：（1）表达型的技术信息（可以用文字、图形、符号等为载体表达的）；（2）未表达型的技术信息（存在于技术研究者的头脑里，表现为技能、技巧和经验）。

2.4 同一性比对

商业秘密鉴定中通过对检材与样本所示的技术信息进行比较，从而认定

两者是否相同或者实质相同。

3. 仪器设备

仪器设备，是指用于检验产品、图纸及其他资料所示的技术信息的测量工具、检验设备，用于送检产品生产工艺、方法所需的运行环境。

4. 检验步骤

4.1　记录检材和样本情况

对送检的检材和样本进行唯一性编号，编号方法为××××（年度）—××××（受理号）—××（流水号）。

4.2　检材和样本的保全备份

对具备保全条件的检材和样本进行保全备份并拍照，记录其特征。

4.3　检验项目的选择

分析检材和样本，根据检材和样本的内容选择以下一项或多项内容进行检验：

（1）产品结构间的比对；

（2）产品成分间的比对；

（3）生产工艺、方法间的比对；

（4）软件间的比对。

4.4　程序的比对检验

4.4.1　要求

商业秘密鉴定过程应受到监督和控制，通过责任划分、记录标识和过程监督等方式，满足追溯性要求。比对检验的范围不超过样本（不为公众所知悉的技术信息）范围。

4.4.2　产品结构间的比对

样本所示的技术参数与检材所示的技术参数一一比较，对于存在相同或实质相同的技术参数需要进行说明。

4.4.3　产品成分间的比对

样本所示的配方成分或者其含量与检材所示的配方成分或者其含量一一比较，对于存在相同或实质相同的配方成分或者其含量需要进行说明。

4.4.4　生产工艺、方法间的比对

样本所示的生产工艺、方法与检材所示的生产工艺、方法一一比较（一般需要在生产设备运行过程中进行检测），对于存在相同或实质相同的生产工艺、方法需要进行说明。

4.4.5　软件间的比对

参照《软件相似性鉴定实施规范》（SF/Z JD0403001—2014）。

5.　检验记录

5.1　鉴定过程记录

与鉴定活动有关的情况应及时、客观、全面地记录，保证鉴定过程和结果的可追溯性。

5.2　检材分类记录

5.2.1　产品结构检测记录

对于检材和样本为产品结构的，应记录：

（1）产品及部件设计的参数；

（2）部件之间的参数匹配；

（3）检材和样本的照片。

5.2.2　产品成分检测记录

对于检材和样本为产品成分的，应记录：

（1）产品组成成分；

（2）成分所占比例；

（3）检材和样本的照片。

5.2.3　产品工艺检测记录

对于检材和样本为生产工艺、方法的，应记录：

（1）设备运行环境；

（2）生产流程及结果；

（3）检材和样本的照片。

6. 比对结果

分别列出检材和样本技术信息是否相同、实质相同、相似及不同，并对存在相同或者实质相同的部分进行说明。

7. 鉴定意见

综合比对结果，检材和样本技术信息有××点相同、有××点实质相同。

8. 附则

8.1　质量认证合格

对检验用的工具、设备应进行质量认证。

8.2　记录检测方法

对检验用的方法，需要在检验结果中单独列出。

8.3　妥善保存检材

对送检的检材和样本，应妥善保管、存储。

参考文献

一、中文类

（一）著作类

1. 吴汉东. 中国知识产权制度评价与立法建议 ［M］. 北京：知识产权出版社，2008：25—30.

2. 吴汉东. 知识产权基本问题研究：总论 ［M］. 北京：中国人民大学出版社，2009：5—8.

3. 蒋志培. 中国知识产权司法保护 ［M］. 北京：中国传媒大学出版社，2008：106—110.

4. 易继明，范长军. 德国专利法研究 ［M］. 北京：科学出版社，2010：56—68.

5. 季美君. 专家证据制度比较研究 ［M］. 北京：北京大学出版社，2009：124—130.

6. 孙海龙，姚建军. 知识产权审判研究 ［M］. 北京：人民法院出版社，2008：60—72.

7. 常林. 司法鉴定专家辅助人制度研究 ［M］. 北京：中国政法大学出版社，2009：12—18.

8. 司法部司法鉴定管理局. 两大法系司法鉴定制度的观察与借鉴 ［M］. 北京：中国政法大学出版社，2008：106—115.

9. 王进喜. 美国《联邦证据规则》（2011 年重塑版）条解 ［M］. 北京：中国法制出版社，2012：85—96.

10. 蒋永良. 检察视野下的知识产权保护理论与实践 ［M］. 北京：中国政法

大学出版社，2014：72—78.

11. 李明德．美国知识产权法［M］．北京：法律出版社，2014：24—36.

12. 储国樑．知识产权犯罪立案定罪量刑问题研究［M］．上海：上海社会科学院出版社，2014：108—116.

13. 裴显鼎．知识产权刑事案件办案指南［M］．北京：法律出版社，2015：56—68.

14. 冯晓青．知识产权法［M］．北京：中国政法大学出版社，2015：24—28.

15. 贺志军，袁艳霞．知识产权刑事司法：中国特色实证研究［M］．北京：北京大学出版社，2015：56—66.

16. 李泽明．知识产权审判理念与实务［M］．北京：中国法制出版社，2016：36—46.

17. 谢安平．中国刑事诉讼制度的改革［M］．北京：知识产权出版社，2017：268—176.

18. 最高人民法院审判实务规范编辑小组．最高人民法院刑事审判实务规范［M］．北京：人民法院出版社，2018：36—46.

19. 刘玉琴．软件知识产权司法鉴定技术与方法［M］．北京：知识产权出版社，2018：12—28.

20. 亲善奎．知识产权民事审判证据实务研究［M］．北京：知识产权出版社，2018：142—156.

21. 北京市海淀区人民检察院．知识产权犯罪案件办理指南［M］．北京：中国检察出版社，2018：56—68.

22. 何炼红．知识产权行政与司法保护绩效研究［M］．北京：中国社会科学出版社，2018：22—28.

（二）期刊类

1. 余杰．浅析域外经验对我国知识产权法院的启示和借鉴［J］．中国发明与专利，2015（1）：1—10.

2. 北京知识产权法院课题组．关于审判权运行机制改革的思考与探索：以北京知识产权法院为分析样本［J］. 法律适用, 2015（10）: 6—12.

3. 马治菲, 韩元牧. 简述事实之审查: 从我国知识产权法院设立技术调查官制度谈起［J］. 中国发明与专利, 2015（5）: 52—56.

4. 曹慧敏. 知识产权审判技术咨询专家意见的性质探究［J］. 人民司法, 2014（7）: 52—56.

5. 来小鹏. 完善知识产权案件审判机制的法律思考［J］. 中国发明与专利, 2012（5）: 63—65.

6. 孙永红. 陪审制在知识产权审判中的作用评析: 兼谈专家陪审制的完善［J］. 科技与法律, 2008（5）: 71—75.

7. 宋健. 专家证人制度在知识产权诉讼中的运用及其完善［J］. 知识产权, 2013（4）: 25—34.

8. 俞风雷, 杨再扬. 论知识产权审判中专家辅助人制度改革［J］. 湖北社会科学, 2015（2）: 140—143.

9. 黎淑兰. 论知识产权专业化审判新格局的构建与实现: 以上海知识产权法院专业化建设为视角［J］. 法律适用, 2015（10）: 13—17.

10. 胡充寒, 路红青, 汤鹏. 知识产权审判专家陪审制度的探索与检视［J］. 法学杂志, 2011（12）: 106—109.

11. 董艳雪, 陈明燕. 对我国技术调查官制度构建的思考［J］. 市场周刊, 2016（9）: 98—117.

12. 蔡元臻. 美国联邦巡回上诉法院特色机制及对我国的借鉴［J］. 科技与法律, 2015（1）: 90—106.

13. 宋晓明, 王闯, 吴蓉. 关于《知识产权法院技术调查官参与诉讼活动若干问题的暂行规定》的理解与适用［J］. 人民司法, 2015（7）: 32—34.

14. 杨海云, 徐波. 构建中国特色的技术性事实查明机制: 走"技术调查官制度为主、技术法官制度为辅"的机制之路［J］. 中国司法鉴定, 2015（6）: 7—13.

15. 张玲玲. 我国知识产权诉讼中多元化技术事实查明机制的构建: 以北京知识产权法院司法实践为切入点［J］. 知识产权, 2016（12）: 32—57.

16. 孙海龙. 知识产权民事审判中事实问题与法律问题辨析［J］. 知识产权,

2007（11）：65—66.

17. 陶建国. 日本知识产权民事诉讼制度及其启示 ［J］. 河北北方学院学报：社会科学版，2012（3）：53—65.

18. 唐永忠. 面向知识产权诉讼专门化的人才培养模式研究 ［J］. 高等教育研究，2014（9）：64—68.

19. 刘晴辉. 关于专家在民事诉讼中地位的思考：以专家陪审模式为视角 ［J］. 社会科学研究，2009（1）：69—71.

20. 强刚华. 试论中国知识产权法院技术调查官制度的建构 ［J］. 电子知识产权，2014（10）：84—90.

21. 周湘雄. 论我国鉴定制度的模式选择：来自英、美中立专家的启示 ［J］. 社会科学，2007（3）：101—109.

22. 李学军. 鉴定人出庭作证难的症结分析 ［J］. 中国人民大学学报，2012（3）：143—149.

23. 葛少帅. 民诉法修改背景下对知识产权诉讼鉴定制度的三个反思 ［J］. 中国司法鉴定，2013（1）：109—111.

（三）学位论文类

1. 夏菁. 中国知识产权诉讼中专家证人制度的建构 ［D］. 湘潭大学硕士学位论文，2013.

2. 廖真. 我国知识产权技术调查官制度设置相关研究 ［D］. 暨南大学硕士学位论文，2014.

3. 黄琨. 论我国知识产权审判中技术调查官制度再造 ［D］. 河北师范大学硕士学位论文，2016.

4. 蒋竹婷. 关于我国知识产权法院技术调查官制度思考：以大陆法系技术事实查明制度为视角 ［D］. 广东外国语外贸大学硕士学位论文，2016.

5. 李慧婷. 中国知识产权审判技术调查官制度构建研究 ［D］. 湘潭大学硕士学位论文，2016.

6. 贺伟. 专利诉讼中技术调查官制度研究 ［D］. 湘潭大学硕士学位论文，2016.

7. 李慧娟. 知识产权诉讼程序研究 ［D］. 华中科技大学硕士学位论文, 2012.

8. 吕易泽. 中美鉴定制度比较研究 ［D］. 浙江工商大学硕士学位论文, 2011.

9. 李开銮. 英美法系专家证人制度研究 ［D］. 西南政法大学硕士学位论文, 2007.

10. 白琳琳. 商业秘密案件中的司法鉴定研究 ［D］. 西南政法大学硕士学位论文, 2015.

11. 许铭成. 专利技术司法鉴定制度研究 ［D］. 西南政法大学硕士学位论文, 2013.

二、外文类

（一）著作类

1. Michigan Legal Publishing Ltd. Federal Rules of Evidence ［M］. Michigan, 2017 Edition.

2. Michael G. Atkins, eds. , Expert Witnesses：Intellectual Property Cases （2012 – 2013 edition） ［M］. New York：West, 2012.

（二）期刊类

1. Roules, Daniel. HOW TO KEEP TRADE SECRETS TO YOURSELF ［J］. Professional Engineering, 2015, 28 （2）.

2. Cynthia M. Gayton. Commercial satellite imagery：CI, KM, and trade secret law ［J］. Emerald, VINE, 2007.

3. Carl J. Pacini, Raymond Placid, Christine Wright – Isak. Fighting economic espionage with state trade secret laws ［J］. International Journal of Law and Management, 2008, 50 （3）.

后　记

在实际检案工作中，我们始终感觉缺少一本知识产权司法鉴定方面的专业书籍，为委托人提供一些参考。为此，在通过广泛的收集资料，结合自己多年的理论研究和检案经验，拟定了写作大纲，并根据提纲中的章节，邀请了西南政法大学、江苏省专利信息服务中心长期从事知识产权研究的学者、鉴定人，以及知识产权研究生共同撰写，以期对知识产权司法鉴定的理论与实际检案的经验进行梳理，并对其中的一些问题进行了探讨。本书成稿于2017年春，拖延了两年出版，有些法律法规进行了修改，同时也面临新的鉴定体制改革，为此对相关的内容进行了相应的修正，但愿"慢工出细活"。

参与本书编写工作的有（按姓氏音序排列）：

白琳琳　晁　敬　陈　慧　贾晓晨　蒋　燕　康添雄　刘迷迷

刘　莹　刘　鑫　路　婧　罗　旋　牟　萍　彭炎林　孙　强

盛玉娜　王　品　王玲琳　温妙灵　许铭成　杨　茜　曾德国

全书由曾德国教授统稿，牟萍博士、康添雄博士审定。

西南政法大学知识产权专业在读博士邓玲、陈小珍、陈聪、任毅、陈选等对本书的修改提出了宝贵意见，在此表示感谢。

感谢四川省律师协会知识产权专委会张锋主任、上海汉之光华司法鉴定所沈兵主任提出的修改意见和建议。

感谢李雨峰教授及重庆知识产权保护协调创新中心、西南政法大学知识产权研究中心、重庆尚智知识产权研究院对本书的出版给予的支持和帮助，并祝贺西知鉴知识产权服务（重庆）有限公司成立。

感谢黄胜忠教授及西南政法大学商学院对本书的出版给予的支持和帮助，并纳入首批法商融合系列丛书资助项目。

感谢知识产权出版社雷春丽编辑，对本书的出版所作的努力。

由于编者水平有限，有些观点还存在争议，本书编写过程中还存在或多或少的问题，敬请读者批评指正。

电话：023—67258340，邮箱：xnzscq@163.com

编　者

2019 年秋于重庆